BTS

1re et 2e années

2e ÉDITION

MCO

Management commercial opérationnel

Développement de la relation client et vente conseil

Sous la direction de Sophie Ortolan

Stéphanie Gauthier Roy,
Anne Gitzhoffer, Aurélie Nzouetom,
Sophie Perraudin, Pascale Stoupy

Nathan
TECHNIQUE

COMMENT ACCÉDER À VOTRE i-MANUEL 2.0 ÉTUDIANT

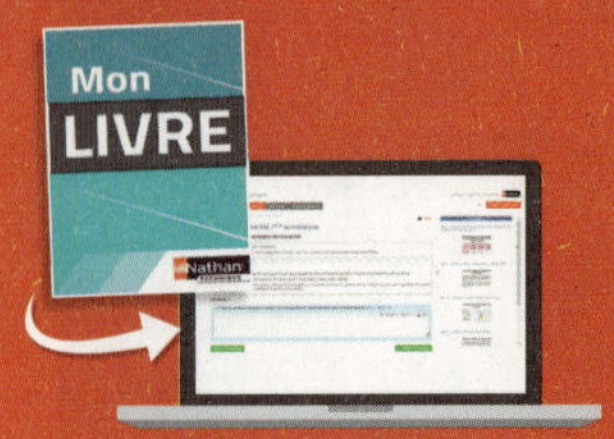

LIVRE + LICENCE NUMÉRIQUE

Votre enseignant souhaite travailler avec le i-Manuel 2.0 ; une fois votre compte créé par votre enseignant, rendez-vous, selon ses indications, sur :

- **imanuel.nathan.fr** et connectez-vous à votre espace étudiant i-MANUEL 2.0 avec votre identifiant et votre mot de passe.

OU

- l'ENT ou la plateforme de votre établissement, et accédez directement à votre i-MANUEL 2.0.

DÉCOUVREZ LE i-MANUEL 2.0 EN VIDÉO

À NE PAS OUBLIER

Conservez votre identifiant et votre mot de passe pour toutes vos connexions ultérieures

À SAVOIR

Cette licence étudiant i-Manuel 2.0 est unique et personnelle. Elle offre un accès à un étudiant pour une ou deux années scolaires (selon la durée de l'ouvrage) et ne peut être réutilisée par d'autres étudiants les années suivantes.

Pour équiper les étudiants de nouvelles licences numériques i-Manuel 2.0, connectez-vous sur cns-edu.com.

Pour l'enseignant : rendez-vous sur **nathan.fr/i-manuel2**, pour disposer de toutes les informations pratiques pour créer vos classes, activer les licences de vos étudiants et contacter votre délégué pédagogique Nathan.

Nos équipes de proximité sont également à la disposition des établissements pour les accompagner dans leur projet de digitalisation des parcours de formation.

Nathan TECHNIQUE

ISBN : 978-2-09-501893-1 – Code éditeur : 261875

Avec ce livre, une licence i-MANUEL 2.0

Le i-Manuel 2.0, un outil simple d'utilisation qui reprend l'ensemble des contenus de ce livre sous forme numérique et interactive.

Il permet d'accéder au contenu de ce manuel à tout moment et en tout lieu sur un ordinateur ou une tablette. L'utilisateur peut donc passer du papier au numérique et choisir le support qui lui convient le mieux selon le travail à faire et le lieu où il se trouve.

Une véritable interactivité entre l'enseignant et sa classe

- **Vidéoprojeter** en classe les activités, les documents et les corrections pour animer les cours et travailler collectivement.
- N **Feuilleter le livre papier enrichi et le télécharger** pour un usage sans connexion.
- N Bénéficier d'**une banque de ressources.**
- **Piloter la classe** en assurant le suivi du travail des élèves à distance et en cours (recevoir et envoyer du travail, faire des commentaires, intervenir en temps réel).
- **Intégrer et envoyer à la classe**, à un ou plusieurs élèves, **des documents personnels**.
- **Afficher les corrigés** ou la correction individuelle du travail de l'élève.
- **Imprimer** les documents nécessaires pour mettre les élèves en **situation d'examen**.

Des fonctionnalités innovantes pour favoriser l'intérêt, la motivation et l'implication des élèves

- **Saisir les réponses** en travaillant sur ordinateur ou tablette.
- **Faire les activités et les exercices**, préparer ou réviser le cours **en classe ou à la maison**.
- **Accéder** aux **ressources numériques**, vidéos, fichiers élèves (Word, Excel, GeoGebra...).
- **Sauvegarder** au **format Word** le travail effectué dans un dossier (classeur).
- **Envoyer le travail** au professeur.
- **S'enregistrer** pour les activités orales.
- **S'auto-évaluer**.

Toutes les infos et les tutos sur www.nathan.fr/i-manuel2

Avec ce livre, des ressources numériques en accès direct

Flashez les QR Codes avec votre smartphone ou saisissez les mini-liens associés pour accéder à des vidéos, animations, QCM...

Sommaire

Sommaire des fiches ressource

Chapitre 1 Assurer la veille informationnelle

Chapitre 2 Enrichir et exploiter le système d'information commercial (SIC)

Chapitre 3 Réaliser des enquêtes commerciales quantitatives et qualitatives

Chapitre 4 Réaliser une étude de concurrence

Chapitre 5 Étudier la zone de chalandise

Chapitre 6 Adapter la relation commerciale à un contexte omnicanal

Chapitre 7 Connaître les clients de l'unité commerciale (UC) et leur comportement

Chapitre 8 Vendre en *B to C* dans un contexte omnicanal

Chapitre 9 Vendre en *B to B* dans un contexte omnicanal

Chapitre 10 Entretenir la relation client

Chapitre 11 Fidéliser et accroître la valeur client

Ce pictogramme indique le niveau de difficulté des applications (une étoile : maîtrise ; deux étoiles : expertise).

Ce pictogramme permet de repérer les applications qui peuvent être réalisées en groupe.

Ce pictogramme permet de repérer les applications qui font appel à l'utilisation d'outils numériques.

Ce pictogramme indique un fichier disponible au téléchargement.

Ce pictogramme permet de repérer les propositions de jeu de rôle.

Édition : Julie Besné
Fabrication : Émilie Rametti
Conception couverture : Vincent Rioult
Conception maquette intérieure : Anne-Danièle Naname, Vincent Rioult
Mise en pages : Nord Compo
Infographies : Christophe Vallée / Domino, Vincent Landrin

CHAPITRE 1

Assurer la veille informationnelle

Compétences
Assurer la veille informationnelle
Rechercher et mettre à jour l'information

Savoir associé
L'information commerciale

Vers PIX
1.1. Mener une recherche et une veille d'informations
1.3. Traiter des données
3.1. Développer des documents textuels

Contexte professionnel

Nom : Auchan
Adresse : Saint-Herblain (44)
Type d'UC : hypermarché
Offre commerciale : commerce de détail alimentaire et non alimentaire
Effectif : environ 350 salariés

L'hypermarché Auchan Saint-Herblain fut l'un des premiers à ouvrir en France. À sa construction en 1967, le magasin et le parking étaient entourés de champs. C'était le premier hypermarché du Grand-Ouest, sous l'enseigne « Record ». Peu à peu, l'urbanisation s'est développée, des enseignes se sont installées route de Vannes, le « Sillon de Bretagne » a été inauguré en 1971… Aujourd'hui, le magasin est devenu un hypermarché de proximité de 10 600 m² de surface et 8 000 m² de galeries. Le directeur actuel, Christophe Jolivet, est conscient du chemin parcouru, mais il est surtout lucide des évolutions qui l'attendent encore : la concurrence et les besoins des clients qui varient sans cesse et de plus en plus rapidement. Il doit se tenir informé, réagir vite, être au plus près des besoins changeants de ses clients.

Votre rôle

Vous venez d'être embauché(e) comme directeur(-trice) adjoint(e) dans l'hypermarché Auchan de Saint-Herblain. Vous êtes chargé(e) de mettre en place une veille informationnelle pour connaître en temps réel les évolutions de votre environnement et adapter votre stratégie commerciale.

Vos objectifs

I Comprendre la nécessité de mettre en place une veille

Votre directeur recherche régulièrement des informations sur les sujets qui lui semblent importants. Mais il n'a pas encore systématisé la veille.

Fiche ressource 1

1. Expliquez les enjeux de la veille informationnelle et précisez à quelle étape de la démarche mercatique elle se situe.
2. Pourquoi la recherche d'informations ponctuelles, justifiée à une époque, doit-elle aujourd'hui laisser place à une veille systématisée ? Vous argumenterez en vous appuyant sur l'histoire du magasin Auchan Saint-Herblain.

II Réaliser une veille du macro-environnement

Vous proposez au directeur d'instaurer tout d'abord une veille du macro-environnement.

Fiche ressource 2
Annexe 1
Annexe 2

3. Collectez des informations sur la démographie de la région de Saint-Herblain et de Nantes. Démontrez que l'évolution de la population est prometteuse pour le magasin.
4. Collectez des informations sur les horaires et l'ouverture des magasins le dimanche. Le magasin de Saint-Herblain peut-il ouvrir le dimanche ? Dans quelles conditions ?
5. Recherchez des informations sur les pratiques des concurrents quant à l'ouverture du dimanche. Que conseillez-vous au directeur ? Justifiez.
6. Justifiez la nécessité de mettre en place une veille régulière sur ce sujet.
7. Proposez d'autres sujets de veille du macro-environnement, dans l'intérêt du magasin.

III Réaliser une veille commerciale

Votre directeur souhaite suivre de près les attentes de ses clients.

Fiche ressource 3
Annexes 3 et 4

8. Identifiez les nouvelles attentes des clients selon l'enquête de Capterra. Comment pouvez-vous les expliquer ?
9. L'ouverture d'Auchan Piéton répond-elle à ces attentes ? Justifiez votre réponse.
10. En effectuant une recherche sur Internet, expliquez quelles mesures ont déjà été prises par d'autres magasins du groupe Auchan pour améliorer la satisfaction client.
11. Parmi ces mesures, lesquelles pourraient être reproduites à Saint-Herblain ? Quelles autres suggestions pourriez-vous faire ?
12. Recherchez sur Internet des avis de clients sur le magasin Auchan Saint-Herblain. Quelle est à ce jour la e-réputation du magasin ? (Annexes 5 et 6)
13. Expliquez pourquoi une veille commerciale généralisée et régulière est indispensable.

IV Réaliser une veille concurrentielle

Le directeur organise régulièrement des relevés de prix effectués par des clients mystère. Il souhaite étoffer cette veille concurrentielle, notamment vis-à-vis du e-commerce.

Fiche ressource 4
Annexe 7

14. Sur Internet, recherchez quels sont vos concurrents. Collectez des informations sur les trois ou quatre concurrents principaux (chiffre d'affaires, nombre de salariés, informations stratégiques…). Résumez vos éléments dans un tableau.

15 Quel concurrent vous semble le plus dangereux ? Justifiez votre réponse.

16 Face au développement du e-commerce, peut-on considérer les e-commerçants comme des concurrents de la grande distribution ? Justifiez votre réponse. Annexe 8

V Exploiter les résultats

Vous préparez des éléments que vous présenterez en réunion de travail.

17 Préparez sur Genial.ly une synthèse des informations importantes collectées lors de votre veille. Précisez sur quels critères vous avez jugé que ces informations étaient fiables. Fiche ressource 5
Annexe 9

18 Sélectionnez les sites qui vous ont été les plus utiles. À l'aide du logiciel de votre choix, mettez en place une veille automatisée sur ces sites. Fiche ressource 4
Annexe 10

19 Proposez un moyen de diffuser l'information.

Votre dossier

Annexe 1 Synthèse de l'entretien avec votre directeur (partie 1)

N'étant pas originaire de la région, je ne connais pas très bien l'environnement du magasin, j'ai demandé au directeur du magasin de me renseigner sur l'évolution de la population dans la région nantaise.

Il s'agit d'une région en pleine croissance où l'on construit partout et où de plus en plus d'étudiants viennent s'installer. Il serait d'ailleurs intéressant de savoir dans quelle proportion la population de la région augmente.

Il pourrait aussi être utile de chercher des informations à ce sujet, comme par exemple aller se renseigner sur le site de l'Insee pour avoir une idée de l'évolution sur 3 ans, en sachant qu'il y a environ 47 000 habitants à Saint-Herblain.

Il serait également intéressant de comparer le nombre d'habitants de la ville à celui de la population moyenne des villes en France.

Leur profil familial (personnes âgées, jeunes, plutôt aisés ou non) n'est pas trop connu, mais beaucoup de familles ont un revenu élevé (observations des clients dans le magasin).

Certaines informations sont disponibles à partir des cartes de fidélité, mais c'est incomplet. Il serait là aussi très utile de se renseigner.

Annexe 2 — Synthèse de l'entretien avec votre directeur (partie 2)

L'enseigne a décidé d'ouvrir le dimanche matin, car les clients semblent demandeurs.

Pour les salariés, la démarche est basée sur le volontariat. Mais les lois évoluant différemment selon les gouvernements (modalités d'ouverture, région touristique, etc.), il serait utile de s'abonner à un flux RSS comme celui de Legifrance, pour être sûr d'être en règle et être informé des dernières modifications légales.

En outre, cela permettrait d'étudier d'autres évolutions qu'il faudrait suivre pour préserver nos parts de marché et mieux répondre aux attentes des clients.

Annexe 3 — Les modèles de distribution nouvelle génération

Drive, *click and collect* ou encore livraison à domicile font désormais partie des alternatives utilisées par les consommateurs pour faire leurs courses. Une nouvelle tendance s'ajoute à cette liste : celle des magasins sans caisse. […]

Lorsque interrogées sur leur potentielle fréquence d'utilisation d'un magasin sans caisse, si ceux-ci étaient disponibles partout, 25 % des personnes intéressées par ce concept effectueraient l'intégralité ou presque toutes leurs courses par ce biais, quand 31 % y auraient recours au moins pour la moitié de leur panier. Pour 30 % des consommateurs, ce type d'achats ne serait effectué qu'occasionnellement, et ils ne sont que 13 % à estimer qu'ils n'utiliseraient ce service qu'en cas d'urgence. […]

Les catégories de magasins pour lesquels les personnes interrogées expriment un penchant pour des courses sans passage en caisse sont les magasins d'alimentation (75 %), suivis des magasins de proximité (31 %) et des magasins de vêtements (30 %). […]

■ Quels seraient pour vous les avantages les plus importants d'un supermarché sans caisse ?

80 %	Aucune file d'attente	69 %	Rapidité du temps de course	41 %	Aucun contact avec les clients dans une file d'attente
31 %	Facilité d'utilisation de la technologie	15 %	Accord de non-traçage des informations	11 %	Disponibilité de l'aide et/ou du service à la clientèle
1 %	Autre				

Source : *Checkout less shopping*, 2022.
Note : plusieurs options possibles (total supérieur à 100 %).

Vers la globalisation d'un paiement dématérialisé ?

[…] [L'impossibilité de payer en espèces] est-elle susceptible d'être une barrière pour les clients ? En observant les réponses communiquées par l'ensemble des répondants de notre enquête, les espèces semblent cependant être une méthode peu fréquemment utilisée par 65 % d'entre eux […].

Émilie Audubert, « Qu'attendent les consommateurs des supermarchés sans caisse ? », Capterra.fr, 3 mai 2022.

Annexe 4 Une nouvelle réponse aux besoins de nos clients

La grande surface de Saint-Herblain souhaite se positionner comme une enseigne de proximité. En témoigne le développement des magasins Auchan-piéton, implantés dans le centre-ville.

Après une ouverture quartier Talensac à Nantes en juillet 2021, l'enseigne vient d'ouvrir un nouveau point de retrait et de vente, place François-Normand. « *Une réponse à un besoin des clients du quartier* », précise Christophe Jolivet, le directeur de l'hyper de Saint-Herblain. Les points de vente Auchan-piéton permettent aux clients d'avoir accès au catalogue en ligne de l'enseigne, soit plus de 10 000 références, tout en évitant de se déplacer au *drive* de Saint-Herblain. « *Ce sont des prix très intéressants et cela évite aux consommateurs de prendre leur voiture* », ajoute le directeur. De plus, le nouveau magasin propose un rayon de vente en vrac avec 220 produits disponibles.

« Saint-Herblain. Avec Auchan-piéton, l'hypermarché maintient la proximité », www.ouest-france.fr, 6 janvier 2022.

Annexe 5 Recherche d'informations sur le magasin Auchan Saint-Herblain

- fr-fr.facebook.com/AuchanHypermarcheNantesSaintHerblain
- www.pagesjaunes.fr
- critizr.com/fr
- www.yelp.fr/writeareview

Annexe 6 Exemple de grille d'analyse des avis clients sur l'unité commerciale

Version numérique disponible (Word) liennathan.fr/t8f22f

Avis déposés sur :		Nombre d'avis	Note moyenne	Nombre d'étoiles
[Nom du réseau, du site…]		…	…	…
Avis : date	**Avis : thème***	**Avis : sens**	**Synthèse**	
…	…	☐ Positif ☐ Négatif	…	
…	…	☐ Positif ☐ Négatif		
…	…	☐ Positif ☐ Négatif		
…	…	☐ Positif ☐ Négatif		

* Exemples : accueil, propreté, offre, prix, stationnement…

Annexe 7 La concurrence autour du magasin Auchan Saint-Herblain

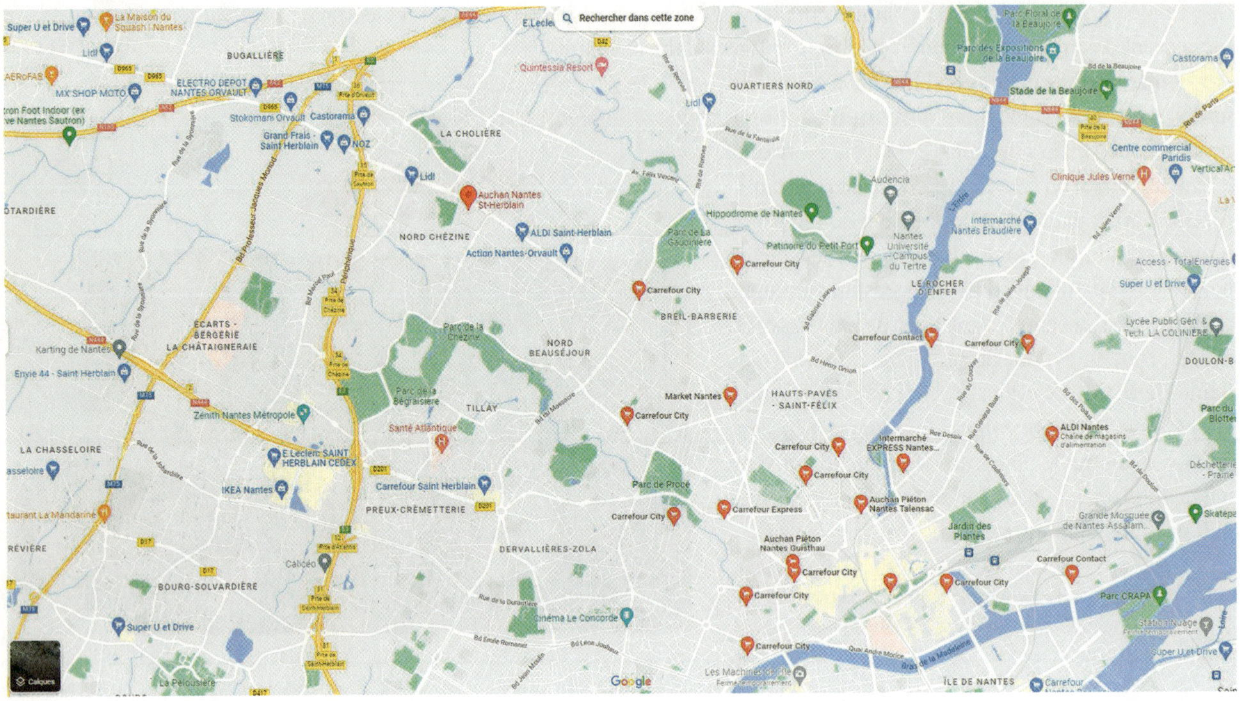

Annexe 8 L'e-commerce alimentaire se généralise, mais à quel prix ?

Dire que la crise a donné un véritable coup d'accélérateur à l'e-commerce alimentaire est un doux euphémisme. En 2020, les seules ventes en ligne des GMS ont ainsi bondi de 40 % en France. […]

Les innovations de services (bio sur abonnement, kits de repas prêts à cuisiner, quick commerce…) et l'inflation des dispositifs (drives en périphérie, drives piétons, livraison ultra-rapide…) expliquent en grande partie le dynamisme de l'e-commerce alimentaire. […]

Malgré leur poids prépondérant, les géants de la grande distribution doivent composer avec de nouveaux agitateurs […] : start-up de la livraison sur tournée (Picnic, Cagette et Paprika) ou de la livraison rapide depuis des *dark stores* (Cajoo, Djia, Flink, Getir…), mais aussi de l'Italien Everli ou encore de l'Américain Amazon. Malgré l'accélération des stratégies e-commerce, l'équation de la rentabilité de la livraison reste toujours difficile à résoudre entre des coûts élevés et une faible propension des consommateurs à payer ce service. […]

Si certaines enseignes alimentaires (Lidl, Aldi ou encore Grand Frais par exemple) ne sont pas encore présentes dans l'e-commerce alimentaire, la pratique de la vente en ligne se déploie petit à petit chez les producteurs agricoles et les petits commerces de bouche. […]

Particularité française, l'e-commerce alimentaire est dominé par le drive voiture, qui représente plus de 90 % des ventes en ligne. L'essentiel de son potentiel de croissance réside donc dans le développement du drive piéton en centre-ville et de la livraison à domicile. […] Désormais, la bataille se livre sur le terrain du drive piéton, en particulier entre E.Leclerc et Auchan.

Dalila Bouaziz, « L'e-commerce alimentaire, une pratique qui se généralise mais à quel prix ? », www.ecommercemag.fr, 4 janvier 2022.

Annexe 9 Genial.ly

Site web : Geniallysez-vous en 4 minutes
liennathan.fr/7fns23

Annexe 10 Outils de veille

Vidéo : Comment faire sa veille ? Simple et efficace !
liennathan.fr/n3cc28

FICHE RESSOURCE 1

LES ENJEUX DE LA VEILLE INFORMATIONNELLE DANS LA DÉMARCHE MERCATIQUE

I La veille informationnelle au sein de la démarche mercatique

1. La notion de veille informationnelle

« *Une veille informationnelle est l'ensemble des actions mises en place pour rester informé, en y consacrant le moins de temps possible et en utilisant des processus de signalement automatisés* » (Lardy J.-P., Urfist de Lyon). Bien que nécessaire tout au long de la démarche mercatique, c'est essentiellement au moment de l'analyse du marché que la veille informationnelle est mise en œuvre.

2. La notion de marketing

La mercatique est l'ensemble des actions ayant pour objectifs de prévoir, constater, stimuler, susciter ou renouveler les besoins des consommateurs et de réaliser l'adaptation continue de l'appareil productif et de l'appareil commercial d'une entreprise aux besoins ainsi déterminés.

3. L'évolution de la notion de marketing au cours du temps

La mercatique de masse	La mercatique segmentée	La mercatique individualisée	La mercatique aujourd'hui
Après 1945, la demande est forte et devient supérieure à l'offre. Il suffit de produire, les ventes se font toutes seules. **On produit en masse** des produits peu différenciés.	L'augmentation de la concurrence et les mouvements de défense des consommateurs modifient l'environnement commercial et les rapports des enseignes avec leurs clients. Les magasins en libre-service se développent. **On commence à parler de segmentation.**	Les enseignes se rendent compte que les clients sont volatils, qu'il est important de les fidéliser **On commence à parler d'individualisation de la relation client.** Le développement des nouvelles technologies d'information et de communication incitent à agir vite : **il faut détecter rapidement les besoins des consommateurs** et leur proposer des offres adaptées.	Avec le développement des technologies de l'information et de la communication, la démarche mercatique s'inscrit aujourd'hui dans un **contexte d'omnicanalité**, de digitalisation de l'offre, pour offrir une véritable expérience client et une relation client durable.

4. Les étapes de la démarche mercatique

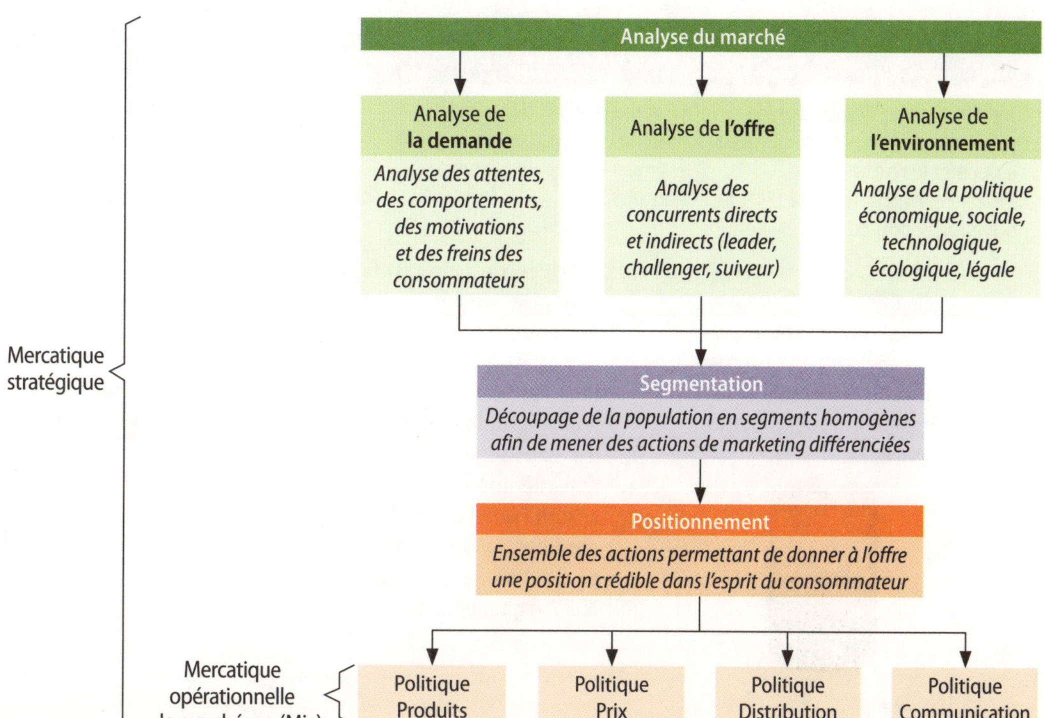

5. Les différents types de marketing

Marketing relationnel	Ensemble des actions qui consistent à entretenir une relation prolongée et renforcée avec le client dans le but de le fidéliser. Cette relation se fonde sur une connaissance précise du client, de son comportement et de ses attentes.
Marketing sensoriel	Techniques de marketing qui consistent à solliciter les cinq sens du consommateur (couleurs, odeurs, musique, éclairage…) afin de lui faire vivre un moment agréable au sein de l'unité commerciale et l'inciter à l'achat.
Marketing expérientiel	Ensemble d'actions qui consistent à faire vivre au client un moment unique lorsqu'il se rend dans un point de vente. L'expérience client passe par un ensemble de techniques de théâtralisation de l'offre.
Marketing des services	Ensemble d'actions visant à théâtraliser l'offre d'un service (servi-scène).
Marketing éthique et marketing vert	Actions commerciales centrées sur des produits qui respectent les conditions de travail et de rémunération des salariés ayant fabriqué le produit (commerce équitable) et qui proposent des produits respectueux de l'environnement ou bio.

6. La stratégie omnicanale et la veille

La **stratégie omnicanale** consiste à utiliser de manière simultanée tous les canaux disponibles pour dialoguer avec les clients et mettre en place des actions commerciales adaptées à chaque typologie.
L'objectif est de renforcer et d'améliorer la relation avec le client, de mieux connaître ses habitudes de consommation et son parcours d'achat.
Avant l'achat, le client a la possibilité de rechercher les informations disponibles sur le produit recherché par tous les moyens à sa disposition (site Internet du magasin, entretiens avec les vendeurs, visites en magasin, discussions avec des internautes, prise en compte des avis clients). Il va ensuite effectuer des comparaisons entre produits et/ou entre enseignes en utilisant des comparateurs de prix, puis éventuellement tester le produit en magasin. Après l'achat, il laissera des avis sur différents canaux.
La veille de l'ensemble des canaux revêt donc toute son importance car elle permettra à l'unité commerciale de rester performante face à la concurrence.

II Les enjeux de la veille informationnelle

Anticiper les tendances produits du marché	Détecter les opportunités et les menaces en lien avec la concurrence	Surveiller sa notoriété
La veille permet d'anticiper les évolutions de son environnement, de déceler les nouvelles tendances, l'apparition de nouveaux produits. **EXEMPLE** BlackBerry, le fabricant canadien de PDA (assistants personnels), n'a pas vu venir l'émergence des Smartphones et a perdu ses clients. 	La veille permet de voir si le marché est en croissance ou s'il est menacé par de nouveaux entrants. **EXEMPLE** L'arrivée des magasins sans personnel avec règlement des courses par smartphone est une menace pour les supermarchés traditionnels car les consommateurs qui considèrent les courses comme une corvée se rendront volontiers dans ce type de magasin qui leur fait gagner du temps.	La veille permet de repérer des évolutions au niveau de la notoriété, de l'image de l'enseigne mais aussi des individus qui la composent. **EXEMPLE** La rénovation des magasins Aldi a pour but de donner une image plus moderne de l'enseigne, de rendre les magasins plus accueillants.

FICHE RESSOURCE

2

RÉALISER UNE VEILLE DU MACRO-ENVIRONNEMENT

On parle de macro-environnement pour désigner les facteurs globaux qui concernent toutes les entreprises. La surveillance du macro-environnement de l'unité commerciale vise à anticiper les changements susceptibles de survenir, par exemple au niveau du comportement des clients ou au niveau de la concurrence, et à réfléchir à la manière de les prendre en compte. Voir aussi : **Fiche méthode 2**.

I Les sujets de veille

De nombreux sujets peuvent faire l'objet d'une veille. Le modèle PESTEL distingue six catégories d'influences macro-environnementales (positives ou négatives) qui s'exercent sur les entreprises : politique, économique, socio-culturelle, technologique, écologique, légale.

Sujets de veille	Informations à collecter	Exemples d'exploitation d'un sujet de veille
Politique	• Politique fiscale • Politique sociale • Commerce extérieur • Stabilité politique	Le vieillissement de la population et le déficit programmé des caisses de retraite ont incité le gouvernement à reculer l'âge de départ à la retraite. Les Français devront donc travailler plus longtemps. Du fait de la crise énergétique, le gouvernement a mis en place en 2022 un bouclier tarifaire pour limiter la hausse du tarif réglementé de l'électricité.
Économique	• Taux d'intérêt • Chômage • Inflation • Revenus	La hausse des taux d'intérêt des prêts immobiliers limite le nombre de transactions et fait baisser les prix de vente des biens.
Socio-culturel	• Loisirs • Démographie • Mode de vie • Éducation • Attitude face au travail	La pandémie et les différents confinements ont modifié le rapport au travail. Beaucoup de personnes ont quitté les métiers de la restauration, ce qui oblige maintenant les restaurateurs à augmenter les salaires pour recruter du personnel. Par ailleurs, le télétravail s'est développé et a changé le mode de fonctionnement des entreprises (plus de visioconférences, par exemple, donc besoin d'un matériel informatique adapté).
Technologique	• Nouvelles découvertes • Obsolescence • Investissements en R&D	Les ventes en ligne, les « *drive* » se sont développés lors des confinements et ont modifié le rapport des clients avec les magasins traditionnels.
Écologique	• Déchets • Économies d'énergie • Protection de l'environnement	La guerre en Ukraine a provoqué une augmentation du prix de l'énergie et des céréales. Le gouvernement invite donc la population à faire des économies d'énergie.
Légal	• Droit du travail • Normes réglementaires • Lois sur les monopoles • Lois sur la santé	Le Covid-19 a incité l'État français à instaurer un pass vaccinal et à restreindre les déplacements de la population dans le but de limiter la propagation du virus. Le retour des touristes chinois en Europe conjugué à l'explosion du nombre de cas de Covid-19 en Chine a incité le gouvernement français à conditionner les séjours des Chinois en France à un test PCR négatif.

II Les sources d'information

Les sources d'information sont fonction de l'objectif suivi et du secteur d'activité.
On peut sélectionner :
- les journaux généralistes, la presse spécialisée, les revues, les magazines (*LSA, Points de vente, Marketing Magazine, Linéaires…*) ;
- les sites Internet spécialisés, les sites marchands, les forums de discussion, les blogs ;
- les études, les statistiques des institutions spécialisées (Ipsos, Nielsen, Insee, Credoc) ;
- les sites gouvernementaux (services publics, sites des différents ministères…) ;
- les mémoires universitaires, les sites des chercheurs.

FICHE RESSOURCE

3

RÉALISER UNE VEILLE COMMERCIALE

La veille commerciale consiste à se tenir informé des tendances du marché (**produits**) et des **attentes de la clientèle**.

I Les objectifs d'une veille commerciale

Produits	La veille permet d'anticiper les évolutions du marché et de réagir en conséquence. EXEMPLES Repérer de nouveaux produits tendance, se positionner sur des créneaux porteurs. Repérer les produits en fin de vie et préparer une reconversion éventuelle.
Attentes client	La veille permet de suivre les évolutions du comportement des clients. EXEMPLES Accentuer la fidélisation des clients dont les besoins évoluent. Personnaliser la relation avec les clients pour les fidéliser.

II Les sources d'information

1. Collecter des informations externes

Abonnement à des journaux et magazines spécialisés, participation à des **salons** ou **expositions**.

2. Obtenir le ressenti du personnel en contact direct avec les clients

Le personnel en contact direct avec les clients recueille de **façon informelle des informations** souvent précieuses sur les besoins des clients.

3. Collecter les avis des clients à l'aide de moyens classiques

L'analyse des résultats d'**enquêtes** de satisfaction, la mesure de l'évolution du **trafic sur Internet** (par exemple à l'aide du logiciel GoogleAnalytics), l'analyse des **avis clients** laissés sur le site ou *via* d'autres supports (par exemple l'application Critizr, les « Pages jaunes », Yelp.fr) permettent de connaître le ressenti des clients sur le magasin.

4. Collecter les avis clients à l'aide des réseaux sociaux

Les réseaux sociaux permettent de personnaliser la relation avec le client, d'anticiper ses besoins, de répondre en temps réel à ses requêtes. De plus en plus de clients privilégient ce moyen pour faire part d'une réclamation ou transmettre un compliment. Facebook, Twitter, Instagram sont les réseaux les plus utilisés.

De plus en plus d'entreprises disposent d'une **page Facebook** pour informer, lancer des campagnes de communication digitale, ou organiser des jeux. Facebook est aussi en passe de devenir le « SAV » des marques, le lieu où les clients pourront émettre des suggestions, laisser des avis, faire des réclamations…

III La veille de l'e-réputation

Les entreprises mettent désormais en place une veille au sujet de leur réputation sur Internet afin de connaître les avis et besoins des clients qui ne se seraient pas forcément exprimés à l'occasion d'une enquête ou sur les réseaux sociaux de l'entreprise. Voir aussi : Fiche méthode 5.

Elles consultent pour cela des sites d'avis, des blogs, des forums, des réseaux professionnels. Des logiciels spécifiques se développent par ailleurs.

EXEMPLES

mention

Hootsuite™

Mention.com permet d'étudier la concurrence et d'identifier les influenceurs. Il permet aussi de surveiller ses pages Facebook, ou son profil Twitter.

Hootsuite.com permet d'analyser ce qui se dit sur plusieurs médias sociaux, de centraliser les retours des clients et de réagir en leur répondant en direct.

FICHE RESSOURCE 4

RÉALISER UNE VEILLE CONCURRENTIELLE

La veille concurrentielle consiste à rechercher, analyser et exploiter les informations relatives aux concurrents afin de mesurer leurs forces et faiblesses et de définir une stratégie concurrentielle.
Voir aussi : Fiche méthode 3.

I Le type d'informations à rechercher

Les informations à rechercher concernent les concurrents actuels ou nouveaux et portent sur :
– leurs produits et services, prix, offres promotionnelles ;
– leurs éventuelles alliances, rachats avec d'autres concurrents ;
– leurs clients, leur zone de chalandise ;
– leurs circuits de distribution.

II Les sources d'information

Abonnement à des magazines spécialisés, presse, au format papier ou numérique.	Réalisation de visites mystère : collecte de prospectus, d'informations sur les opérations commerciales, sur les prix…	Consultation des forums et communautés d'internautes.	Consultation de sites spécialisés sur la situation financière des entreprises : Societe.com, manageo, infogreffe, Euridile…	Abonnement aux *newsletters* des concurrents, consultation de leurs blogs	Prise de renseignements auprès des Chambres de commerce.

III L'automatisation de la collecte d'informations

Vidéo : Google Alertes – Windtopik
liennathan.fr/39h3re

Vidéo : RSS : qu'est-ce que c'est, comment en profiter ? – JDN
liennathan.fr/enmpim

Google Alertes est un outil gratuit qui permet de recevoir des alertes sur des thèmes choisis et en fonction de mots-clés que l'on a préalablement précisés. Il est possible de définir la fréquence de réception et l'exhaustivité des alertes.

Un flux RSS ou fil RSS (*Really Simple Syndication*) est un flux de contenus gratuit en provenance de sites Internet. Les sites proposent aux internautes de s'abonner à leur site via ces flux : un simple clic suffit. L'internaute reçoit alors toutes les « actualités » de ce site, sans être obligé d'aller le visiter. Les informations reçues sont lues dans un mail ou à l'aide d'applications spécialisées appelées « agrégateurs de flux » qui en facilitent le classement.

Les logiciels de veille concurrentielle permettent d'interroger automatiquement les sources d'information en ligne et de faire des recherches thématiques. Ce sont aussi des agrégateurs de contenus car ils permettent d'organiser la veille d'information en offrant une plateforme personnalisable où l'on ajoute les sources d'information de son choix, y compris un flux RSS. Les résultats obtenus peuvent aussi être partagés.

Vidéo : Scoop-it : votre veille en 3 minutes – L. Galambert
liennathan.fr/8wdiu9

Vidéo : Veiller sur le web avec Netvibes – IFP
liennathan.fr/dpv6bm

FICHE RESSOURCE

5

EXPLOITER ET DIFFUSER LES RÉSULTATS D'UNE VEILLE

Après avoir synthétisé les informations recueillies afin de les rendre exploitables, on peut procéder à l'analyse des données.

I Exploiter les résultats

Afin d'être exploitées, les informations brutes doivent être transformées en informations utiles. Cela consiste, dans un premier temps, à les lire, les trier et les sélectionner.
Lors de cette phase, il faudra s'assurer que l'information est bien exploitable. Divers critères permettent de juger si une information commerciale est exploitable.

1. La disponibilité de l'information

Une information disponible est une information accessible à tout moment pour l'utilisateur.

2. La fiabilité de l'information

Une information fiable est une information exacte de manière permanente. La fiabilité est aussi liée à la crédibilité de la source d'information. Une information obtenue auprès d'organismes publics, de ministères ou d'organisations professionnelles est fiable.

3. La pertinence de l'information

Une information pertinente signifie qu'elle contribue utilement à une prise de décision.

II Diffuser les résultats

Faire de la veille est inutile si personne n'a accès aux résultats. Ceux-ci peuvent être partagés et diffusés en interne dans un but informatif, servir à établir des rapports, des bilans sur un sujet précis, à animer les réseaux sociaux ou encore aider à prendre des décisions.
Dans le cadre d'une veille sur la e-réputation, l'objectif est de permettre d'agir rapidement, en cas de *bad buzz* (phénomène de bouche à oreille négatif) ou de répondre directement.
Les moyens de diffusion sont généralement les suivants :

	Les réunions	Elles restent le moyen de diffusion le plus répandu. Elles permettent une réaction immédiate des participants.
	Les alertes courriels	Si une information nécessite une réaction urgente, elle peut être envoyée directement aux personnes concernées par courriel, sous forme d'alerte.
	Les *newsletters* internes	Les *newsletters* doivent diffuser les informations issues de la veille qui sont jugées importantes, et de manière régulière.
	L'intranet	Nombre d'entreprises proposent sur leur intranet un fil d'information présentant les informations importantes et redirigent les lecteurs intéressés vers les articles d'origine. L'intranet permet de diffuser les comptes rendus des informations recueillies.
	Le partage en ligne	Les informations recueillies peuvent être accessibles via les moyens de stockage et de partage en ligne comme les *Clouds*, Google Drive, Dropbox…

Applications

1 La démarche mercatique de Lidl

Vous êtes embauché(e) comme responsable adjoint(e) d'un magasin Lidl. L'enseigne a depuis quelque temps modifié sa stratégie mercatique et votre directeur vous demande de vous imprégner de la nouvelle démarche mercatique.
Vous prenez connaissance des différents éléments présentant ces nouveaux concepts.

1. Quelle était la démarche mercatique de Lidl au départ ?
2. Pourquoi l'enseigne a-t-elle changé de stratégie ?
3. Quelles sont les attentes des clients de Lidl ?
4. Quels sont les changements opérés au niveau de l'offre et de sa présentation en magasin ?
5. Quelle est la politique de prix pratiquée ?
6. Quelle est la nouvelle politique de communication de l'enseigne ?

Document 1 Vidéo documentaire

Lidl, la fin du hard discount ? – Capital
liennathan.fr/h435ki

Document 2 Vidéo publicitaire

Lidl, le vrai prix des bonnes choses – Lidl France
liennathan.fr/rjn4pj

Document 3 Lidl, une marque tendance

Ces derniers mois, Lidl a brisé son image d'enseigne hard discount et s'est imposée comme une marque hyper tendance. […]

Lidl vend des boots en daim fourrées à seulement 9,99 euros. Ces boots ressemblent furieusement à des Ugg, […] ce genre de gros chaussons inventés par un surfeur australien qui avait froid aux pieds. Les boots Lidl, nous savons désormais combien elles valent. Mais la question maintenant c'est : combien vaudront-elles ? Parce que Lidl nous a déjà fait le coup avec ses baskets. Des sneakers presque pas voyantes, aux couleurs de la marque : bleu électrique jaune poussin rouge pompier, vendues 12,99 euros… et revendues ensuite jusqu'à 5 000 euros sur internet ! […] L'enseigne allemande est devenue une marque branchée, « disruptive » comme on dit en novlangue. Elle affirme gagner 400 000 clients par mois. […]

Ce qui n'a pas changé, c'est que Lidl, ce n'est pas cher, et c'est pour ça qu'on y va. Mais pour élargir sa clientèle, l'enseigne a introduit, dès 2006, des marques nationales et très populaires comme le Coca, le Nutella. « *Le hard discount n'avait plus d'avenir. Il fallait changer de modèle* », c'est ce qu'explique Michel Biero, le directeur des achats et du marketing. L'enseigne est donc montée en gamme, mais ce qui demeure, c'est la vente spéciale […] qui crée un sentiment de besoin et d'urgence. Comme la perceuse à 27,99 euros qui vaut le double ailleurs. […] Tout cela est mis en musique par la communication et la publicité. Et […] surtout une hyper-présence sur les réseaux sociaux.

Isabelle Choquet, « Comment Lidl est passé d'enseigne hard discount à marque tendance », www.rtl.fr, 7 janvier 2021.

2 Utiliser les réseaux sociaux comme outils de veille

Snipes est un spécialiste de la mode urbaine. Ses magasins sont implantés dans les grandes villes d'Europe et l'enseigne est arrivée en France depuis peu. Snipes dispose également d'un site de vente en ligne. Vous venez d'être engagé(e) comme *community manager* (animateur de communauté). Votre travail consiste à animer et fédérer des communautés sur Internet. Pour cela, vous étudiez les profils types des utilisateurs de réseaux sociaux.

1. À partir de recherches sur l'enseigne Snipes, établissez un profil type de ses clients : catégorie socio-professionnelle, tranche d'âge, sexe…
2. Comparez les différents réseaux sociaux. À partir de recherches sur Internet, établissez un profil des utilisateurs des différents réseaux sociaux : Facebook, Twitter, Instagram, Snapchat, TikTok et LinkedIn.
3. Croisez vos données. Quel réseau social sera le réseau à privilégier pour véhiculer une communication sur l'enseigne ? Justifiez votre choix.
4. Recherchez l'intérêt pour votre enseigne de faire de la veille auprès de chacun des réseaux sociaux identifiés.

Document Présentation de l'entreprise Snipes

La stratégie de l'enseigne Snipes est de proposer le meilleur de la culture *streetwear* dans un large choix de *sneakers*, de vêtements et d'accessoires de qualité. Elle vient de s'implanter en France. Snipes est un spécialiste de la mode urbaine et reste très inspirée par le hip-hop dans sa globalité : de la danse jusqu'au *street-art* en passant par des sports tels que le basket-ball, le *skate* ou encore le BMX.

3 Réaliser une veille concurrentielle

Directeur(-trice) adjoint(e) d'un magasin Intermarché, vous vous interrogez sur l'incidence des nouvelles alliances qui redessinent le paysage de la distribution pour votre point de vente. Vous décidez de procéder à des recherches sur le sujet et rédigez une note à l'attention de votre directeur pour l'informer de vos conclusions. Vous avez repéré des articles de presse qui vous semblent intéressants.

1. Effectuez une recherche et collectez 5 à 10 documents sur le sujet des alliances dans la grande distribution.
2. Appréciez la fiabilité des documents trouvés. Conservez les documents les plus pertinents.
3. Présentez dans un tableau un comparatif des documents retenus : sujet, source, résumé…
4. Rédigez une synthèse à l'attention de votre responsable.

4 Rechercher et sélectionner l'information

Vous êtes responsable du magasin de prêt-à-porter féminin « À la mode de Clara ».
Vous avez remarqué que de plus en plus de vos clientes se tournaient vers des sites d'achat de textile de seconde main comme Vinted. Vous souhaitez connaître les tendances du marché du prêt-à-porter féminin et vous vous tournez vers les outils numériques que vous connaissez pour mener vos recherches.

1. Après avoir défini les mots-clés qui vous seront utiles, créez une alerte sur Google Alertes pour recevoir les actualités concernant le marché du prêt-à-porter féminin. Définissez une périodicité hebdomadaire.
2. Faites des recherches sur l'évolution du comportement d'achat textile au cours des cinq dernières années. Vous utiliserez les options avancées de Google.
3. Vous souhaitez automatiser votre veille et recevoir les actualités par le biais d'un flux RSS. Vous décidez de créer un compte sur Netvibes pour y parvenir. Vous devrez vous abonner aux flux RSS susceptibles de vous être utiles.
4. Pour affiner votre recherche, vous décidez d'utiliser les métamoteurs de recherche Dogpile et DuckDuckGo (document 1) et d'enregistrer les documents importants dans Pearltrees (document 2).
5. Parmi les documents que vous avez trouvés, sélectionnez-en trois ou quatre et expliquez quels critères vous avez retenus pour vous assurer de leur fiabilité.
6. Faites une synthèse de la situation au moment de vos recherches.

Document 1 Qu'est-ce qu'un métamoteur ?

Pour des recherches approfondies et pour vous éviter de perdre du temps en surfant d'un moteur à un autre, vous pouvez utiliser un métamoteur de recherche. […] Le métamoteur envoie ses requêtes à plusieurs moteurs de recherche et renvoie les résultats de chacun d'eux.

Fidel Navamuel, « 3 métamoteurs pour des recherches approfondies », outilsveille.com, 24 janvier 2022.

Site web : Le métamoteur Dogpile
liennathan.fr/tlr88w

Site web : Le métamoteur DuckDuckGo
liennathan.fr/omfep2

Document 2 Utiliser Pearltrees

Vidéo : Créer un compte Pearltrees – Mme Waag
liennathan.fr/3rsyeq

Vidéo : Créer une collection – Pearltrees
liennathan.fr/kdb0zx

Synthèse

Assurer la veille informationnelle

La démarche mercatique
C'est l'ensemble des actions mises en œuvre pour connaître les besoins des consommateurs et s'y adapter

- Analyse du marché
- Segmentation
- Positionnement = marchéage (Mix)

Veille informationnelle
C'est l'ensemble des actions mises en place pour rester informé de manière automatisée

Les typologies de veille informationnelle en mercatique

Veille du macro-environnement
Sur les sujets :
- politiques
- économiques
- sociaux-culturels
- technologiques
- écologiques
- légaux

Veille commerciale
Sur :
- les produits
- les clients
- la e-réputation

Veille concurrentielle
Sur les concurrents actuels et à venir :
- produits
- prix
- services
- offres
- alliances
- circuits de distribution…

Exploitation de la veille
- tri des données
- sélection
- analyse pour la prise de décision
- diffusion des résultats

Mots-clés

Veille informationnelle • Stratégie omnicanale • Marketing digital • Veille commerciale • Réseaux sociaux • Veille concurrentielle • Google Alertes • Netvibes • Automatisation de la collecte d'informations

TESTEZ-VOUS
liennathan.fr/d86y8k

CHAPITRE 2

Enrichir et exploiter le système d'information commercial (SIC)

Contexte professionnel

Compétence
Assurer la veille informationnelle

Savoirs associés
Le système d'information commercial
Le cadre légal et réglementaire de la relation client et de la vente conseil

Vers PIX
D1.1. Mener une recherche et une veille d'information

Nom : Le Bazar Green
Adresse : Paris
Type d'UC : commerce traditionnel
Offre commerciale : produits cosmétiques bio
Effectif : 5 salariés

Le Bazar Green est un *concept store* qui propose des produits de beauté et des cosmétiques bio et naturels. Valentine, la créatrice, a ouvert son premier magasin à Toulouse en 2012. Le succès est tel que, deux ans plus tard, elle ouvre trois nouveaux points de vente : deux à Paris et un à Lyon. Aujourd'hui, le réseau compte plus de 12 points de vente intégrés répartis sur toute la France, pour un chiffre d'affaires total de 8 millions d'euros pour 2022. Chaque magasin est responsable de son approvisionnement auprès de fournisseurs, choisis au préalable par Valentine.
L'an dernier, Valentine s'est dotée d'une solution digitale pour gérer son système d'information commerciale : le PGI SystemPlus lui permet d'être reliée à chaque unité commerciale et permet aux franchisés de réaliser une série de tâches : encaissement, gestion de la relation client ou encore suivi des performances.

Votre rôle

Vous êtes manageur du magasin Le Bazar Green de Paris et devez gérer au quotidien votre unité commerciale. Lors de toutes les tâches que vous réalisez, vous êtes amené(e) à collecter des informations, à les analyser, à les exploiter, à les sécuriser, à les sauvegarder et à les diffuser. Vous utilisez le PGI SystemPlus tout au long de la journée.

Vos objectifs

I Collecter des informations commerciales

Il est 9 heures, votre magasin ouvre à 10 heures. Comme chaque matin avant l'ouverture, vous entrez dans le PGI SystemPlus de votre SIC afin de collecter certaines informations.

1 Observez le menu : quel élément montre que vous êtes bien dans le SIC de Bazar Green ? Pourquoi chaque collaborateur/-trice doit-il/elle se connecter avec son nom ? — Fiche ressource 1 ; Annexe 1

2 Listez les différentes informations envoyées par votre réseau, en précisant par quel canal ces informations vous parviennent. — Fiche ressource 2 ; Annexe 2

Il est 9 heures 30. Comme chaque jour, vous organisez un brief avec les vendeurs.

3 À partir des informations transmises par le réseau, préparez votre discours : objectifs du jours et produits à mettre en avant.

4 Démontrez que ce brief est aussi un moyen de collecter l'information. — Annexe 3

5 L'information collectée auprès de Corinne sur les cosmétiques au chocolat vous semble-t-elle fiable et pertinente ? Justifiez votre réponse.

Il est 10 heures 30, vous accueillez une nouvelle cliente. Elle accepte la carte de fidélité.

6 Quelles informations allez-vous collecter lors de la création de la carte de fidélité ? — Annexe 4

7 Comment vous permettront-elles de personnaliser la relation client ? — Annexe 5

8 La cliente demande ce qui se passera si elle change d'avis et qu'elle ne veut plus apparaître dans votre fichier clients. Que lui répondez-vous ? — Fiche ressource 3

9 Où seront stockées les informations de cette cliente ? — Fiche ressource 4

II Diffuser des informations commerciales

Il est 14 heures, votre réseau vous demande de procéder à une première remontée des performances commerciales. Il faudra en faire une seconde à 19 heures, au moment de la fermeture. — Annexe 6

10 Listez toutes les informations diffusées au réseau sur les performances de l'unité commerciale. — Fiche ressource 4

11 Démontrez que ces données ne sont pas brutes et résultent d'un traitement.

12 Montrez comment le SIC permet un suivi des performances à distance par le réseau et rend possible l'ajustement des objectifs de l'UC à la mi-journée. Précisez l'intérêt de ce suivi pour l'UC.

Il est 15 heures, moment de la plus basse affluence de la journée. Vous en profitez pour envoyer une vendeuse en visite mystère chez votre principal concurrent voisin, le magasin Yves Rocher.

13 Quelles sont les pratiques habituelles de recueil d'informations sur les concurrents ? Ces informations seront-elles intégrées au SIC ? Justifiez. — Annexe 7

Il est 16 heures : selon les préconisations du réseau, vous devez annoncer à la clientèle une opération promotionnelle sur la gamme Aloé Vera.

14 Choisissez trois canaux différents pour diffuser l'information sur cette offre promotionnelle.

Il est 17 heures 30, vous recevez un mail de votre principal fournisseur. — Annexe 8

15 Quelles sont les principales informations de ce mail ? Comment allez-vous les traiter ?

Il est 18 heures, une cliente recherche un soin bio à l'orchidée sauvage pour peau mixte, mais vous n'avez plus cet article en rayon.

16 Quelles possibilités offre votre SIC pour répondre rapidement à cette demande ?

III Stocker et sécuriser les informations commerciales

Il est 19 heures, vous fermez le magasin et clôturez la journée en réalisant une sauvegarde. Annexes 9 et 10

17 Quelles opérations devez-vous réaliser pour sécuriser les informations de votre SIC ?

18 Quels sont les supports utilisés dans votre UC pour stocker les informations collectées ?

Votre dossier

Annexe 1 Le PGI de Bazar Green

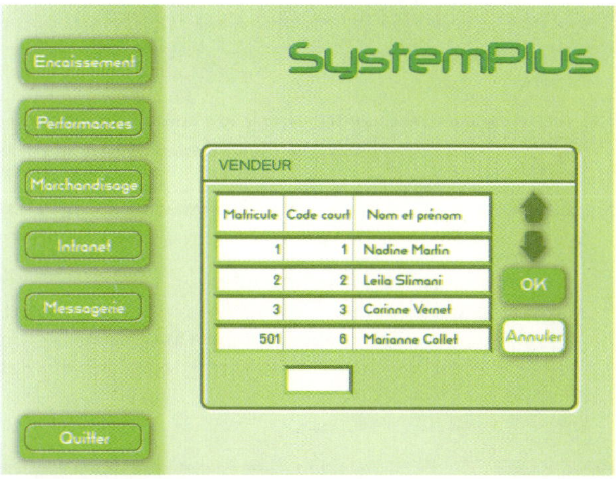

Annexe 2 Les préconisations du réseau Le Bazar Green*

Planogramme Maquillage envoyé sur l'intranet

Linéaire Maquillage Bio			
Rouge à lèvres	Blush	Blush	Accessoires : pinceaux, éponge à maquillage…
Rouge à lèvres	Blush	Blush	Poudre
Vernis à ongles	Fond de teint	Fond de teint	Poudre
Vernis à ongles	Fond de teint	Fond de teint	Poudre

Message aux manageurs

Chaque semaine, vous devez télécharger les nouveaux planogrammes sur le PGI SystemPlus

Onglet : Marchandisage

Performances commerciales

	Historique N–1	Objectifs
CA /jour	1 200 €	+ 6 %
Indice de vente	2,2 articles/client	+ 2 %
Panier moyen	28 €/client	+5 %
Taux de transformation	25 %	+ 2 %

Message aux manageurs

Chaque jour avant l'ouverture vous devez télécharger sur SystemPlus les objectifs

Onglet : Performances

Mail reçu : Promotion Aloé vera

Dates	Du 20 avril au 6 mai
Produits concernés	Toute la gamme Aloé vera : gels douche, shampoings, crème visage et crème corps
Offre promotionnelle	– 10 % sur le prix habituel – 20 % pour les détenteurs de la carte de fidélité
Mise en avant des produits	Installer une table à l'accueil pour disposer tous les produits Installer une PLV sur la table

Message aux manageurs

Pensez 2 fois par jour à vérifier votre boite mail, des nouvelles promotions peuvent vous être envoyées

* Données fictives.

Pièce jointe au message : Argumentaire sur l'aloé vera

Aroma-Zone s'efforce de vous proposer des produits de **la meilleure qualité possible**, que ce soit au niveau de leur composition, de leur **richesse en actifs**, de leur odeur, de leur type de culture, de leur **origine** géographique, de leur mode d'obtention, de la qualité du travail du producteur mais aussi remarquables au niveau de l'**éthique** dans une démarche de développement durable. Nous recherchons pour vous des **qualités de produits rares**, et même parfois **exclusives**, en contactant des fournisseurs aux quatre coins du monde et en achetant directement aux producteurs ; ce en nous assurant toujours de conditions économiques favorables pour nos partenaires. Afin de mettre en valeur certains de nos produits de qualité exceptionnelle et de vous faire partager un maximum d'informations sur ces produits, nous avons décidé de créer un **label « produit d'exception »**.

Le gel d'Aloe vera BIO, de par sa **formulation exclusive et 100% naturelle à base de gel d'aloe vera frais et natif et ses propriétés nutritives, régénérantes et apaisantes**, fait partie de ces produits d'exception.

Une formule exclusive 100% naturelle, à base de jus frais natif

Nous avons travaillé de longs mois pour formuler ce gel d'aloe vera. Il est préparé à base exclusivement de gel d'aloe vera **NATIF**.

C'est à dire **extrait du filet frais de la feuille de l'aloe vera et utilisé sans aucune transformation et sans aucune chauffe**, afin de vous livrer une qualité très **riche en polysaccharides, tanins, stéroïdes, acides organiques, vitamines et minéraux, avec une forte teneur en aloeverose**. Les plantes utilisées viennent de la filière biologique du Mexique. Notre gel d'Aloe vera est un des seuls du marché 100% naturel et préparé à partir de jus natif (beaucoup sont fabriqués à partir de poudre). Il est ainsi très riche en vitamines et éléments nutritifs, ce qui en fait un **produit d'exception**.

Un véritable produit frais, fabriqué en Provence sous contrôle rigoureux

C'est un **véritable produit frais et 100% naturel**, et de ce fait **c'est un produit fragile**, qui se conserve au frais après ouverture.

Nous le fabriquons avec les plus grandes précautions dans nos propres laboratoires en Provence. **Il est contrôlé à tous les stades de sa production pour vous garantir un produit parfaitement conforme.**

Des propriétés incomparables

L'utilisation de jus d'aloe vera frais et natif, non chauffé, permet de **préserver au mieux tous les actifs et les nutriments** de l'aloe vera, et de profiter pleinement de ses multiples propriétés.

Le gel d'aloe vera est un **véritable soin complet** pour la peau : **apaisant, désaltérant, nutritif, régénérant**... Il revitalise et embellit tous types de peaux, notamment les peaux matures, ternes, sèches, mais aussi les peaux sensibles et les peaux à imperfections.

www.aroma-zone.com

Annexe 3 Brief du matin avec l'équipe (extrait du compte-rendu)*

Manageur : « Bonjour à toutes ! Nous prenons quelques minutes comme chaque matin pour faire le point. Avant de fixer avec vous les objectifs du jour et les produits "*best*" à mettre en avant, je vous laisse la parole : quelles sont vos remontées clients sur la journée d'hier et quelles sont vos remarques ? »

Nadine : « Rien de particulier à signaler… Ah si, quand même : la crème de jour bio intense est trop chère ; à chaque fois, c'est la même chose : j'argumente sur ses bienfaits, les clientes sont convaincues et quand j'annonce le prix de 48 euros, c'est terminé, tout à coup elles changent d'avis ! »

Leila : « Surtout, c'est la seule qui contient du collagène : il faudrait peut-être proposer plusieurs crèmes de jour anti-âge… là c'est la seule. ».

Nadine : « C'est comme pour les shampoings : aucun pour cheveux gras ! C'est dommage, on perd des ventes… »

Manageur : « Rien d'autre ? »

Marianne : « Il faut absolument commander à nouveau des rouges à lèvres : il ne reste que treize couleurs, ça limite le choix. »

Manageur : « Et toi Corinne ? Tu veux ajouter quelque chose ? »

Corinne : « Ça n'a rien à voir, mais j'ai une amie qui travaille chez Sephora ; ils ont organisé une soirée VIP après la fermeture du magasin, avec un apéro et des cadeaux pour les clients fidèles, c'est pas mal comme idée ! Je me disais qu'on pourrait faire la même chose… »

Manageur : « C'est vrai, c'est une bonne idée ! »

Corinne : « Une autre idée : j'ai vu l'Instagram d'une fille de 16 ans, Melina, qui explique que les cosmétiques à base de chocolat sont tendance en ce moment ; peut-être pourrions-nous en proposer ? »

* Brief fictif, imaginé pour le cas pédagogique.

Annexe 4 – La carte de fidélité Le Bazar Green

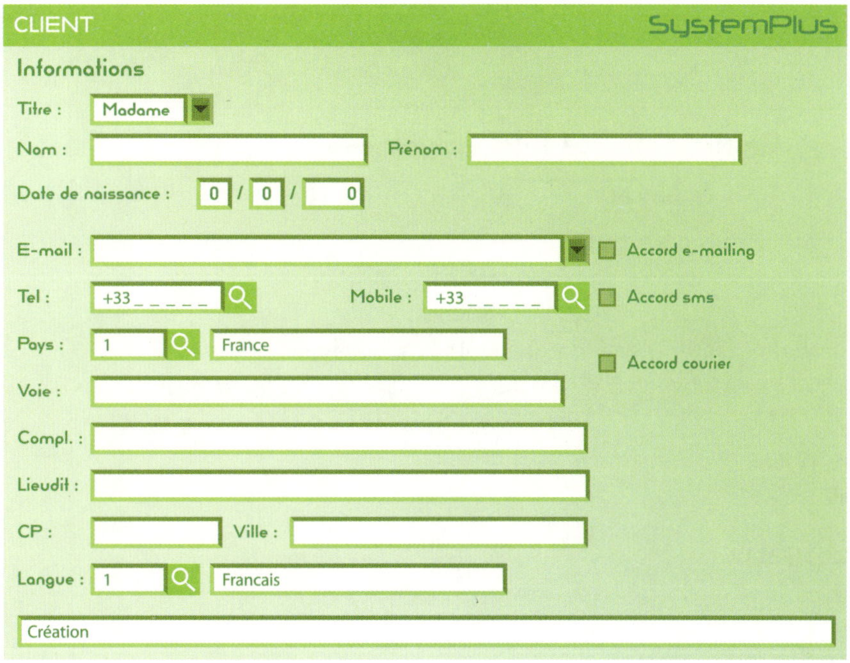

Annexe 5 – La gestion de la relation client*

Étape 1 – Lors de l'encaissement : scannez le produit, il apparaîtra sur l'écran.

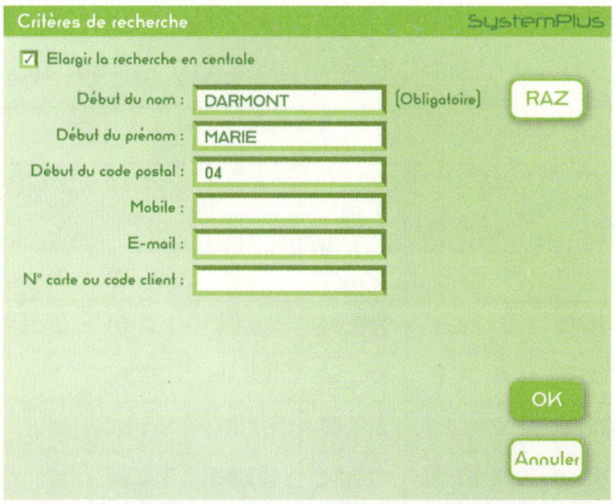

Étape 2 – Recherchez le client / la cliente dans la base de données en tapant son nom + prénom + les deux premiers chiffres du code postal.

Étape 3 – Une réduction automatique est proposée en fonction des points cumulés sur la carte de fidélité.

Étape 4 – Le nouveau montant à payer est calculé.

* Données fictives.

Annexe 6 — La remontée des performances commerciales*

Impression | Quitter

Chiffre d'affaires total - Synthèse

Devise EUR

VENTES

Quantité :	132
CA TTC (net) :	2 451,93 EUR
CA TTC (brut) :	2 919,68 EUR
Montant remises :	467,75 EUR

DONT RETOURS

Quantité :	– 5

DONT CADEAUX

Quantité :	0

INDICATEURS

Nb. tickets :	63
dont ticket à 0 eurosou sans article :	1
Panier moyen :	39,55 EUR
Indice de vente :	2,13

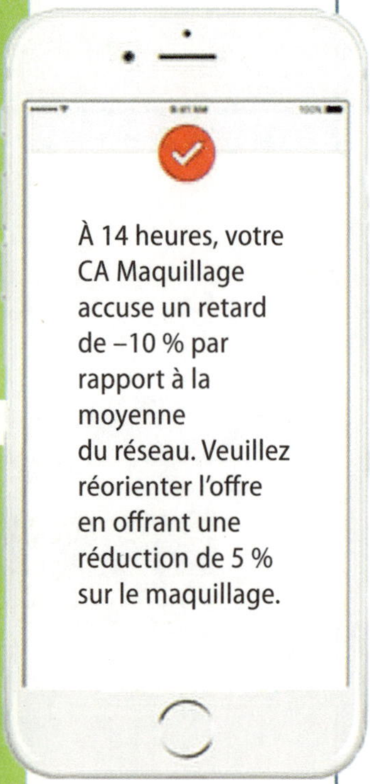

Impression | Quitter

Statistiques horaire : chiffre d'affaires

Devise EUR

Heure	Quantité	CA brut	Remises	CA net	Ticket (avecCA)	Panier moyen	Indice vente
10/11	2 PCE	55,98	24,99	30,99	1	30,99	2 PCE
11/12	11 PCE	265,89	33,98	231,91	6	38,65	1,83 PCE
12/13	18 PCE	435,82	106,94	328,88	7	46,98	2,57 PCE
13/14	9 PCE	207,87	62,97	144,90	4	36,23	2,25 PCE
14/15	18 PCE	416,82	101,95	314,87	8	39,36	2,25 PCE
15/16	14 PCE	314,86	61,97	252,89	9	28,10	1,56 PCE
16/17	34 PCE	568,66	30,97	537,69	14	38,41	2,43 PCE
17/18	17 PCE	391,87	18,99	372,88	9	41,43	1,83 PCE
18/19	9 PCE	261,91	21,99	236,92	4	59,23	2,25 PCE

* Données fictives.

Annexe 7 — Observer les concurrents

Tous les magasins le font ! Une petite visite mystère de temps en temps chez les concurrents pour observer leurs pratiques ; les informations collectées peuvent être très enrichissantes : une nouvelle gamme de produits, un relevé de prix, une photo de PLV ou de mise en avant de l'offre… sont autant d'informations stratégiques pour construire sa propre offre.

Annexe 8 — Message du fournisseur

Message | Options

Envoyer | Coller | Joindre un fichier | Tableau | Images

De :

À : Bazar Green Paris

Cc :

Objet : Nos nouveaux produits

Venez découvrir sur notre site nos nouveaux produits Bio

Qui sommes nous ? | Nos boutiques | Newsletter | FAQ | Contact

MON ESPACE AZ
Mon compte, mes commandes et mes avantages
CONNEXION
COMMANDE EXPRESS

AROMA ZONE.COM
EXPERT NATUREL EN SOINS & BEAUTÉ

MON PANIER :
frais de port à 2€ ! poids restant : 180g

TOUS NOS PRODUITS | NOUVEAUTÉS | PROMOS | SANTÉ & BIEN-ÊTRE | COSMÉTIQUE MAISON | BEAUTÉ BIO & NATURELLE | MAISON AU NATUREL | IDÉES CADEAUX

Entrez un produit, une référence, une propriété...

GUIDE DES HUILES ESSENTIELLES | NOS FICHES ET CONSEILS | RECETTES & TUTOS | ATELIERS AZ | NOS BOUTIQUES-ATELIERS

Accueil > Nouveautés

NOUVEAUTÉS

NOUVEAUTÉS
Huiles essentielles, huiles végétales, coffrets, ingrédients cosmétiques, flacons, ... Retrouvez les **dernières nouveautés** sélectionnées par notre équipe !

TYPE | CULTURE | CHEVEUX | PEAUX | GRILLE

TRIER PAR

Afficher 12 | 24 | 48 | Tous articles par page

Page : 1 | 2 | 3 | ... | 6

3 ELIXIRS FLORAUX CONCENTRÉS & BIO

ELIXIR FLORAL
CAMOMILLE ROMAINE BIO

100% végétal et BIO, cet élixir de beauté est fabriqué à partir de fleurs de Camomille romaine cultivées en Provence. Très concentré, il calme et adoucit les peaux sensibles et réactives.

ELIXIR FLORAL
HÉLICHRYSE ITALIENNE BIO

Infusé d'Hélichryse italienne BIO aux propriétés anti-âge exceptionnelles, ce sérum concentré aux vertus toniques et jeunesse est un véritable élixir de beauté pour le visage !

5 NOUVEAUX COFFRETS COSMÉTIQUES

KIT COSMÉTIQUE MAISON
BAUME DÉMÊLANT BRILLANCE AU MONOÏ

Sublimez votre chevelure avec ce baume onctueux à l'irrésistible parfum d'été. Riche en Monoï BIO, il laisse les cheveux doux et brillants. Faciles à coiffer, ils resplendissent de beauté !

Fiche conseil AZ

Exclusivité AZ

Ajouter à la liste d'envies
Lire les 17 commentaires

7,90 €

Quantité : 1 | AJOUTER AU PANIER

KIT COSMÉTIQUE MAISON
CRÈME FRAÎCHEUR DÉSALTÉRANTE À L'ALOE VERA

Une crème légère gorgée d'Aloe vera et d'huile de concombre, réputés pour leurs propriétés hydratantes, purifiantes, régénérantes et apaisantes. Ce coffret contient tous les ingrédients et le matériel pour réaliser deux fois votre crème.

Fiche conseil AZ

Exclusivité AZ

Ajouter à la liste d'envies
Lire les 7 commentaires

9,90 €

Quantité : 1 | AJOUTER AU PANIER

www.aroma-zone.com

Annexe 9 — La consultation des stocks

Étape 1 – Consultation du stock en réserve.

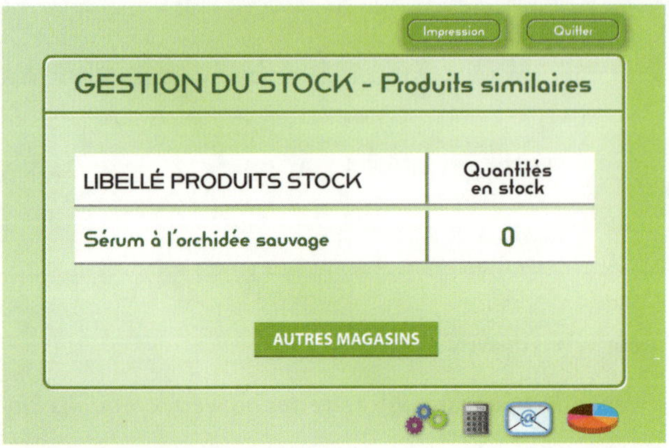

Étape 2 – Si rupture de stock : proposez un produit similaire en cliquant sur l'onglet *Autres produits*.

Étape 3 – Si rupture de stock Autres produits, cliquez sur *Autres magasins* + sur *Commander*.

Annexe 10 — Mail du réseau Bazar Green sur la sécurisation des données

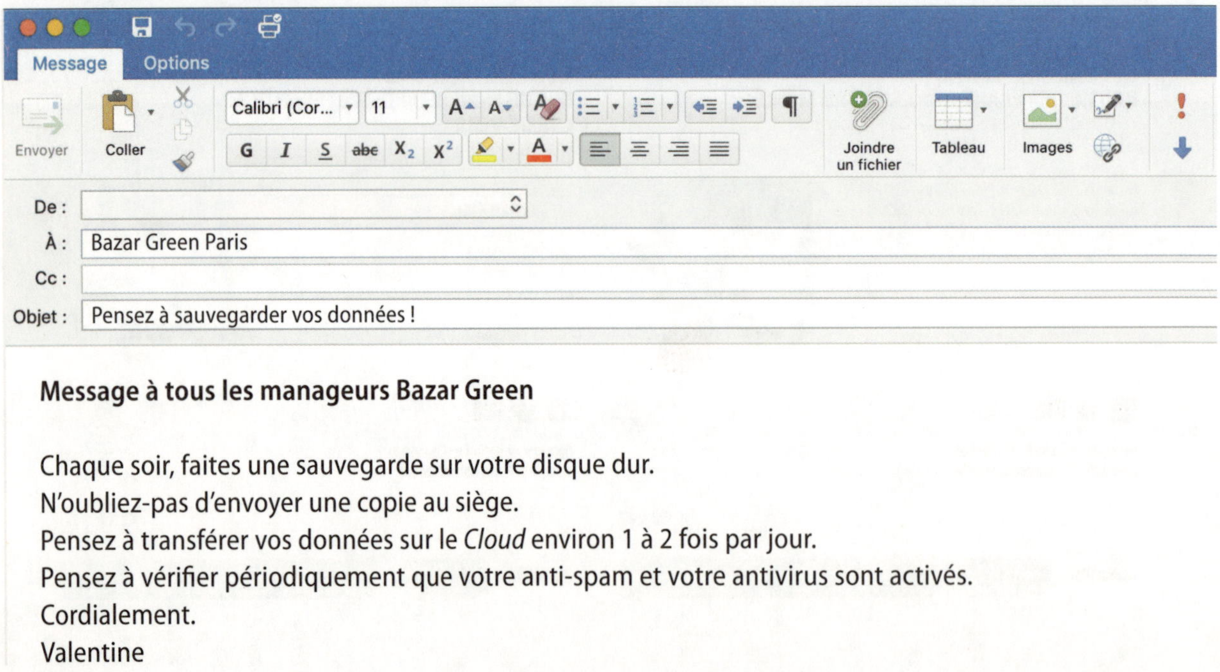
Message | Options

De :
À : Bazar Green Paris
Cc :
Objet : Pensez à sauvegarder vos données !

Message à tous les manageurs Bazar Green

Chaque soir, faites une sauvegarde sur votre disque dur.
N'oubliez-pas d'envoyer une copie au siège.
Pensez à transférer vos données sur le *Cloud* environ 1 à 2 fois par jour.
Pensez à vérifier périodiquement que votre anti-spam et votre antivirus sont activés.
Cordialement.
Valentine

FICHE RESSOURCE

1

LE SYSTÈME D'INFORMATION COMMERCIALE (SIC)

I Définition et objectifs du SIC

Le SIC est l'ensemble du dispositif (moyens, procédures, acteurs) présent dans une unité commerciale permettant de collecter, stocker, sécuriser, analyser, traiter et diffuser l'information commerciale. C'est l'outil essentiel du mangement opérationnel.

Le SIC est intégré au SIM (Système d'information mercatique), qui regroupe toutes les informations marketing, tant opérationnelles que stratégiques (études de marché, prévisions des ventes…), qui lui-même est intégré au SIE (Système d'information de l'entreprise), qui regroupe toutes les informations de tous les services de l'entreprise (production, gestion des ressources humaines, comptabilité…).

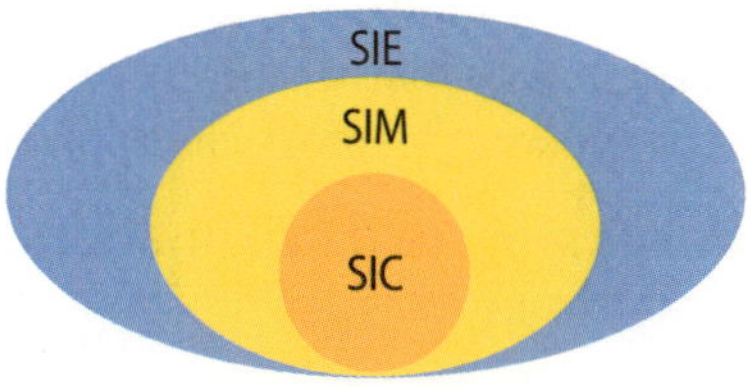

II L'utilisation des outils numériques : le PGI

Pour collecter, traiter, stocker et diffuser les informations, les unités commerciales choisissent traditionnellement un logiciel de GRC (Gestion de la relation client ; en anglais CRM : *Customer Relationship Management*), mais elles optent aujourd'hui de plus en plus pour un PGI (Progiciel de gestion intégré ; en anglais ERP : *Enterprise Resource Planning*). Le PGI permet de gérer l'ensemble des fonctions de l'entreprise grâce à un seul logiciel intégrant plusieurs modules de gestion : comptabilité, ressources humaines, relation client, approvisionnement… Les modules sont reliés entre eux, ce qui permet de croiser toutes les données collectées.

EXEMPLE

Lors de la création d'une carte de fidélité pour un client, le module GRC collecte les informations ; automatiquement, le module Comptabilité pourra établir une facture avec les coordonnées du client.

III La sécurisation du SIC

Pour assurer la confidentialité de certaines informations ou empêcher la suppression accidentelle ou volontaire de données, il est nécessaire de sécuriser le SIC.

Cette procédure implique diverses opérations :

– **rédiger une charte informatique :** elle prévoit les procédures à respecter par les collaborateurs pour utiliser de manière responsable les outils mis à leur disposition et savoir partager les éventuelles données sensibles sur des réseaux sociaux par exemple ;

– **imposer des mots de passe** pour se connecter au réseau local mais aussi pour tout accès aux appareils utilisés dans l'unité commerciale : smartphone, tablette… ;

– **attribuer des droits d'accès** qui permettent de gérer l'accès à certains espaces de travail (généralement le manageur dispose d'un accès illimité, et les vendeurs ont un accès plus restreint) ;

– **contrôler les points d'accès Internet et wifi par des pare-feu, antivirus et anti-spam** ;

– **verrouiller automatiquement les postes informatiques** après un certain temps d'inactivité ;

– **mettre régulièrement à jour les logiciels.**

FICHE RESSOURCE

2

LA COLLECTE DES INFORMATIONS COMMERCIALES

I La collecte d'informations commerciales

1. Les critères de qualité de l'information

L'unité commerciale collecte des informations à tout moment de son activité et auprès de nombreux émetteurs, afin de venir enrichir le SIC en permanence.

Ces informations doivent respecter des critères de qualité : elles doivent être **fiables** (exactes et en provenance d'une source fiable), **pertinentes** (utiles), **disponibles** (accessibles sans délai) et **actuelles** (récentes). Elles doivent être réactualisées sans cesse.

2. Les sources d'information

Sources	Canal	Informations obtenues
Réseau de l'entreprise	• Intranet • Réunion • Mail • Téléphone	• Préconisations marchandisage (plannogramme) • Plan des offres promotionnelles • ILV / PLV • Objectifs en termes de : CA, marge, taux de transformation, panier moyen, indice de vente
Vendeurs	• Réunion • Reporting	• Attentes client • Réclamations client • Rupture de stock
Clients	• Face à face avec le client • Service SAV • Étude de satisfaction	• Attentes client • Réclamations
Marché	• Étude de marché : analyse de l'offre, de la demande et de l'environnement • Collecte d'informations diverses auprès d'organismes nationaux ou privés (CCI, Insee…)	• Informations qualitatives : nouveaux besoins émergents des clients • Informations qualitatives : nombre de clients potentiels • Informations sur l'environnement politique, économique, social, technologique, écologique et légal
Fournisseurs	• Téléphone • Mail • Face à face	• Nouveaux produits • Études réalisées par les fournisseurs sur les nouveaux comportements client et sur les nouvelles attentes
Concurrents	• Étude de concurrence • Visite chez les concurrents • Relevé de prix	• Offre commerciale des concurrents : produits, prix, mise en valeur de l'offre, communication commerciale

II Le *Big Data*

Avec le développement actuel du marketing relationnel, les entreprises cherchent à recueillir de plus en plus d'informations sur leurs clients. On nomme ce phénomène « Big Data » ; il comprend cinq aspects, dénommés « les 5V » :

– **volume** : il s'agit de collecter et d'analyser un volume très important de données ;
– **vitesse** : les données doivent être collectées et traitées en temps réel ;
– **variété** : les données doivent être diverses pour permettre une vision « totale » du client ;
– **véracité** : les données doivent être fiables ;
– **valeur** : les données doivent présenter un intérêt pour l'UC.

FICHE RESSOURCE 3

LA RÉGLEMENTATION DE LA COLLECTE DES INFORMATIONS COMMERCIALES : LE RGPD

Le Règlement général sur la protection des données (RGPD) est entré en application le 25 mai 2018. Il renforce les droits des personnes sur leurs données et s'applique à toute organisation publique ou privée qui traite des données personnelles. Il crée des obligations spécifiques pour garantir la protection des données ainsi confiées aux unités commerciales. La collecte des informations commerciales est donc soumise à diverses obligations.

I Les droits des personnes sur leurs données personnelles

Une **donnée personnelle** est toute information se rapportant à une personne lorsqu'elle est **identifiée ou identifiable** (nom, prénom, adresse, date de naissance…).

Le RGPD permet aux personnes qui se prêtent à une collecte de données personnelles d'avoir une plus grande maîtrise sur ces données.

Les droits des personnes sont :

– le droit d'accéder à leurs données et de connaître l'utilisation qui en a été faite ;
– le droit de rectifier les informations inexactes et de compléter les informations incomplètes ;
– le droit de recevoir leurs données dans un format clair et lisible ;
– le droit de s'opposer au traitement de leurs données si elles fournissent un motif légitime ;
– le droit de demander l'effacement de leurs données.

II L'obligation de consentement et d'information du client

L'entreprise qui exploite des données personnelles doit respecter certaines obligations et doit notamment :

– recueillir l'accord du client ;
– informer le client de son droit d'accès, de modification et de suppression des informations collectées ;
– veiller à la sécurité des systèmes d'information ;
– assurer la confidentialité des données ;
– indiquer une durée de conservation des données.

L'objectif de la collecte d'informations doit être précis et les données recueillies doivent être en accord avec cette finalité.

www.service-public.fr

III L'obligation générale de sécurité et de confidentialité

- L'entreprise doit mettre en œuvre les mesures de sécurité des locaux et des systèmes d'information pour empêcher que les fichiers soient déformés, endommagés ou que des tiers non autorisés y aient accès.
- Elle doit limiter la quantité de données traitée dès le départ (principe dit « de minimisation ») et doit démontrer cette conformité à tout moment.
- L'accès aux données est réservé uniquement aux personnes désignées ou à des tiers qui détiennent une autorisation spéciale et ponctuelle (service des impôts par exemple).
- Le responsable des données doit fixer une durée raisonnable de conservation des informations personnelles.

FICHE RESSOURCE 4

LE STOCKAGE, LE TRAITEMENT ET LA DIFFUSION DES INFORMATIONS COMMERCIALES

I Le stockage des informations commerciales

Le stockage des données est essentiel pour l'unité commerciale, il est sa mémoire. Il peut être effectué en interne ou avec des solutions externalisées :

– **le stockage interne** (ou « stockage en réseau » NAS, *Network Attached Storage*) consiste à sauvegarder les données sur le serveur local de l'entreprise, sur des disques durs externes, ou encore sur des clés USB. Il suppose une sauvegarde quotidienne des données. Elle peut être effectuée manuellement par les utilisateurs, ou bien de façon automatisée selon une fréquence prédéfinie (heure et date) ;

– **le stockage externalisé** consiste à sauvegarder les données sur un *cloud* (ou *cloud computing*), c'est-à-dire sur un serveur localisé à distance qui sera accessible via Internet.

II Les bases de données clients

Les informations collectées et stockées par l'entreprise sont regroupées dans des bases de données, qui peuvent être plus ou moins importantes :

– le **fichier clients** regroupe un certain nombre d'informations sur les clients (nom, prénom, âge, adresse, téléphone, e-mail, fréquence d'achat, date du dernier achat, attentes particulières...). Il est constitué par l'unité commerciale notamment lors de la création des cartes de fidélité client, ou bien il peut avoir été acheté à une entreprise spécialisée dans le recueil de données commerciales ;

– le ***Datawarehouse*** (entrepôt de données) est une grosse base de données regroupant toutes les bases de données de l'entreprise (base clients, base fournisseurs, base distributeurs...) ; cette base unique sert de référence lors de la prise de décisions.

Pour exploiter ces bases de données, l'entreprise peut ensuite recourir au ***Datamining***, un processus d'extraction d'informations commerciales pertinentes pour aider à réaliser une action marketing (par exemple, extraire d'une base de données toutes les fiches des clients n'ayant pas acheté depuis un certain temps).

III Le traitement de l'information commerciale

En marketing, le traitement des données est un ensemble d'opérations qui consiste à sélectionner et extraire les données récoltées pour les utiliser afin de proposer des offres commerciales adaptées aux besoins et attentes des clients.

L'essentiel du traitement est automatisé et réalisé en temps réel dans les différentes unités commerciales du réseau. Ainsi, les ventes étant enregistrées au fur et à mesure dans le SIC, les unités commerciales peuvent recevoir tout au long de la journée des recommandations afin d'ajuster ou d'orienter l'offre.

IV La diffusion des informations commerciales

Après traitement, les informations commerciales peuvent être diffusées aux différentes cibles.

Destinataire	Moyen	Informations communiquées
Réseau	Intranet, réunion, mail, téléphone	• Reporting sur les clients (attentes, insatisfactions, réclamations...) et sur les performances commerciales de l'UC (CA, marge, panier moyen...)
Vendeurs	Réunion, reporting	• Informations sur les clients, les produits • Formation sur la mise en avant des produits ou sur les techniques de vente
Clients	Face à face, SAV, SMS, *newsletter*, publipostage, e-mailing, ILV / PLV	• Envoi d'offres commerciales • Informations sur les nouveaux produits
Fournisseurs	Téléphone, mail, face à face	• Remontée des attentes client • Commandes

Application

Collecter, traiter et diffuser des informations commerciales

Vous venez d'ouvrir une parfumerie dans le centre-ville de Bordeaux. Conscient(e) de l'importance stratégique de la collecte d'informations sur les clients, vous souhaitez mettre en place votre SIC. Pour cela, vous recueillez des informations sur votre principal concurrent, le magasin Sephora, afin de vous inspirer de ses pratiques.

1. Quels sont les différents moyens utilisés par Sephora pour recueillir ses informations clients ?
2. Comment sont utilisées les informations recueillies par Sephora pour améliorer et personnaliser la relation client ?
3. Quelles sont les actions correctrices mises en œuvre par Sephora grâce à son SIC ?
4. Quelles sont les informations diffusées par Sephora à ses clients par le biais de son SIC ?
5. Construisez le schéma du SIC de Sephora.

Document 1 La collecte des informations clients chez Sephora

Chez Sephora, on surveille de près la voix des clients. [La] responsable de la relation client, détaille les moyens mis en œuvre – sur les réseaux sociaux et les canaux traditionnels – pour identifier les leviers d'amélioration de l'expérience client.

« Comment avez-vous mis en place une écoute des clients sur les réseaux sociaux ? »
« Mon service s'occupe de la veille sur l'expérience et la relation client. Nous utilisons des mots-clés comme "Sephora", "accueil en magasin", "mauvaise expérience", "service client", "vendeuse"... En somme, tous les termes qui se rattachent à l'expérience client. L'écoute concernant l'offre produits est prise en charge par le service marketing, *via* un autre intermédiaire. Il était important pour moi de bien séparer les thèmes d'écoute, l'objectif de mon service étant d'améliorer l'expérience client en identifiant les irritants. »

« Les médias sociaux sont-ils les seuls canaux concernés par cette veille ? »
« Elle porte plus largement sur toutes les sources du Web, comme les blogs et les forums [...]. Et, en parallèle, nous récupérons toutes les réclamations et les suggestions d'améliorations issues des différents contacts avec les clients, *via* l'e-mail ou le téléphone, ainsi que les sources internes telles les enquêtes clients et les remontées de nos conseillers en magasin. Toutes les données sont ensuite agrégées dans un rapport plus global intitulé "La voix du client", dont j'ai la charge et qui est communiqué en interne aux différentes directions. L'écoute des clients nous permet d'élaborer des plans d'actions et de travailler au quotidien. »

« Comment procédez-vous pour supprimer un irritant ou apporter des améliorations à l'expérience client ? »
« Tout dépend de la nature de l'irritant identifié. S'il s'agit d'un point d'amélioration simple, peu coûteux et facile à mettre en place, la décision se prend rapidement et de façon très naturelle. Certains projets sont plus complexes à mettre en place, soit parce que leur coût est plus élevé, soit parce qu'ils nécessitent l'intervention de la direction des services informatiques, ou d'un autre département. Nous procédons alors à des sessions d'arbitrage, dont le but n'est pas tant de décider s'il faut le faire ou pas, mais plutôt de la manière dont nous allons procéder pour apporter une amélioration. Pour supprimer certains irritants, il faut parfois modifier toute la chaîne logistique. Ce sont des projets à long terme et coûteux qui impliquent toutes les parties prenantes. »

→ La collecte des informations clients chez Sephora

« Auriez-vous un exemple d'irritant rapidement identifié et résolu ?

Sephora propose à ses clients un service de gravure sur les bouteilles de parfum. La présentation de ce service sur notre site Internet n'était pas claire : les clients avaient une mauvaise perception des délais de fabrication et ne comprenaient pas quelles étaient les différentes typographies proposées pour graver le message. Grâce aux remontées des clients, nous avons pu établir un plan d'action avec les équipes *in-store* et le graveur. Nous avons réduit de 24 heures le temps de gravure et avons fait évoluer l'interface de saisie des messages personnels sur le site. Nous avons ensuite observé une baisse significative des retours clients à ce sujet. »

« Existe t-il des sujets plus récurrents que d'autres ? »

« Sephora ayant une activité de vente à distance, nous détectons majoritairement des sujets liés à la livraison, à la préparation de la commande, aux informations communiquées sur le site Internet, etc. Ce sont des problématiques traditionnelles pour un acteur de la distribution. Nous traitons également des sujets en rapport avec notre cœur de métier, à savoir la vente de produits de beauté : demande de conseil de la part des clients et d'accompagnement dans le choix des produits. Tout au long de son parcours, le client est en contact avec la marque, et l'expérience peut être négative, mais aussi positive : il nous arrive de recevoir des messages de clientes pour nous parler d'une conseillère particulièrement sympathique, qui a su leur donner le conseil beauté qu'elles attendaient. »

« Que faites-vous de ces messages ? »

« Nous les communiquons par le biais de notre rapport interne "La voix du client". C'est important pour les équipes car ça les encourage. C'est un vrai souffle positif qui nous pousse tous les jours à faire notre métier le mieux possible. »

P. Monin, www.relationclientmag.fr

Document 2 Les trois cartes de fidélité Sephora

Sephora reconnaît le profil de ses clients et s'occupe de chacun d'une manière différente. Lors de la première visite en magasin, les clients peuvent avoir une carte de fidélité (la carte White) qui leur donne un pourcentage de réduction sur leurs prochains achats. Le client reçoit également des mails avec des promotions et offres exclusives. Ensuite, selon la fréquence d'achat, pour récompenser la clientèle, Sephora donne une deuxième carte (Sephora Black) avec de nouveaux avantages, à savoir la participation aux ventes privées. Finalement, Sephora donne aux clients les plus fidèles la carte Sephora Gold, qui leur permet d'avoir des avantages VIP comme l'accès au bar à beauté.

SMS ET LE BEAUTY BOT BY SEPHORA

D'un autre côté, Sephora a réussi sa stratégie CRM avec l'utilisation de SMS et de chatbots. Pour le premier, après une visite en magasin, le client va recevoir des SMS lui proposant des réductions sur certains produits ce qui va l'inciter à revenir et va le pousser à réaliser d'autres achats. Pour le second, Sephora propose le *Beauty Bot by Sephora*, à travers lequel la clientèle peut avoir des conseils personnalisés pour trouver un produit, un magasin et ou contacter le service client.

marketing-digital.audencia.com

Document 3 L'application Sephora

Au-delà de créer une interaction de qualité avec la clientèle, [l'application Sephora], disponible pour les conseillers de vente et accessible *via* iPod Touch, a pour vocation d'offrir un conseil sur mesure aux 8 millions de détenteurs de cartes de fidélité. C'est grâce au croisement des informations clients collectées, de l'historique d'achat aux habitudes de consommation en passant par le profil de clients similaires, que les équipes peuvent être force de proposition et recommander des produits – parmi les 17 000 références de l'enseigne – au plus près des besoins des consommateurs. En offrant, au sein même du magasin, une information personnalisée sur l'offre disponible ainsi que ses spécificités, Sephora révolutionne de manière à la fois ludique et très pragmatique l'expérience client *in-store*.

www.lvmh.fr

Document 4 L'annonce des soldes

Document 5 Le SIC de Sephora

Une boutique commerciale Sephora comporte généralement :
- un ordinateur du manageur, relié au réseau Sephora et aux fournisseurs ;
- deux ordinateurs pour les manageurs adjoints, reliés entre eux et reliés à celui du manageur ;
- trois caisses enregistreuses reliées aux trois ordinateurs et au réseau ;
- un terminal de paiement mobile relié aux caisses.

Synthèse

Le Système d'information commercial (SIC)

Le système d'information commercial (SIC)

- Le SIC regroupe l'ensemble des informations commerciales
- Le SIC est un sous-ensemble du système d'information marketing lui-même un sous-ensemble du système d'information de l'entreprise

- Les informations du SIC sont accessibles *via* un module du PGI
  - Les informations sont sécurisées (*droit d'accès, mots de passe, contrôle des accès sur le réseau…*)

Les données du système d'information commercial

1. **Collecte des données**
   Collecte classique ou *Big Data*
2. **Stockage des données**
   Interne, externe
3. **Traitement des données**
   Objectifs, promotions…
4. **Diffusion des données**
   Vers les UC, le réseau, les vendeurs, les clients…

Mots-clés :

Big Data • Progiciel de gestion intégré (PGI) / *Enterprise Resource Planning* (ERP) • RGPD (Règlement général sur la protection des données • Système d'information commercial (SIC) • Système d'information mercatique (SIM) • *Cloud* • *Datamart* • *Datamining* • *Datawarehouse*

TESTEZ-VOUS
liennathan.fr/44s2gq

FICHE MÉTHODE

1

ACTIVITÉ

PRÉSENTER L'UC ET SON RÉSEAU

Compétence

- Assurer la veille informationnelle

PRÉSENTATION DU RÉSEAU ET DE L'UC	**FICHE D'IDENTITÉ DU RÉSEAU**	
	Identité	• Le nom du réseau • Le type de réseau (intégré, associé ou mixte) • La forme juridique (SA, SAS, SARL, EURL…) • L'histoire du réseau en quelques dates
	Organisation	• Les directives du réseau et l'autonomie de l'UC
	FICHE D'IDENTITÉ DE L'UNITÉ COMMERCIALE	
	Identité	• Le nom de l'enseigne • Le lieu d'implantation • La date de création • L'activité • L'équipe (organigramme) • La forme juridique (SA, SAS, SARL, EURL…)
	Clientèle	• Le profil du client type : sexe, âge, CSP • Les motivations et les freins des clients • Le *persona* (logiciel recommandé : Canva)
PRÉSENTATION DU MARKETING MIX DE L'UC	**POLITIQUE DE PRODUIT**	
	Assortiment	• Les différentes familles de produits • Les différentes marques proposées • Les caractéristiques de l'assortiment : largeur, profondeur, hauteur
	Services	• Les services facilitateurs et les services différenciateurs
	POLITIQUE DE PRIX	
	Positionnement prix	• La stratégie de l'UC en termes de prix : stratégie de pénétration, d'imitation ou d'écrémage
	Promotion par le prix	• Les différentes périodes promotionnelles de l'année
	POLITIQUE DE DISTRIBUTION	
	Processus d'approvisionnement	• Le fonctionnement du système d'approvisionnement • L'organisation du stockage
	Agencement et marchandisage	• Le plan de masse de l'UC : *back office* et *front office*, structuration des univers, zone chaude, zone froide, sens de circulation • L'implantation des produits : techniques de marchandisage, de mise en avant des produits…
	Méthodes de vente	• Les méthodes de vente : vente conseil, libre-service assisté, libre-service • Le rôle du personnel de contact dans la relation client
	POLITIQUE DE COMMUNICATION	
	Communication externe	• Les moyens de communication média : TV, radio, cinéma, Internet, affichage urbain, presse • Les moyens de mercatique directe : mailing, sms-mailing, phoning, vitrine • Les moyens de communication par les réseaux sociaux : Instagram, Facebook, Twitter…
	Communication au sein de l'UC	• La communication de l'UC : enseigne, vitrine, agencement, tenue du personnel • Les moyens de communication sur le lieu de vente : ILV et PLV
	Fidélisation clients	• La nature et les caractéristiques du programme de fidélisation
PERF.	**PERFORMANCE COMMERCIALE ET FINANCIÈRE DE L'UNITÉ COMMERCIALE**	
	Indicateurs de performance	• Le niveau de performance : chiffre d'affaires, taux de transformation, panier moyen • L'évolution des indicateurs dans le temps (indicateurs en baisse ou en hausse)

Vidéo : La méthodologie commentée
liennathan.fr/wmnptr

Version numérique disponible (Word)
liennathan.fr/7sq93z

FICHE MÉTHODE

2

ACTIVITÉ

RÉALISER UNE VEILLE SUR LE MACRO-ENVIRONNEMENT

Compétence

- Assurer la veille informationnelle

Savoirs associés

- L'information commerciale
- Le système d'information commercial

La veille permet de mieux connaître son environnement et de le prendre en compte pour anticiper les tendances du marché.

MÉTHODOLOGIE DE L'ACTIVITÉ	ANNEXES À CRÉER ET À JOINDRE AU DOSSIER
ÉTAPE 1 Déterminer les domaines et les sujets du macro-environnement qui ont un impact sur l'UC	1. Grille PESTEL renseignée avec le ou les sujets incontournables par domaine (politique, économique, socioculturel, technologique, écologique, légal)
ÉTAPE 2 Rechercher des sources d'informations exploitables sur les sujets retenus	2. Liste des sources et justification de leur qualité (pertinence, fiabilité, récence)
ÉTAPE 3 Automatiser la veille sur les sujets retenus	3. Explication de la démarche et justification des outils mobilisés (Google Alertes, flux RSS…)
ÉTAPE 4 Analyser et synthétiser les tendances et les évolutions du macro-environnement	4. Présentation des principales informations issues de la collecte 5. Recommandations pour l'UC
ÉTAPE 5 Diffuser les résultats	6. Choix et justification du mode de diffusion des résultats (réunion, intranet…)

Vidéo : La méthodologie commentée
liennathan.fr/l9v123

CHAPITRE 3

Réaliser des enquêtes commerciales quantitatives et qualitatives

Compétence
Réaliser des études commerciales

Savoirs associés
Les études commerciales

Vers PIX
1.3. Traiter des données
2.1. Interagir
3.1. Développer des documents textuels

Contexte professionnel

Nom : Intermarché Porte-de-France
Adresse : Jeumont (Nord)
Type d'UC : supermarché
Offre commerciale : produits alimentaires et de consommation courante
Effectif : 55 salariés

Le supermarché Intermarché Porte-de-France de Jeumont, petite ville située à la frontière belge, dispose d'un emplacement privilégié à proximité d'une voie rapide reliant la France et la Belgique. Un seul concurrent se trouve sur sa zone de chalandise : un Carrefour Market, toutefois mal situé et vieillot. Intermarché occupe donc localement une place de leader.
La majorité des enseignes de grande distribution disposant d'un *drive*, le directeur d'Intermarché Jeumont a décidé d'en ouvrir un en 2014. Les résultats ont dépassé toutes les espérances, le Covid et les différents confinements y ayant contribué. Afin de continuer à satisfaire une clientèle de plus en plus exigeante et de s'adapter au vieillissement de la population locale, le magasin a décidé de proposer un service de livraison à domicile, en passant par le site de livraison entre voisins Shopopop.com. Mais ce service peine à se développer et le directeur aimerait en connaître les raisons.

Site web : Gagnez bien plus que de l'argent en livrant vos voisins – Shopopop
liennathan.fr/688pcq

Votre rôle

Titulaire d'un BTS MCO, vous venez d'être engagé(e) en tant que responsable adjoint(e). Le directeur, M. Bertholet, souhaite réaliser une enquête de satisfaction auprès des utilisateurs du service de livraison à domicile afin de voir si on peut en améliorer les résultats.

Vos objectifs

I Réaliser et conduire une enquête de satisfaction

Dans un premier temps, vous souhaitez déterminer les points forts et points faibles du service « Livraison à domicile ». Vous décidez de réaliser une étude commerciale qui vous permettra de connaître le degré de satisfaction des clients sur ce service.

1 Vous proposez d'orienter votre étude commerciale vers une enquête quantitative. Justifiez cette proposition à M. Bertholet. Fiche ressource 1 / Annexe 1

2 Quelle sera la population mère de cette enquête ? Quelle sera l'unité de sondage ? Justifiez. Fiche ressource 2

3 La méthode utilisée est-elle probabiliste ou non probabiliste ? Expliquez pourquoi. Fiche ressource 3

4 Vous proposez d'utiliser la méthode des quotas. Présentez à M. Bertholet vos arguments.

5 Vous avez collecté quelques caractéristiques de la population mère : quel mode d'administration allez-vous choisir ? Justifiez votre choix et montrez les difficultés que vous risquez de rencontrer. Annexe 2

6 M. Bertholet vous informe que votre budget est limité. Dans ces conditions, combien de personnes pourrez-vous interroger ? Justifiez. Annexe 3

7 Rédigez le questionnaire. Pour vous aider, vous disposez d'un exemple d'enquête et des avis clients laissés sur les réseaux sociaux. Vous vous limiterez à une quinzaine de questions. Fiche ressource 4 / Annexe 4

8 Testez votre questionnaire auprès de quelques personnes. Reformulez les questions si besoin.

9 Saisissez le questionnaire sur le logiciel d'enquête de votre choix.

10 Vous allez administrer votre enquête dans le magasin. Comment allez-vous vous organiser compte tenu de la méthode d'administration retenue ? Fiche ressource 5

II Analyser et exploiter les résultats d'une étude quantitative

L'enquête a été administrée et les réponses ont été saisies sur votre logiciel d'enquête.

11 En prenant appui sur le questionnaire que vous avez élaboré ou à l'aide du fichier à télécharger, éditez les tris à plat puis proposez des tris croisés. Fiche ressource 6 / Annexe 5

12 Quelles conclusions pouvez-vous tirer de votre étude ?

13 Par quelles autres méthodes auriez-vous pu recueillir des informations sur le faible recours au service de livraison à domicile ? Précisez en quoi elles seraient intéressantes. Quels types d'informations auriez-vous pu obtenir ? Fiche ressource 7

Enfin, vous devez présenter le compte rendu de votre enquête et vos propositions d'amélioration lors de la réunion hebdomadaire qui réunit l'ensemble des manageurs de rayon.

14 Réfléchissez aux actions que vous pourriez envisager pour améliorer la satisfaction des clients à l'égard du service de livraison. Fiche ressource 8

15 Préparez un rapport d'enquête. Vous présenterez votre méthodologie, votre analyse ainsi que les actions correctives à envisager localement.

Votre dossier

Annexe 1 Compte rendu d'entretien avec M. Bertholet

M. Bertholet a besoin de savoir pourquoi les commandes du service « Livraison à domicile » ne décollent pas.
Il aimerait réaliser une enquête afin de connaître le profil des utilisateurs de ce service et de cerner les freins des clients à son utilisation. Pour cela, il explique qu'il est nécessaire de bien faire attention à ne pas interroger seulement les clients qui utilisent le service de livraison, car dans ce cas-là, on ne saura jamais pourquoi les autres ne l'utilisent pas. L'enquête par mail est impossible. Pas la peine non plus d'appeler tous les clients, ce serait trop long, sans compter que M. Bertholet ne possède pas toutes les adresses mail des clients, et risque de ne récolter aussi que les avis des mécontents.
La solution serait peut-être d'envisager une table ronde pour connaître les avis des clients sur le service « Livraison à domicile » ou bien de mener des entretiens avec quelques clients seulement, en prenant le risque d'interroger des personnes qui n'ont jamais commandé par ce biais et les résultats seraient alors insuffisants.

Annexe 2 Profil des clients du magasin Intermarché utilisant le service de livraison*

Répartition par tranche d'âge	
Ensemble	100 %
15 à 29 ans	0 %
30 à 44 ans	10 %
45 à 59 ans	15 %
60 à 74 ans	30 %
75 à 89 ans	40 %
90 ans ou plus	5 %

Répartition par genre	
Hommes	Femmes
15 %	85 %

Répartition par profession	
Artisans, commerçants, chefs d'entreprise	3 %
Cadres et professions intellectuelles supérieures	11 %
Professions intermédiaires	9 %
Employés	7 %
Ouvriers	6 %
Retraités	61 %
Autres personnes sans activité professionnelle	3 %
Total	**100 %**

Remarques :
– les clients qui se font livrer sont majoritairement les mêmes que ceux achètent en magasin ;
– le profil des clients du magasin a été obtenu grâce aux informations des cartes de fidélité.

* Données fictives.

Annexe 3 Éléments du budget alloué à l'enquête

Budget alloué : 2 000 €
Coût de conception du questionnaire : 320 €
Coût d'administration d'un questionnaire : 3,50 €
Coût de traitement d'un questionnaire : 2,80 €

Annexe 4 Informations diverses pour la rédaction du questionnaire*

1. Notez votre magasin sur chacun des 5 critères suivants.

Cliquez sur les étoiles pour noter chaque critère, de 1 étoile (mauvais) à 5 étoiles (très bon) :

- Les produits frais (fruits, légumes, viandes, poissons…) sont bien choisis.
- Il ne manque aucun article à ma commande et/ou les articles ont soigneusement été remplacés.
- Les articles sont bien conditionnés (pas d'emballage endommagé…).
- Je suis satisfait(e) du délai de livraison et de l'amabilité du livreur.
- Les dates limite de consommation me conviennent.

2. Informations sur le service de livraison à domicile

Shop opop

– Montant minimum de commandes : aucun
– Horaires d'ouverture : du mardi au samedi de 9 h à 19 h
– 14 000 références (40 000 références en magasin)
– Une seule personne se charge de préparer la livraison.
– Les commandes à livrer s'élèvent à 30 par semaine, réparties de manière égale chaque jour.
– Produits exclus : électroménager, hi-fi, TV, bazar, textile.
– Tarif de livraison : 9,90 € pour toute commande inférieure à 180 €, gratuit au-delà. Livraison dans un rayon de 10 km.

3. Avis des clients sur les réseaux sociaux

Martine : « *Je voulais passer une commande mais il fallait attendre 5 jours pour être livré et on ne pouvait pas être livré le week-end.* »

Josette : « *Je n'ai pas été livrée des produits que j'avais commandés, il y avait plein d'erreurs dans mon colis.* »

Yvon : « *J'ai commandé une salade et des fruits… Quelle catastrophe ! La salade était gelée et j'ai dû la jeter tellement elle était abîmée… Quant aux poires que j'ai commandées, elles étaient bien trop mûres… Jamais je ne les aurais achetées si je les avais choisies moi-même. En plus, le livreur qui est venu chez moi était désagréable comme tout.* »

Jocelyne : « *J'avais commandé du fromage à la coupe. J'ai eu la mauvaise surprise de constater, en ouvrant le paquet, qu'il était plus que bien fait… À mon avis, la date limite de consommation était dépassée depuis un moment.* »

Bruno : « *J'aimerais bien me faire livrer à domicile mais il faut que la commande atteigne 180 € pour que ce soit gratuit.* »

Mickael : « *Franchement, 9,90 € de frais de livraison, c'est abusé ! Je préfère faire mes courses moi-même.* »

Benjamin : « *Je ne m'en sors pas avec le site du magasin, trop compliqué pour moi. À chaque fois, j'abandonne ma commande.* »

Thérèse : « *Bien ce concept, mais il faut avoir Internet. À 92 ans, je suis trop âgée pour m'y mettre… Je dois demander à ma fille de faire ma commande, ça ne me plaît pas de dépendre d'elle. Pourquoi ne peut-on pas commander par téléphone ?* »

* Informations fictives, imaginées pour le cas pédagogique.

Annexe 5 Quelques résultats issus de l'enquête

Version numérique disponible : tous les résultats (Excel)
liennathan.fr/47ju8c

1. À quelles conditions seriez-vous prêts à utiliser le service de livraison à domicile ? (Plusieurs réponses possibles.)

Gratuité du service quel que soit le montant d'achat	78 %
Garantie de fraîcheur des produits	75 %
Facilité d'utilisation du site	45 %
Assortiment plus large	35 %
Prix plus intéressants qu'en magasin	60 %
Plus de promotions qu'en magasin	40 %
Rapidité de la livraison	60 %

2. À quelle fréquence vous faites-vous livrer vos courses ?

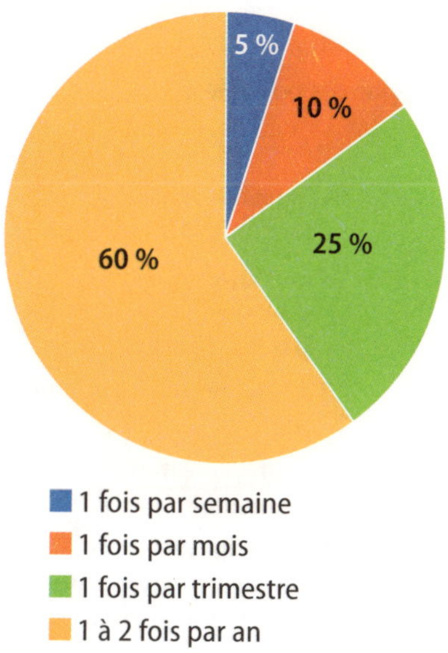

3. Quels sont pour vous les éléments importants dans le choix d'un service de livraison à domicile ?

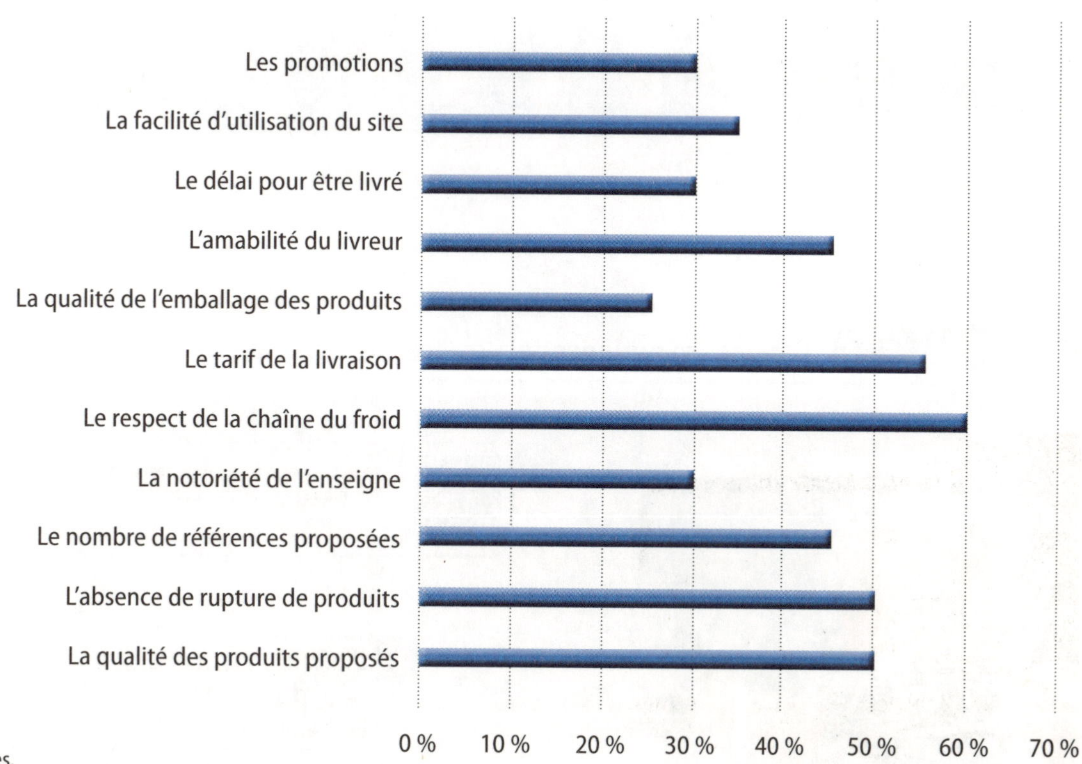

* Données fictives.

Quelques résultats issus de l'enquête

4. Quel montant minimal de commande accepteriez-vous pour être livré gratuitement ?

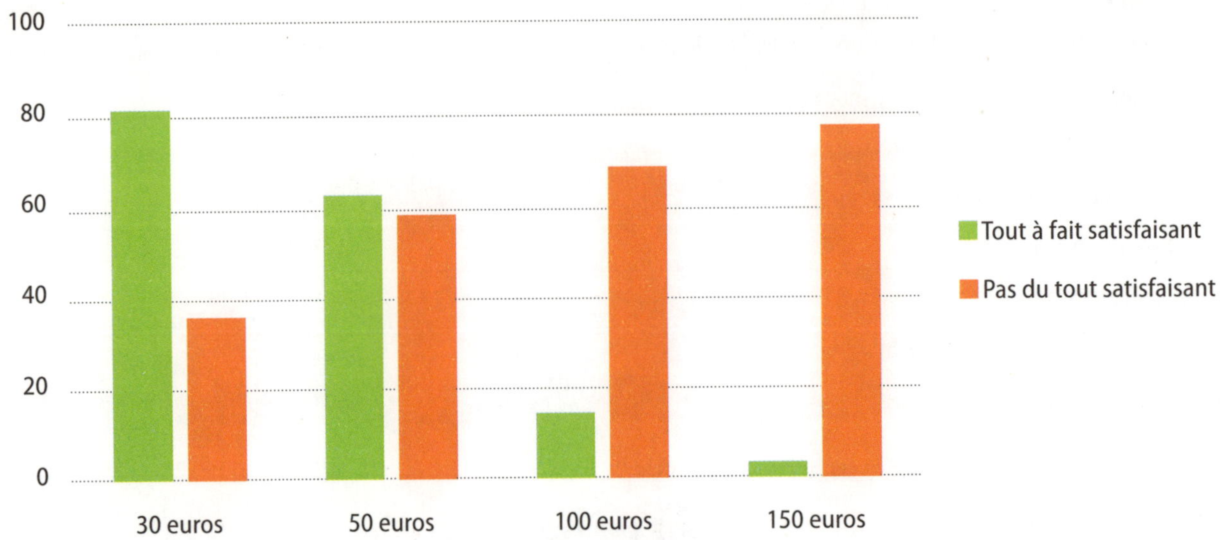

5. Pourquoi n'utilisez-vous pas notre service de livraison à domicile ? (Plusieurs réponses possibles.)

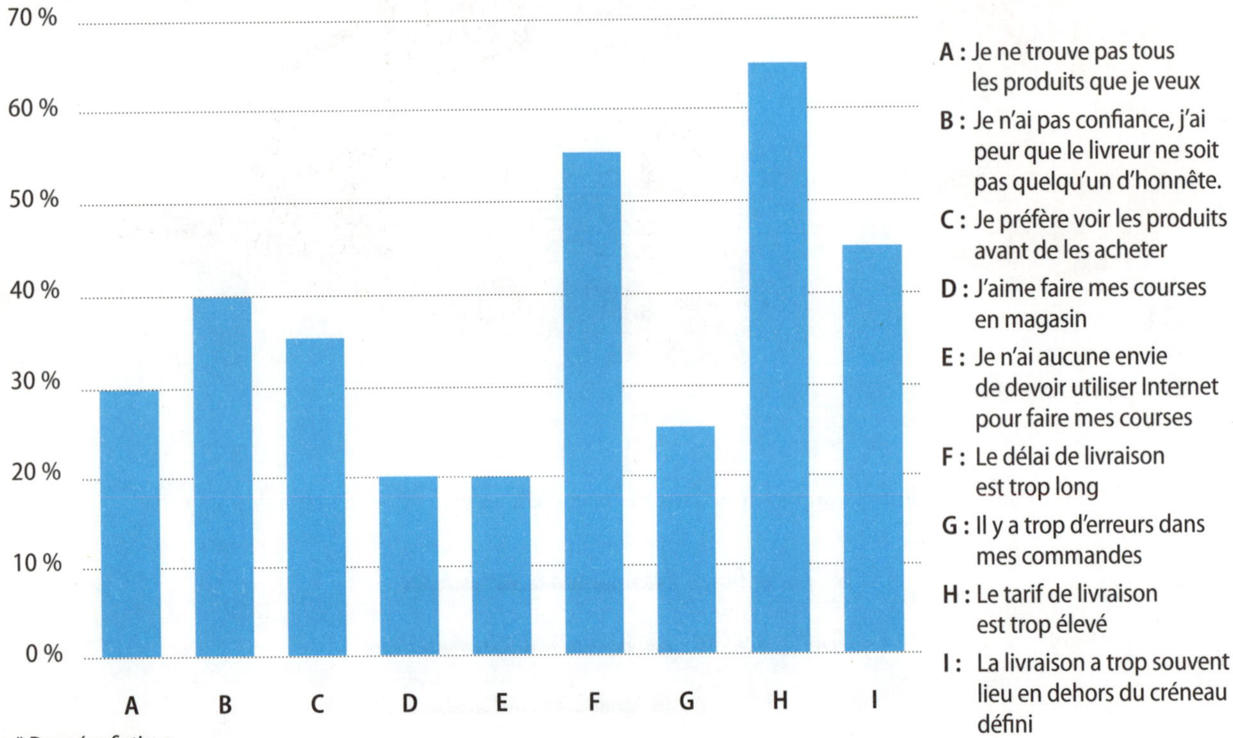

* Données fictives.

Annexe 6 D'autres expériences et services de livraison à domicile

Site web : 12 sites de livraison des courses alimentaires à domicile – Coachme.fr
liennathan.fr/9a4zv8

Vidéo : Commandez et faites vous livrer vos courses à votre domicile – Intermarché Limoges Ventadour
liennathan.fr/33yd9j

FICHE RESSOURCE

1

LES DIFFÉRENTS TYPES D'ÉTUDES COMMERCIALES ET LEURS ENJEUX

En fonction des buts visés et du budget disponible, différents types d'études sont possibles.

I Les études secondaires

Ce sont des informations qui ont déjà été collectées par des entreprises ou des organismes et qui prennent la forme d'articles, de rapports, de statistiques. C'est pourquoi on les appelle aussi « études documentaires ».

1. Les sources d'information

- Les **sources internes à l'entreprise** : fichiers clients, tableaux de bord, reporting des vendeurs...
- Les **sources externes à l'entreprise** : études menées par l'Insee, les CCI (Chambres de commerce et d'industrie), le Credoc (Centre de recherche pour l'étude et l'observation des conditions de vie), l'INC (Institut national de la consommation), les revues professionnelles, les syndicats professionnels.

2. Les enjeux des études secondaires

Elles permettent de récolter rapidement et avec peu de moyens des informations diversifiées, de comprendre les tendances, d'évaluer la fiabilité d'un projet. Elles sont à utiliser avec la plus grande attention car elles peuvent manquer de précision et de fiabilité.

II Les études primaires

Les études primaires sont nécessaires lorsque l'information n'a pu être recueillie à partir de sources internes et documentaires. Elles peuvent porter sur l'environnement, sur la conception et le lancement de produits, sur le marché de l'entreprise, sur le comportement du consommateur, sur la notoriété, sur des décisions d'implantation...

1. L'étude qualitative

Elle consiste à mener des entretiens (l'outil utilisé sera le **guide d'entretien**), à réaliser des tests de produits, de positionnement ou des observations sur place (l'outil utilisé sera la **grille d'observation**). On a recours à ce type d'études lorsque le budget est limité et que l'on souhaite sonder un nombre limité d'individus. Elles sont parfois utilisées en amont des études quantitatives.

2. L'étude quantitative

Elle se fait par l'administration et l'exploitation de données issues de sondages, par l'analyse de comportements, de statistiques de vente... L'outil que l'on utilisera ici sera le **questionnaire**.
Voir aussi : Fiche méthode 6.
Le budget dépend étroitement de l'échantillon choisi : plus le nombre de personnes interrogées est important, plus le coût sera élevé.

3. Les panels

Les panels sont des échantillons permanents de consommateurs ou de distributeurs qui transmettent régulièrement des informations relatives à leurs achats. Contrairement aux études quantitatives et qualitatives, ils permettent de mesurer l'évolution des comportements dans le temps.
Les données de panels de consommateurs permettent de connaître les tendances de consommation.
Les données de panels de distributeurs permettent de mesurer la présence des marques sur le terrain ou les effets des actions de communication ou des promotions, de faire de la veille concurrentielle.

4. Les enjeux des études primaires

Les études qualitatives et les enquêtes quantitatives montrent au client que l'on est à son écoute, que son avis est important et pris en compte ; elles améliorent ainsi son niveau de satisfaction et, par voie de conséquence, son degré de fidélité. Elles permettent de prendre des décisions, en mesurant (études quantitatives), en expliquant (études qualitatives), ou en prévoyant des comportements futurs. Les panels permettent d'obtenir des informations précises sur les performances des marques et sur la typologie des acheteurs, et donc de s'y adapter.

FICHE RESSOURCE 2

LA MÉTHODOLOGIE DE L'ENQUÊTE

Avant de commencer l'enquête, il faut déterminer ce que l'on souhaite mesurer ou évaluer (le degré de satisfaction sur les prix, l'attente aux caisses, la qualité de l'assortiment…), puis respecter certaines étapes.

I Les grandes étapes d'une démarche d'enquête

Déterminer l'objet de l'enquête → Collecter les informations → Traiter les informations → Présenter et diffuser les résultats

Déterminer l'objet de l'enquête :
Quoi ? question initiale
Qui ? population ciblée
Où ? lieu(x)
Quand ? durée/période
Pourquoi ? objectif(s)

Collecter les informations :
Comment ? type d'enquête (quali/quanti) et de support (grille, questionnaire, guide…)
Par quel moyen ? mode de collecte
Combien ? population interrogée

→ Les Fiches ressource 3 à 8 apporteront plus de précisions.

II Définir la population mère et l'unité de sondage

La population ciblée par l'enquête (l'ensemble des individus dont on cherche à déterminer certaines caractéristiques) est appelée **population mère**. Il peut s'agir de l'ensemble des clients du magasin. L'**unité de sondage** est l'élément de cette population à interroger (homme ou femme, ménage, unité commerciale…). Ce choix est important si l'on veut que les résultats de l'enquête soient représentatifs.

EXEMPLE

Ce sont surtout les femmes qui achètent les sous-vêtements masculins : l'unité de sondage sera donc la femme.

III De la population mère à la population interrogée

Pour connaître les attentes des clients, il est possible de procéder à un recensement, ce qui signifie interroger tous les clients (toute la population mère). Il s'agit d'une méthode longue et difficilement réalisable. C'est pourquoi, on procède plutôt à partir d'un **échantillon** de personnes (d'unités de sondage), auquel on va administrer un questionnaire. On estime que, si l'enquête est bien menée, les résultats obtenus sont valables pour l'ensemble des clients.

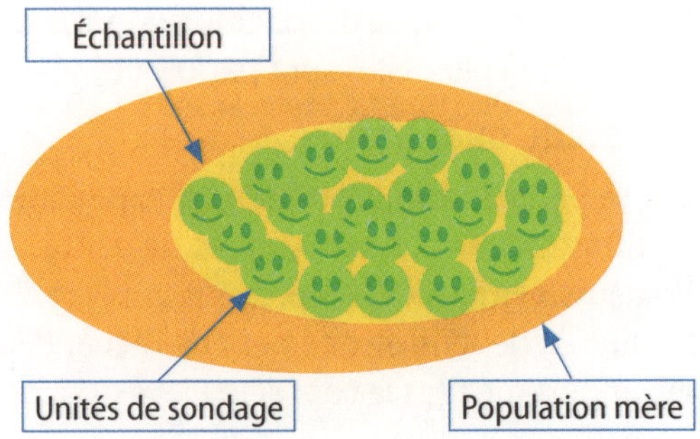

EXEMPLE

Si l'on veut réaliser une enquête auprès des clients du magasin Le Furet du Nord à Nantes, la population mère sera composée de la clientèle du magasin, l'échantillon sera composé d'une partie des clients et l'unité de sondage sera le client interrogé.

Réaliser une enquête auprès d'un échantillon nécessite de faire des choix quant à cet échantillon.

- **Combien d'unités de sondage sélectionner** ? Pour calculer la taille de l'échantillon, on peut soit appliquer des formules statistiques, soit partir du budget disponible et des coûts liés au questionnaire.

EXEMPLE

Si le budget disponible est de 1 000 €, le coût de conception du questionnaire de 50 €, le coût d'administration de 3 € par questionnaire, et le coût de traitement de 2 € par questionnaire, on pourra administrer : 1 000 – 500 = 500 ; 500 / (3 + 2) = 100 questionnaires, soit un échantillon de 100 unités.

- **Comment sélectionner les unités de sondage** ? → voir Fiche ressource 3.

FICHE RESSOURCE

3

LES MÉTHODES DE SONDAGE ET DE COLLECTE DES INFORMATIONS

I Choisir la méthode de sondage

Il existe deux types de méthodes pour construire l'échantillon qui va être sondé :
– les **méthodes probabilistes** pour lesquelles il est obligatoire d'avoir la liste de l'ensemble des individus constituant la population mère. Les unités de sondage sont tirées au sort. Elles sont connues et listées ;
– les **méthodes non probabilistes** qui ne nécessitent pas de liste d'individus. Les unités de sondage ne sont pas connues à l'avance.
Nous n'aborderons ici que les méthodes de sondage les plus utilisées.

Les méthodes probabilistes	
L'échantillon aléatoire simple	L'échantillon systématique
On tire au sort les individus à interroger à partir d'un fichier clients. Toutes les personnes faisant partie de cette liste ont la même probabilité d'être tirées au sort. **EXEMPLE** Si la base de sondage est une base de données de 1 000 noms et que l'on doit interroger 200 personnes, on tirera au sort 200 noms.	Les personnes sont choisies en fonction d'une périodicité égale à la base de sondage divisée par le nombre de personnes à interroger. **EXEMPLE** Si la base de sondage est une base de données de 1 000 noms et que l'on doit interroger 200 personnes, on sélectionnera 1 personne sur 5 (1 000 / 200).

Les méthodes non probabilistes		
L'échantillon de convenance	L'échantillon à participation volontaire	La méthode des quotas
L'enquêteur constitue son échantillon en choisissant les personnes disponibles pour des raisons pratiques. **EXEMPLE** Tous les clients qui entrent dans le magasin entre 8 h et 9 h.	Seules les personnes volontaires participent à l'enquête.	La structure des personnes interrogées doit respecter la structure de la population mère en termes d'âge, de sexe, de profession… **EXEMPLE** Si les clients du magasin sont pour 70 % des femmes, alors il ne faudra sonder que 30 % d'hommes.
Ces deux méthodes sont faciles à mettre en œuvre mais elles sont moins fiables.		Méthode la plus utilisée.

II Choisir le mode de collecte des informations

La **méthode (ou mode) d'administration** correspond à la manière dont le questionnaire est soumis aux individus. Du choix d'administration va dépendre le type de questionnaire que l'on va rédiger.

Type de collecte	Avantages	Inconvénients
En face à face	Permet de cibler les personnes à interroger et d'obtenir des réponses immédiates.	Source de biais si l'enquêteur reformule les questions. Nombreux refus.
Par téléphone	Collecte rapide. Intéressant lorsque les personnes à interroger sont géographiquement éloignées.	Nécessite un fichier clients. Mode de moins en moins utilisé. Taux de réponse très faible.
En ligne	De plus en plus utilisé, peu onéreux et simple : le lien vers le questionnaire est envoyé par mail. Surtout utilisé pour les enquêtes de satisfaction après achat. L'enquêté répond quand il a le temps.	Surreprésentation des réponses extrêmes (les très satisfaits et les très mécontents).

FICHE RESSOURCE 4

CONSTRUIRE UN QUESTIONNAIRE

Voir aussi : Fiche méthode 6.

I Élaborer le questionnaire

1. L'organisation du questionnaire

Le questionnaire doit présenter une progression logique :
– il commence par une introduction qui informe l'enquêté de l'objet de l'enquête et annonce qu'elle ne prendra que quelques minutes ;
– il continue avec des questions simples, générales, afin de susciter l'attention et mettre en confiance ;
– il aborde ensuite les questions destinées à collecter les informations essentielles ; celles-ci seront regroupées par thèmes ;
– il se termine avec les questions signalétiques (âge, sexe, CSP, revenu…), qui sont personnelles.
Il est parfois utile de recourir à des questions de contrôle pour vérifier la sincérité des réponses de la personne interrogée. Le questionnaire doit être relativement court (pas plus de 15-20 questions).

2. Les différents types de questions

- **Ouvertes** : souvent utilisées à la fin du questionnaire, elles permettent à l'enquêté de s'exprimer librement et de donner un avis. Cependant, les réponses sont souvent banales et peu nombreuses. Elles sont difficiles à dépouiller et nécessitent un retraitement préalable.
- **Fermées à choix unique** : soit elles permettent une seule possibilité de réponse (oui/non) et sont dans ce cas parfois utilisées en début d'enquête pour être sûr d'interroger les bonnes personnes (Utilisez-vous le *drive* ?), soit elles permettent de donner une réponse parmi plusieurs propositions (Quel jeu de hasard préférez-vous ? Loto, tiercé, Queno ?).
- **Fermées à choix multiple** : ce sont des questions pour lesquelles plusieurs réponses sont possibles.
  EXEMPLE : *Dans quels magasins faites-vous vos courses ? Aldi, Lidl, Auchan, Carrefour…*

Les questions fermées sont faciles à administrer et à dépouiller.

- **Les échelles** : les **échelles d'attitude** sont utilisées pour mesurer l'intensité d'une réaction (« tout à fait d'accord » ou « pas du tout d'accord » par exemple) ; les **échelles numériques** sont utilisées pour donner une note (1 à 5 par exemple). Elles ont l'avantage de mesurer rapidement l'importance ou la préférence accordée aux items proposés, mais plus le nombre d'échelons est élevé, plus l'enquêté aura des difficultés à donner un avis précis.

3. La formulation des questions

- Éviter les questions tendancieuses, trop vagues, qui peuvent avoir plusieurs sens.
  EXEMPLE : *Pensez-vous qu'il y a trop de radars en France ?*
- Éviter de poser deux questions dans la même phrase (*Quelle est la marque de votre voiture et quelle est sa consommation ?*), de faire appel à la mémoire (*Quel film avez-vous regardé le 15 août ?*).
- Éviter les mots techniques.
- Éviter les questions qui font référence aux désirs, au prestige, au milieu social.
- Le vocabulaire doit être adapté à la personne interrogée et doit être précis (ne pas employer de termes comme « souvent, longtemps, parfois »).

II Tester le questionnaire

Avant d'être administré, le questionnaire doit être testé, c'est-à-dire **administré** auprès d'un petit nombre de personnes afin de vérifier que les questions sont bien comprises.

III Utiliser un logiciel d'enquête : Sphinx, Ethnos, Google Forms

Ces logiciels permettent de gérer les enquêtes et les données. Ils sont organisés en trois parties :
– élaboration des questions et mise en forme ;
– saisie des réponses : collecte de tous les résultats d'enquête, avec saisie des réponses, leur gestion, leur consultation, leur modification ;
– traitement et analyse : dépouillement des résultats, analyse des données, tri.

FICHE RESSOURCE

5

ADMINISTRER UNE ENQUÊTE

I Cas des méthodes probabilistes

Dans le cas des méthodes probabilistes, dans la mesure où l'on dispose d'une liste d'individus, on sait nominativement qui on doit interroger. L'enquête est souvent administrée par téléphone ou par mail.

II Cas des méthodes non probabilistes

1. L'enquête à participation volontaire

Elle peut être administrée en magasin : dans ce cas, les questionnaires sont déposés aux caisses ou à l'entrée du magasin et sont remplis par les personnes qui le souhaitent.
Elle peut aussi être administrée en ligne : le lien pour accéder à l'enquête est envoyé par mail et l'interviewé y répond s'il le souhaite. Cette technique est utilisée dans de nombreuses enseignes pour connaître le sentiment post-achat.

2. Cas de l'échantillon de convenance

Ce type d'échantillon est souvent utilisé pour réaliser des enquêtes en magasin pour des raisons pratiques. Il convient dans ce cas de respecter certaines règles pour éviter les biais :

– **planning d'administration :** l'administration du questionnaire doit se faire sur une semaine proportionnellement à la fréquentation du magasin chaque jour pour chaque heure.

EXEMPLE

Un supermarché édite 6 500 tickets de caisse par semaine en moyenne. Il souhaite obtenir 200 questionnaires complétés. À partir de la répartition des tickets par jour, on calcule un pourcentage de clients pour chaque jour. Ce même pourcentage permet de répartir les questionnaires à administrer chaque jour.

Jours	Nb de tickets caisse/jour	Pourcentage de clients/jour	Répart. questionnaires
Lundi	325	5 %	10
Mardi	650	10 %	20
Mercredi	1 300	20 %	40
Jeudi	975	15 %	30
Vendredi	1 430	22 %	44
Samedi	1 820	28 %	56
Total	**6 500**	**100 %**	**200**

– **choix des personnes à interroger :** l'enquêteur ne doit pas avoir la possibilité de choisir lui-même les personnes à interroger sous peine d'obtenir des résultats biaisés. Il doit se fixer une règle, par exemple interroger 1 personne sur tant qui entrent dans le point de vente ou interroger 1 personne toutes les x minutes.

3. Cas de la méthode des quotas

On l'utilise quand on a une bonne connaissance de la population mère. L'échantillon respectera les mêmes quotas que la population mère (exemples : âge, sexe, profession...).

III Cas particulier des enquêtes en ligne

Ce type d'administration permet d'élargir la taille de l'échantillon, ou de contacter des personnes géographiquement éloignées. Les internautes peuvent répondre quand ils ont un moment de libre. On trouve de nombreux outils pour créer et administrer les questionnaires en ligne :

– **Askabox :** son utilisation est simple, le questionnaire est créé rapidement et il est accessible de partout. Il suffit d'envoyer le lien par mail pour inciter les enquêtés à répondre en ligne. On peut accéder aux résultats en ligne et les exporter vers un tableur ou les convertir en format en pdf ;
– **Google Forms :** cet outil gratuit conçu par Google est accessible à partir de Google Drive. Des statistiques sont automatiquement proposées (pourcentage de bonnes réponses…).

FICHE RESSOURCE 6

ANALYSER LES RÉSULTATS D'UNE ENQUÊTE

Pour analyser les résultats, il faut éditer les tableaux des réponses et repérer les pourcentages les plus marquants.

I Les tris à plat

Il s'agit de la répartition des différentes réponses pour chaque question. Ces tableaux sont souvent accompagnés de graphiques qui donnent une vue globale des résultats.

EXEMPLE : *À quelle fréquence venez-vous dans notre magasin ?*

	Nombre de citations	Fréquence
Une fois par semaine	4	8 %
Deux fois par mois	9	18 %
Une fois par mois	24	48 %
Moins d'une fois par mois	13	26 %
TOTAL OBS.	50	100 %

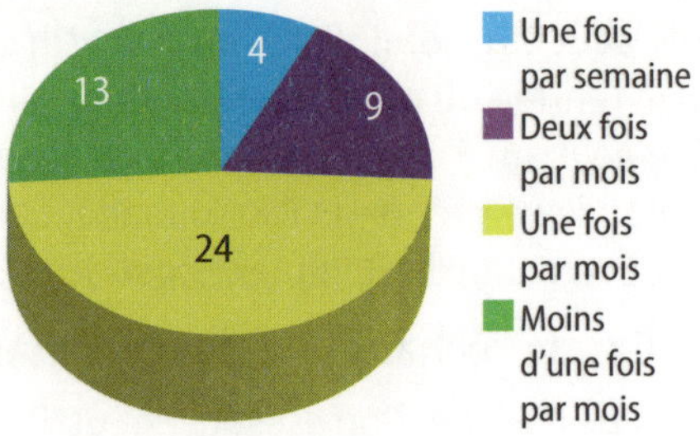

Analyse : près de la moitié des personnes interrogées (48 %) viennent en moyenne une fois par mois dans le magasin. Moins de 8 % des personnes interrogées viennent une fois par semaine.

Combien dépensez-vous en moyenne à chaque visite ?

	Nombre de citations	Fréquence
Moins de 25 €	3	6 %
26 à 50 €	7	14 %
51 à 75 €	28	56 %
+ de 75 €	12	24 %
TOTAL OBS.	50	100 %

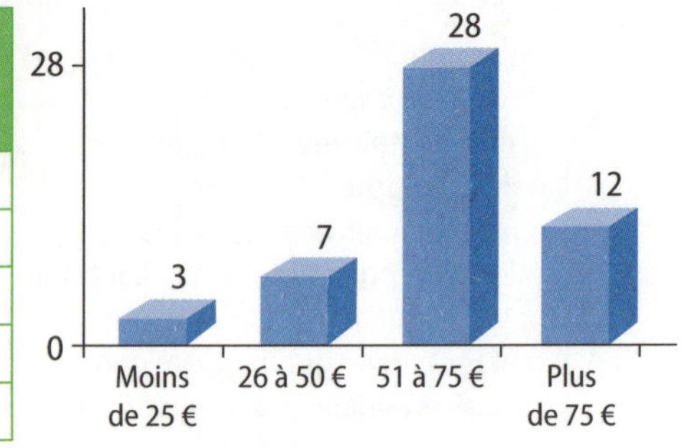

Analyse : plus de la moitié (56 %) des personnes interrogées dépensent en moyenne entre 51 et 75 € à chaque visite. Seules 6 % des personnes interrogées dépensent moins de 25 €.

II Les tris croisés

Ils permettent de voir s'il existe un rapport entre les réponses à deux questions différentes.

EXEMPLE

Croisement des réponses aux questions « Fréquence de visite » et « Dépenses moyennes par visite »

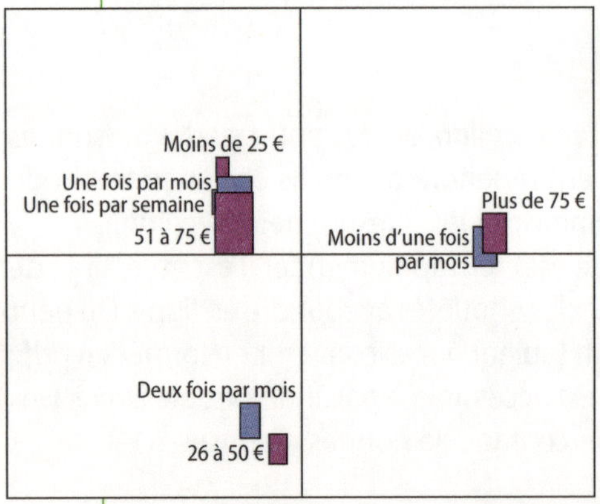

Dépense / Fréquence	< 25 €	26 à 50 €	51 à 75 €	> 75 €	Total
1 fois par semaine	0	0	4	0	**4**
2 fois par semaine	0	5	4	0	**9**
1 fois par mois	3	1	19	1	**24**
Moins d'1 fois par mois	0	1	1	11	**13**
Total	**3**	**7**	**28**	**12**	**50**

Les valeurs du tableau sont les nombres de citations de chaque couple de modalités.

Analyse : les personnes qui dépensent le plus sont celles qui viennent une fois par mois (plus de 75 € par visite) alors que celles qui viennent plus souvent (une fois par semaine et une fois par mois) sont celles qui dépensent le moins à chaque visite (moins de 25 €).

FICHE RESSOURCE

7

RÉALISER UNE ÉTUDE QUALITATIVE

L'étude qualitative cherche à **comprendre** les motivations et attitudes des consommateurs.

I Les techniques utilisées

1. Les tables rondes de consommateurs

Huit à dix personnes qui ne se connaissent pas mais qui ont en commun des habitudes de consommation sont conviées à une réunion afin de recueillir leurs avis sur un produit ou service existant ou à venir. Un animateur est chargé d'animer la réunion ; son rôle consiste à permettre à chacun de s'exprimer. La durée d'une table ronde varie, entre 30 minutes et 4 heures.

2. Les entretiens de groupes

Huit à douze personnes sont invitées à participer à ces entretiens, qui peuvent servir à comprendre les préférences et comportements des consommateurs pour une catégorie de produits, à obtenir des impressions sur de nouveaux produits, à développer des messages publicitaires, à analyser des perceptions de prix… Ces entretiens nécessitent l'élaboration et l'utilisation d'un **guide d'entretien**.

3. Les entretiens individuels

Le but de ces entretiens est de **comprendre** les motivations et les attitudes des consommateurs. Ils seront utilisés pour approfondir la connaissance d'une situation, pour aborder des sujets confidentiels, sensibles ou embarrassants… L'entretien individuel peut être :
- **non directif :** l'enquêteur ne mène pas l'entretien, il se contente de lancer un thème et de relancer la conversation si l'enquêté n'a plus rien à dire ;
- **semi-directif :** l'enquêteur mène le débat, les questions sont ouvertes, les réponses sont libres ;
- **directif :** l'enquêteur utilise un guide d'entretien détaillé avec questions fermées ou semi-fermées.

4. L'observation *in situ*

L'observation du comportement des clients dans le point de vente permet de voir quels sont les rayons les plus attirants. S'ils ne le sont pas, il s'agira d'en trouver les causes par une observation détaillée des rayons. Il faudra ensuite trouver des solutions pour rendre les rayons plus attractifs.

II La réalisation de l'observation *in situ*

Pour réaliser cette observation, il est nécessaire de mettre au point une **grille d'observation** et de :
- déterminer un nombre de clients à observer ;
- établir le plan du magasin ;
- établir un code couleur pour le parcours de chaque client avec une légende indiquant les arrêts du client, les prises en main des produits, les interventions vendeurs (si nécessaire), les essayages (si nécessaire), les validations des produits (achat) ;
- réaliser les observations ;
- définir l'attractivité de chaque rayon par le calcul d'indices ;
- comparer les parcours clients.

Indice de passage	Nombre de clients passant devant le rayon / Nombre de clients achetant dans le magasin
Indice d'achat	Nombre de clients achetant dans le rayon / Nombre de clients achetant dans le magasin
Indice d'attention d'une famille de produits	Nombre d'arrêts devant une famille / Nombre de passages dans le rayon
Indice d'achat d'une famille de produits	Nombre d'achats dans la famille / Nombre de prises en main par le clients
Indice d'attractivité	Indice d'achat / Indice de passage

Cette observation permettra d'apprécier les zones chaudes et les zones froides, de déterminer si le marchandisage est adapté à l'offre, de faire ressortir les forces et faiblesses du marchandisage.

FICHE RESSOURCE

8

LE RAPPORT D'ENQUÊTE, LA PRÉSENTATION ET LA DIFFUSION DES RÉSULTATS

Le rapport d'enquête peut se faire sous traitement de texte s'il doit être diffusé au réseau ou par le biais d'un diaporama si l'analyse doit être transmise à l'équipe.
Nous analysons ci-dessous un extrait de rapport d'une enquête de satisfaction concernant le magasin Shoe Discount réalisé sous forme de diaporama.

Objectif

L'enquête a été réalisée dans le but de connaître le degré de satisfaction des clients du magasin.

Période de réalisation

L'enquête a été réalisée du 1er au 7 janvier 2022.

Méthodologie suivie

I. Population mère
Il s'agit de l'ensemble des clients du magasin.

II. L'unité de sondage
Le choix a été fait d'interroger les femmes, qui représentent la grande majorité des personnes fréquentant le magasin.

III. Calcul du nombre de personnes à interroger
La taille de l'échantillon a été calculée en tenant compte du budget alloué (300 €).
La conception du questionnaire a coûté 100 €. Le budget restant pour administrer les questionnaires était donc de 300 – 100 = 200 €.
Compte tenu ensuite des coûts d'administration (1 €) et de traitement (0,50 €) par questionnaire, il a été possible d'interroger 200 / (1 + 0,50) = 133 personnes.

IV. Méthode de sondage
Il s'agit d'une méthode non probabiliste. La méthode retenue est celle de l'échantillon de convenance, qui semblait la plus facile à mettre en œuvre.

V. Administration de l'enquête
L'enquête a été menée dans le magasin en face à face durant une semaine. Les questionnaires ont été administrés tous les jours de la semaine en fonction de la fréquentation du magasin.
Le magasin est ouvert du lundi au samedi.

Dans une première partie, il faut préciser l'objectif pour lequel l'enquête a été élaborée, la période de réalisation, ainsi que la méthodologie suivie.

Analyse des résultats

Accueil
L'accueil est jugé insatisfaisant pour 72 % des personnes interrogées, qui reprochent un manque de disponibilité du personnel (52 %) et un manque de courtoisie (pas de « bonjour » à l'arrivée au magasin : 54 %).

Offre
Ce sont les chaussures femme qui sont les plus achetées (64 % des achats), les chaussures pour hommes ne représentent que 31 % des achats.
61 % des personnes interrogées trouvent que la qualité des produits vendus est bonne.
Le choix est jugé satisfaisant pour 60 % des enquêtés, mais 65 % aimeraient que les collections soient renouvelées plus souvent.

Prix
Les prix sont jugés abordables dans 75 % des cas ; seuls 11 % des enquêtés les trouvent élevés. Par contre, 58 % ont remarqué que les prix ne sont pas toujours indiqués. 32 % ont également fait remarquer que le prix indiqué sur le produit ne correspond pas toujours au prix payé en caisse.

On analyse ensuite les principaux résultats obtenus.

Préconisations

Il faudrait former le personnel à l'accueil client, qui semble poser problème, car il faut absolument que le client se sente bien dans le magasin pour lui donner envie de revenir.
Le renouvellement des collections semble insuffisant, mais, dans la mesure où il s'agit d'une chaîne de magasins, la décision de renouveler les collections n'incombe pas au directeur de magasin.
En ce qui concerne l'absence de prix sur les produits, il faut absolument solutionner ce problème car l'affichage des prix est obligatoire. Il faut confier la responsabilité de vérifier l'affichage des prix à un membre du personnel pour qu'il le fasse systématiquement chaque jour.

On présente enfin les propositions d'amélioration.

Applications

1 Réaliser une enquête

Vous êtes en stage dans un magasin de prêt-à-porter. Dès qu'un client a réalisé un achat, vous lui envoyez un mail pour lui proposer de remplir une étude de satisfaction en ligne s'il le souhaite. Vous trouvez que le nombre de participants à cette enquête est insuffisant et décidez de mener une enquête approfondie en face à face dans le magasin afin de cerner le niveau de satisfaction des clients.

1 De quel type d'enquête s'agit-il dans un premier temps ?

2 Vous disposez de la répartition du nombre de clients par jour et par tranche horaire. Établissez le planning d'administration que vous allez utiliser. Vous voulez interroger 200 clients sur une semaine.

Document

Version numérique disponible (Excel)
liennathan.fr/r752jm

Le magasin est ouvert du mardi au samedi de 8 h 30 à 20 h. La fréquentation de la dernière semaine est la suivante :

Jours	Nombre de clients
Mardi	1 200
Mercredi	1 400
Jeudi	1 600
Vendredi	2 000
Samedi	2 500
Total	8 700

Tranches horaires	Pourcentage de fréquentation
9 h à 12 h	30 %
12 h à 14 h	10 %
14 h à 16 h	20 %
16 h à 18 h	30 %
18 h à 20 h	10 %

2 Calculer la taille de l'échantillon

Vous venez de modifier l'assortiment de votre point de vente et souhaitez connaître le ressenti des clients suite à ce changement. N'ayant pas le temps de réaliser l'enquête vous-même, vous envisagez de recourir à un cabinet de conseil en marketing.

1 Quelle sera la taille de l'échantillon compte tenu des contraintes budgétaires ?

2 Finalement, vous optez pour une enquête d'envergure et souhaitez interroger 500 personnes : quel budget devrez-vous consacrer à l'étude, sachant que, dans ce cas, le nombre d'enquêteurs le mercredi après-midi ainsi que le vendredi et le samedi toute la journée seront doublés et que les frais variables diminueront de 10 % ?

Document 1 Frais liés à l'enquête

Votre budget est de 5 000 €. Les coûts du cabinet de conseil sont les suivants :
– rémunération versée aux enquêteurs : 13 € l'heure en fonction du planning (voir planning) ;
– frais de déplacement forfaitaires : 20 € (1 déplacement par demi-journée sauf le samedi, 1 déplacement pour la journée) ;
– frais variables divers : 5 € par questionnaire ;
– frais de conception du questionnaire : 300 € ;
– frais généraux fixes : 1 000 €.

Document 2 — Planning d'administration des questionnaires

	10 h - 12 h	14 h - 18 h	10 h - 18 h	Enquêteurs
Lundi	×			1
Mardi		×		1
Mercredi	×	×		3
Jeudi	×	×		2
Vendredi	×	×		3
Samedi			×	3

3 Préparer une enquête

M. Dupuis envisage d'ouvrir un magasin « Salle de bains pour tous » dans le centre de Lille. Avant de prendre sa décision, il a confié à son fils, étudiant en BTS MCO, la réalisation d'une enquête afin de s'assurer de l'attractivité éventuelle du futur magasin.

Vous mettrez en évidence les erreurs commises par le fils de M. Dupuis :
- au niveau de la construction de l'échantillon ;
- dans la conduite de l'enquête ;
- au niveau de l'élaboration du questionnaire.

Document 1 — Extrait de l'entretien avec le fils de M. Dupuis

« Je pense interroger les habitants du centre-ville de Lille. Un étudiant qui est en cours avec moi pense que c'est la meilleure solution. Il m'a conseillé d'interroger les personnes de notre âge, ils répondront plus facilement. Dans la mesure où je n'ai pas cours le mercredi après-midi, j'interrogerai les gens ce jour-là avec des copains, on va bien s'amuser ! Nous pensons interroger 50 personnes en deux heures de temps, ça nous semble bien. Nous avions d'abord songé à 100 personnes mais c'est trop. Ensuite, nous dépouillerons le questionnaire à la main, c'est plus facile. »

Document 2 — Extrait du questionnaire

« Bonjour, je réalise une enquête sur les salles de bain, puis-je vous poser quelques questions ? »

Q1 « Quel est votre âge ? »

Q2 « Habitez-vous Lille ? » Oui Non

Q3 « Avez-vous déjà pensé à refaire votre salle de bains ? » Oui Non

Q4 « Si un magasin qui vend des salles de bains s'installait à Lille, iriez-vous ? » Oui Non

Q5 « Quel budget pensez-vous dépenser pour refaire votre salle de bains ? »

4 Réaliser une enquête en ligne

Vous travaillez dans un magasin qui vend des compléments alimentaires et qui vient d'ouvrir son site de vente en ligne.
Le directeur souhaite connaître le degré de satisfaction des clients. Il a déjà élaboré le questionnaire et vous charge de son administration en utilisant Google Forms.

1. Allez sur le site docs.google.com/forms et cliquez sur l'onglet « Créer un formulaire ».
2. Créez le questionnaire proposé (document).
3. Transmettez aux autres élèves de votre classe le lien qui leur permettra de répondre au questionnaire.
4. Visualisez les résultats et analysez-les rapidement.

Document Le questionnaire

Madame, Monsieur,
Nous sommes heureux de pouvoir vous compter parmi les acheteurs de notre site Internet. Afin d'améliorer notre service, nous souhaitons connaître votre ressenti sur son utilisation et vous remercions du temps que vous voudrez bien nous accorder en répondant à ce questionnaire.

1. Comment avez-vous connu notre site ?
- ☐ Connaissances
- ☐ Publicité
- ☐ Autre

2. Qu'est-ce qui vous a incité à passer votre première commande ?
- ☐ Conseil de votre entourage
- ☐ Curiosité
- ☐ Facilité
- ☐ Le bon d'achat de 15 €
- ☐ Autre

3. Avez-vous passé d'autres commandes ?
- ☐ Oui
- ☐ Non

4. Si non, quelles sont les raisons qui font que vous n'avez pas passé d'autres commandes ?
- ☐ L'accueil
- ☐ La présentation des produits
- ☐ La qualité des produits
- ☐ Le manque de promotions
- ☐ Des produits frais avec une DLC (Date limite de consommation) trop courte
- ☐ Le site Web ne correspond pas à vos attentes
- ☐ L'assortiment proposé vous semble insuffisant
- ☐ L'attente aux bornes est trop longue
- ☐ La livraison de votre commande était incomplète
- ☐ Autre

Site web : Google Forms
liennathan.fr/ht769t

5 Réaliser une étude qualitative

Vous occupez depuis peu la fonction de directeur(-trice) adjoint(e) d'un supermarché. Vous souhaitez savoir quels sont les rayons les plus attractifs du point de vente. Vous avez donc étudié le parcours de 100 clients dans les rayons durant une semaine.

1. Selon vous, les résultats obtenus sur 100 clients sont-ils cohérents ? Analysez les résultats.
2. Quelles propositions pourriez-vous faire par rapport aux performances de votre étude du parcours client ?

Document 1 Indices relevés lors de votre observation *in situ*

	Indice de passage	Indice d'achat
Multimédia	0,30	0,10
Bazar	0,32	0,28
Animaux	0,60	0,45
Boissons	0,80	0,68
Textile	0,45	0,20
Fruits et légumes	0,75	0,50
Boucherie-charcuterie / Fromages comptoir	0,55	0,52
Épicerie salée	0,65	0,55
Épicerie sucrée	0,80	0,70
Surgelés	0,60	0,50
Poissonnerie	0,55	0,25
Yaourts, beurre	0,80	0,75
Boucherie-charcuterie libre-service (LS)	0,60	0,55

Document 2 Plan du magasin

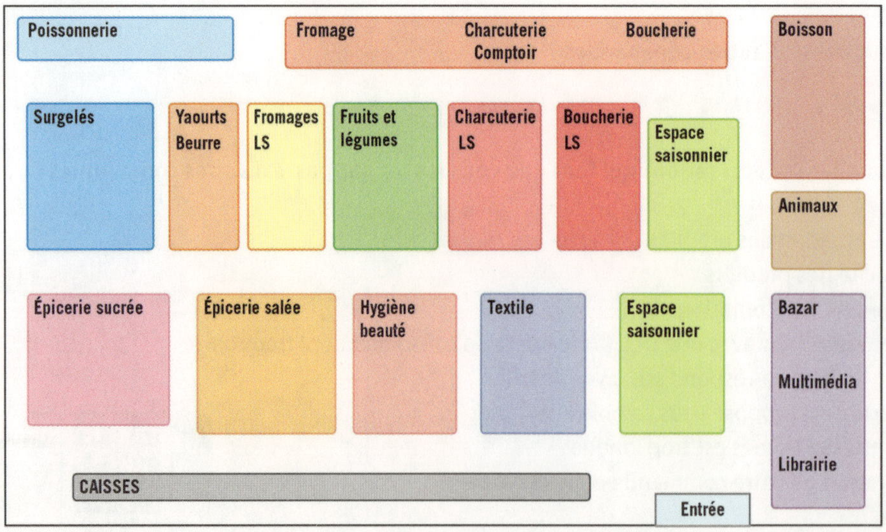

6 Analyser les résultats d'une enquête

Vous êtes manageur dans un magasin de puériculture. Après chaque achat, les clients reçoivent un mail leur demandant de répondre en ligne à une étude de satisfaction. Seuls répondent ceux qui le désirent.

1. Quelle est la population mère concernée par votre enquête ?
2. Quelle méthode de sondage a été utilisée ici ?
3. Le nombre d'avis recueillis vous semble-t-il suffisant pour cerner le degré de satisfaction des clients ? Quelles informations auraient pu vous être utiles à ce niveau ?
4. Commentez les résultats obtenus.

Document 1

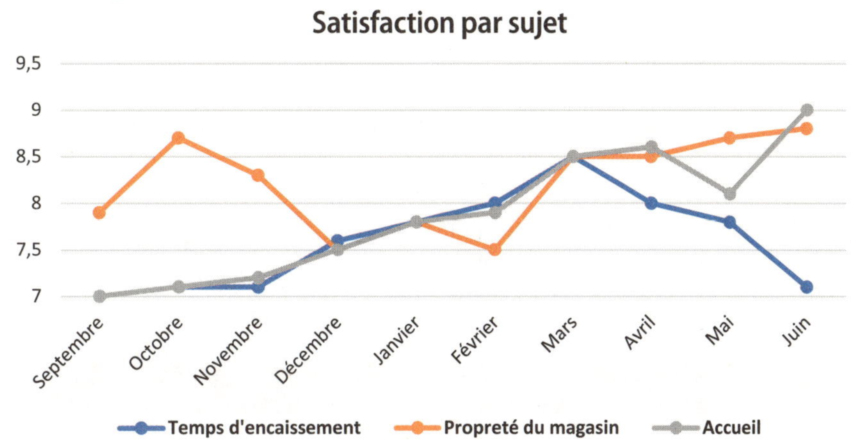

Note sur 10 ; moyenne du magasin 7,5 ; moyenne des magasins France 8,1.

Document 2

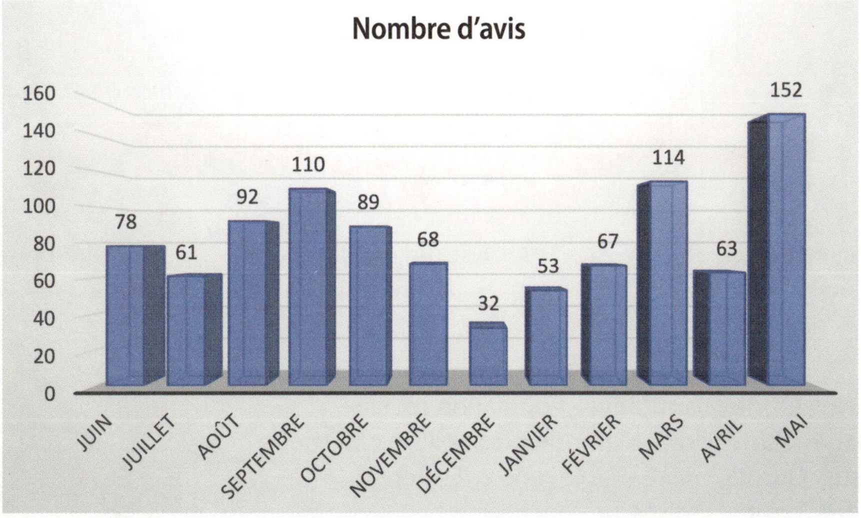

Synthèse

Réaliser des enquêtes commerciales quantitatives et qualitatives

Les différents types d'étude et leurs enjeux

- L'étude documentaire
- L'étude qualitative
  - Outils utilisés : grille d'observation, guide d'entretien
- L'étude quantitative
  - Outil utilisé : questionnaire
- Les panels

La méthodologie de l'enquête

- Définir la population mère et l'unité de sondage
- Définir la méthode de sondage (probabiliste ou non probabiliste)
- Choisir le mode de collecte des informations
- Calculer la taille de l'échantillon

Construire le questionnaire

- Respecter une progression logique
- Définir le type de questions
- Choisir la bonne formulation des questions
- Tester le questionnaire
- Utiliser un logiciel d'enquête

Administrer l'enquête

- Méthodes probabilistes
- Méthodes non probabilistes
- Enquêtes en ligne

Analyser les résultats

- Tris à plat
- Tris croisés

Rédiger le rapport

- Objectif et méthodologie
- Analyse des résultats
- Préconisations

Mots-clés

Étude qualitative • Étude quantitative • Population mère • Unité de sondage • Échantillon • Méthode probabiliste • Méthode non probabiliste • Questionnaire • Table ronde • Entretiens • Observation • Tris à plat et croisés

TESTEZ-VOUS
liennathan.fr/87zut4

CHAPITRE
4
Réaliser une étude de concurrence

Compétence
Repérer et caractériser la concurrence locale

Savoir associé
Connaître les méthodes et outils permettant de connaître les concurrents

Vers PIX
1.1. Mener une recherche et une veille d'information
1.3. Traiter des données
3.1. Développer des documents textuels

Contexte professionnel

Nom : Decathlon
Adresse : zone commerciale Aushopping Grand Épagny, 74330 Épagny Metz-Tessy
Type d'UC : magasin de sport
Offre commerciale : produits de sport
Effectif : 55 salariés

Le magasin Decathlon Épagny a ouvert ses portes en 1987. Il a été transformé récemment afin de mieux accueillir les clients dans ses 6 000 m² d'espace. Année après année, les collaborateurs accueillent les clients avec plaisir en magasin. En véritables passionnés de sport, ils savent conseiller et orienter les choix des clients vers ce qu'il y a de mieux pour eux. La zone commerciale d'Épagny est en pleine expansion et de nombreux concurrents se sont implantés à proximité de Decathlon, ce qui a impacté les résultats du magasin, notamment dans certains secteurs prédominants.

Votre rôle

Vous venez d'être recruté(e) comme responsable du rayon *Running* et sports collectifs. Les performances de votre rayon sont en baisse. Craignant que la situation ne s'aggrave, vous décidez de faire le point des atouts et faiblesses de votre rayon face aux concurrents en place.

Vos objectifs

I Repérer et identifier la concurrence

Les derniers résultats montrent une baisse significative des ventes de chaussures *Running* femmes. Vous vous demandez quelle en est la raison et souhaitez redresser rapidement la situation. Vous pensez qu'il peut être utile de connaître la manière de procéder de vos concurrents locaux au niveau de ce rayon.

1 Repérez tous les concurrents de Decathlon en les entourant sur la carte.

Fiche ressource 1
Annexes 1 et 2

2 Parmi ces points de vente, quels sont vos concurrents directs ?

3 S'agit-il de commerces indépendants ou appartenant à un réseau (aidez-vous d'Internet pour répondre) ? En quoi est-il utile de prendre cette différence en considération ?

4 Le rayon Sports du magasin Auchan est-il un de vos concurrents ? Justifiez.

II Étudier les concurrents

Vous avez effectué des recherches documentaires sur les concurrents que vous jugez les plus importants afin de mieux les connaître.

5 Quelle technique de recueil d'information avez-vous utilisée ?

6 Repérez les caractéristiques de Decathlon ainsi que celles de chaque concurrent (en termes de taille, de cible, d'offre, de position sur le marché, de stratégie, d'avis clients...) et construisez un tableau récapitulant toutes ces informations.

Fiche ressource 2
Annexes 3, 4 et 5

7 Compte tenu du travail que vous venez d'effectuer, trouvez-vous normal que les performances de votre sous-rayon *Running* femmes soient en baisse ?

Vous décidez de vous rendre chez les concurrents pour vous faire une idée plus précise de la manière dont leur rayon *Running* est aménagé. Vous avez également l'intention de tester les vendeurs en vous faisant passer pour un client en quête de chaussures de course. Vous avez demandé à un ami de réaliser les mêmes tests dans votre magasin pour pouvoir comparer.

8 Vous disposez du scénario « client mystère » utilisé pour les visites dans les différents magasins étudiés. Pourquoi ce document est-il utile ? Que va-t-il permettre de mesurer ?

Annexes 6 et 7

9 Vérifiez si le scénario couvre toutes les phases de la vente. Complétez-le si besoin.

10 Vous disposez de la grille d'observation qui a servi à recueillir les informations souhaitées. Qu'en ressort-il ?

Fiche ressource 3
Annexe 8

11 À l'aide d'un tableur, préparez les formules pour tenir compte du barème et calculez les scores.

Vous avez listé les références des modèles de chaussures *running* haut de gamme femmes que vous vendez et vous avez relevé les prix pour ce type de produits chez vos concurrents locaux.

12 À l'aide de la grille de relevé de prix et d'un tableur, calculez le prix moyen de chaque modèle et de chaque concurrent. Calculez l'indice prix de votre offre par rapport à ce prix moyen.

Annexe 9

III Exploiter l'information collectée

13 Vous connaissez la répartition par marques de votre offre et de celle de vos concurrents. Établissez un graphique radar afin de mieux visualiser ces données. Commentez.

14 Présentez vos conclusions dans un rapport. Faites une analyse de la politique suivie par votre magasin en termes d'offre et de prix. Pour cela, vous comparerez le nombre de références, les marques proposées, le prix moyen et l'amplitude de prix.

15 Dégagez les points forts et points faibles de votre magasin par rapport à vos concurrents. Formulez des recommandations pour améliorer vos résultats.

Fiche ressource 4
Annexes 10 et 11

Votre dossier

Annexe 1 La zone commerciale d'Épagny

Annexe 2 Les principaux circuits de distribution d'articles de sport

Circuit	Offre	Principales enseignes
Grandes surfaces alimentaires	Offre généraliste d'entrée de gamme	E. Leclerc, Carrefour, Auchan
Enseignes de prêt-à-porter et enseignes de chaussures	Textile et chaussures *sportswear* d'entrée, milieu ou haut de gamme	La Halle aux Chaussures, Gemo, Kiabi
Grandes et moyennes surfaces multi-univers / multisports	Offre généraliste d'entrée / milieu de gamme	Decathlon, Intersport, Sport 2000, Go Sport, Twinner
Enseignes de chaussures de sport et de *sportswear* multimarques	Offre généraliste d'entrée, de milieu ou de haut de gamme	Courir, Foot Locker, Chausport

Les enseignes et magasins indépendants spécialisés représentent environ 80 % du marché, qui reste cependant très largement **dominé par les grands réseaux** que sont l'incontournable **Decathlon** et ses challengers : **Intersport**, **Go Sport** et **Sport 2000**. Les grandes surfaces alimentaires, les grands magasins, les boutiques de prêt-à-porter ou de chaussures ou encore la VPC et Internet occupent les 20 % restants.

Annexe 3 — Avis des clients

	Intersport	Go Sport	Decathlon
Note moyenne Google	3,9/5	3,9/5	4,2/5
Nombre d'avis Google	484	444	1 400

Les avis clients sur le site Decathlon indiquent que 90 % d'entre eux sont satisfaits du magasin.

Annexe 4 — Recherche documentaire

Decathlon : leader sur le marché du sport

Surface du magasin d'Épagny : 6 000 m²

La stratégie de Decathlon consiste à écarter les grandes marques comme Nike au profit de ses propres marques, plus rentables car exclusives. La cible est une clientèle familiale aux revenus moyens. Les amateurs de *running* constatent ainsi qu'en dehors d'Adidas, ou Kalenji et Kiprun, marques de Decathlon il n'existe quasiment plus d'offre. Or, la course à pied est devenue à la mode. Les marques internationales représentent moins de 20 % de l'offre dans le magasin.

Pour convertir les clients, l'enseigne affiche des prix bien moins élevés que les grandes marques. Decathlon propose donc aux clients d'essayer les produits et de n'encaisser qu'une semaine plus tard si le client n'a pas rendu la chaussure en magasin.

Programme de fidélité : Decat'Club. Principe de points à convertir.

Site web : Tant à gagner avec le sport, tout à gagner avec Decat'Club
liennathan.fr/q5k28h

Intersport : challenger, veut détrôner Decathlon

Surface du magasin d'Épagny : 3 000 m²

La stratégie d'Intersport est de prendre le contre-pied de Decathlon en proposant 80 % de marques internationales. L'enseigne cible désormais les femmes et a pu, grâce à elles, générer un chiffre d'affaires additionnel de 20 % en magasin. Intersport met en avant l'offre *lifestyle* (jeans, pulls, tee-shirts) plus que la pratique sportive.

Programme de fidélité : Team Intersport. 5 € cagnottés par achat d'un montant minimal de 30 €.

Site web : Le programme de fidélité Intersport
liennathan.fr/544vam

Go Sport : suiveur, veut rattraper ses concurrents Decathlon et Intersport

Surface du magasin d'Épagny : 1 200 m²

Go Sport propose les grandes marques internationales avec la volonté de réduire la part des marques propres (moins de 20 %). Les vendeurs ont le devoir d'être des coachs bienveillants pour leurs clients et doivent être capables de comprendre leurs besoins et de les satisfaire.

L'enseigne cible plus que ses concurrents les sportifs pratiquants. Des sessions hebdomadaires de *running* gratuites sont organisées par une soixantaine de magasins en France.

Programme de fidélité : Mercure. Encourage la pratique sportive en offrant jusqu'à 50 € par an sur la carte de fidélité des clients. 82 % des inscrits sont des coureurs à pied et 48 % sont des femmes (chiffre en progression).

Mercure, le programme qui récompense ta pratique sportive
liennathan.fr/ba2i92

Annexe 5 — Le *running* en France, un marché qui rapporte

Activité gratuite, le running *peut finir par coûter cher aux coureurs, très sollicités par les marques. [...] Gros plan sur un sport gratuit qui est devenu un marché plus important que celui du football.*

Combien de runners en France ?

En 1979, notre pays comptait moins de 500 coureurs réguliers recensés par la Fédération française d'athlétisme (FFA). La pratique, venue des États-Unis et portée par des marques comme Nike, fait ensuite une percée en France dans les années 1980 et 1990. C'est l'ère du jogging. En 2000, 3 millions de Français couraient. Ces dernières années, courir est devenu est vrai phénomène de société (13,5 millions de Français de 18 ans et plus s'y sont adonnés au moins une fois au cours des douze derniers mois) [...], soit 27 % des Français de plus de 18 ans, sachant que les réguliers (au moins une fois par semaine) sont 5 millions.

De même, la répartition hommes-femmes est équilibrée avec un ratio de 51 %-49 %. Sachant que le nombre de pratiquantes a bondi d'environ 45 % depuis 2012 ! « *On note une forte féminisation ces dernières années*, confirme Virgile Caillet, délégué général de l'Union sport & cycle. *C'est un vrai phénomène. Le nombre de pratiquantes a été multiplié par trois en cinq ans !* »

[...] Le *running* est devenu l'un des sports les plus rentables en France. « *À elles seules, les chaussures génèrent 500 millions d'euros de chiffre d'affaires avec 8,2 millions de paires vendues chaque année.* »

À titre d'exemple, 71 % des Français avouent mettre entre 51 et 125 € dans une paire de chaussures. Les marques se ruent donc sur ce business en or. Les coureurs à pied sont accros à Nike et Adidas ou Salomon.

[...] Dès 2004, Decathlon a lancé Kalenji, sa marque spécialisée dans la course à pied qui détient aujourd'hui le tiers du marché français. En rendant le prix des chaussures ou de la tenue de *running* plus accessible que la plupart des grandes marques, Decathlon a participé à l'explosion de ce sport en France.

Olivier Duplessix, « Le *running* en France, un marché qui rapporte », www.ouest-france.fr, 27 juillet 2020.

Annexe 6 — Qu'est-ce qu'un client mystère ?

Pour faire simple, un client mystère est un enquêteur qui se met dans la peau d'un client (un consommateur) et visite une enseigne (magasin, hypermarché, cinéma, restaurant...). Il note les plus petits détails et sera amené à répondre à des questions très diverses qui peuvent concerner l'accueil, les conseils fournis par les vendeurs, la propreté du magasin/restaurant, le respect des procédures (ex. : tester si [l'hôte/-esse] d'accueil accepte de vous rembourser un produit que vous ne souhaitez plus dans les 15 jours qui suivent son achat, [si les vendeurs prennent en charge les clients rapidement,] etc.).

La plupart du temps, le client mystère reçoit un scénario à jouer (ex. : vous vous rendrez dans le magasin de telle ville, vous essayerez une paire de chaussures de ville et demanderez conseil à un vendeur, vous achèterez une paire au choix puis vous reviendrez une heure plus tard et demanderez un remboursement).

La plupart du temps également, le client mystère doit remplir un questionnaire plus ou moins détaillé. Les questions sont souvent présentées sous la forme d'un QCM (questionnaire à choix multiple) [ou vrai/faux].

www.devenir-client-mystere.fr

Annexe 7 — Éléments de scénario du client mystère

Vous êtes inscrit(e) dans un club de course à pied depuis quelques mois.
Vous courez 3 fois par semaine et effectuez 12 kilomètres à chaque fois.
Vous faites de la compétition chaque dimanche. Vous voulez acheter une paire de chaussures légère, confortable, de marque réputée, peu importe la couleur, votre budget n'est pas limité.
Vous ne devez pas acheter le produit, vous dites que vous souhaitez réfléchir.

Annexe 8 Extrait de la grille d'observation

Version numérique disponible (Excel)
liennathan.fr/u9b4x9

	L'accueil			
1	Dès votre arrivée dans le magasin, vous êtes accueilli(e) avec le sourire et un « *bonjour M./Mme* ». Si les vendeurs sont occupés à des tâches matérielles, l'un d'eux s'interrompt pour vous saluer.	❍ Vrai	❍ Faux	Si faux, précisez : ❍ Pas de sourire ❍ Pas de *bonjour* ❍ Pas de *M./Mme* ❍ N'interrompt pas son activité
2	Un vendeur vous rejoint et vous aborde de façon agréable et spontanée en moins de 5 minutes.	❍ Vrai	❍ Faux	
	La découverte de vos besoins			
	Il est impératif que vous soyez pris en charge dans les 5 minutes suivant votre arrivée ; sinon, vous devez quitter le magasin.			
3	Le vendeur cherche à cerner votre besoin en posant au moins 3 questions ouvertes (usage, budget, marque…).	❍ Vrai	❍ Faux	
4	Le vendeur se montre à votre écoute tout au long de l'entretien.	❍ Vrai	❍ Faux	
5	Le vendeur reformule vos besoins et vos attentes pour s'assurer de vous avoir parfaitement compris(e), et vous pose des questions complémentaires si nécessaire.	❍ Vrai	❍ Faux	
	La présentation des chaussures de *running*			
6	Le vendeur vous propose plusieurs modèles avec enthousiasme et conviction.	❍ Vrai	❍ Faux	Si faux, précisez : ❍ Ne propose qu'un seul produit ❍ Propose sans enthousiasme ni conviction
7	Le vendeur argumente son choix, évoque par exemple la matière, le poids, la composition de la semelle…	❍ Vrai	❍ Faux	
8	Le vendeur vous demande votre avis sur le(s) modèle(s) proposé(s).	❍ Vrai	❍ Faux	
9	Le vendeur vous a mis(e) en confiance. Il s'est montré efficace dans le choix de ses propositions.	❍ Vrai	❍ Faux	
10	Le vendeur vous propose spontanément d'essayer les chaussures pour courir.	❍ Vrai	❍ Faux	
11	Le vendeur vous valorise et vous conforte dans votre choix.	❍ Vrai	❍ Faux	
12	Au cours de l'entretien, le vendeur vous propose des articles supplémentaires : chaussettes, short…	❍ Vrai	❍ Faux	
	La réfutation des objections et la prise de congé			
	Vous manifestez une hésitation ou une objection (par exemple sur la forme, la matière ou encore le prix).			
13	Lors de cette objection, le vendeur vous écoute, vous questionne et cherche à vous proposer une solution.	❍ Vrai	❍ Faux	
14	Le vendeur reprend les chaussures qui ne conviennent pas et vous propose un ou plusieurs autres modèles en argumentant.	❍ Vrai	❍ Faux	Si faux, précisez : ❍ Ne reprend pas les chaussures ❍ Ne propose pas d'autres modèles
15	Tout au long de la visite, l'attitude du vendeur est chaleureuse.	❍ Vrai	❍ Faux	
	Vous dites que vous souhaitez réfléchir.			
16	Le vendeur vous salue par un « *Au revoir M./Mme* » et vous incite à revenir par un « *À très bientôt* » ou « *Au plaisir de vous revoir M./Mme* ».	❍ Vrai	❍ Faux	Si faux, précisez : ❍ Pas de *au revoir* ❍ Pas de *M./Mme* ❍ Pas de formule incitant à revenir

Extrait de la grille d'observation

Barème de notation

Question	Points si vrai	Points si faux	
Q1	Vrai = 4 points	Si faux	Manque 1 élément « Bonjour, M. Mme, pas de sourire, pas d'interruption d'activité » = 3 points Manque 2 éléments = 2 points Manque 3 éléments = 1 point Manque 4 éléments = 0 point
Q2 à Q5	Vrai = 1 point	Faux = 0 point	
Q6	Vrai = 2 points	Si faux	Manque 1 élément (ne propose qu'un produit ou propose sans enthousiasme) = 1 point Manque 2 éléments = 0 point
Q7 à Q12	Vrai = 1 point	Faux = 0 point	
Q13	Vrai = 1 point	Si faux	Manque au moins 1 élément (ne reprend pas les chaussures, n'apporte pas d'autres chaussures) = 0 point
Q14 et Q15	Vrai = 1 point	Faux = 0 point	
Q16	Vrai = 2 points	Si faux	Manque au moins un élément (pas de « Au revoir », ou de « M. ou Mme », « pas de formule incitant à revenir ») = 0 point

Résultats des visites chez les concurrents*

	Decathlon	Intersport	Go Sport
Q1	Vrai	Faux pas de sourire	Faux pas de sourire ni de *Bonjour M. Mme*
Q2	Vrai	Faux	Vrai
Q3	Vrai	Vrai	Vrai
Q4	Faux	Vrai	Faux
Q5	Faux	Faux	Faux
Q6	Faux 1 produit	Faux 1 produit	Vrai
Q7	Faux	Faux	Vrai
Q8	Faux	Faux	Vrai
Q9	Faux	Faux	Vrai
Q10	Faux	Faux	Vrai
Q11	Faux	Vrai	Vrai
Q12	Vrai	Vrai	Vrai
Q13	Faux ne reporte pas	Faux n'apporte pas une autre paire	Faux ne reporte pas
Q14	Faux	Vrai	Vrai
Q15	Faux	Vrai	Vrai
Q16	Faux n'incite pas à revenir	Faux pas de M. Mme	Vrai

Les différentes rubriques sont pondérées de la manière suivante

Rubriques	Pondération des points obtenus
Accueil	20 %
Découverte des besoins	40 %
Présentation des chaussures	30 %
Réfutation des objections et prise de congé	10 %

* Données fictives.

Annexe 9 Extrait de relevé de prix des modèles *running* femmes*

Marque	Decathlon	Intersport	Go Sport
Adidas	120,00 €	179,99 €	189,99 €
Nike	NR**	199,99 €	159,99 €
Asics	150,00 €	189,99 €	189,99 €
New Balance	150,00 €	179,99 €	118,99 €
Hoka	NR**	139,99 €	149,99 €
MDD	120,00 €	34,99 €	29,99 €

Échelle de prix de l'ensemble des modèles en magasin

Enseignes	Prix mini	Prix maxi
Decathlon	10,00 €	170,00 €
Intersport	12,00 €	200,00 €
Go Sport	15,00 €	205,00 €

* Données fictives ** Non référencé

Version numérique disponible (Excel)
liennathan.fr/hk925x

Annexe 10 Répartition par marque de l'offre en magasin*

Principales marques commercialisées	Decathlon	Intersport	Go Sport
Adidas	37	38	25
Asics	16	61	39
New Balance	3	18	2
Nike	0	59	33
Puma	0	16	0
Hoka	0	8	4
Brooks	6	17	7
MDD	52	9	9
Total des marques principales	114	226	119
Nombre total de références proposées par l'enseigne	**140**	**260**	**144**

* Données fictives.

Version numérique disponible (Excel)
liennathan.fr/hk925x

Annexe 11 Créer un graphe radar avec un tableur

Un graphique en radar, également appelé graphique en araignée ou en étoile en raison de son apparence, trace les valeurs de chaque catégorie le long d'un axe distinct qui commence au centre du graphique et se termine sur l'anneau extérieur.

Procédure à suivre pour créer un graphe radar :

1. Saisissez votre tableau de données dans le tableur : indiquez les critères retenus, les concurrents à comparer et les moyennes qu'ils ont obtenues dans la grille multicritères.

Exemple :

	Critère 1	Critère 2	Critère 3	Critère 4	Critère 5
UC 1	1	5	10	3	8
UC 2	10	1	5	6	4
UC 3	5	10	1	2	1
UC N	…	…	…	…	…

2. Sélectionnez tout le tableau.

3. Choisissez Insertion > Graphique > Radar.

4. Vous pouvez ajuster les couleurs du modèle proposé si vous le souhaitez.

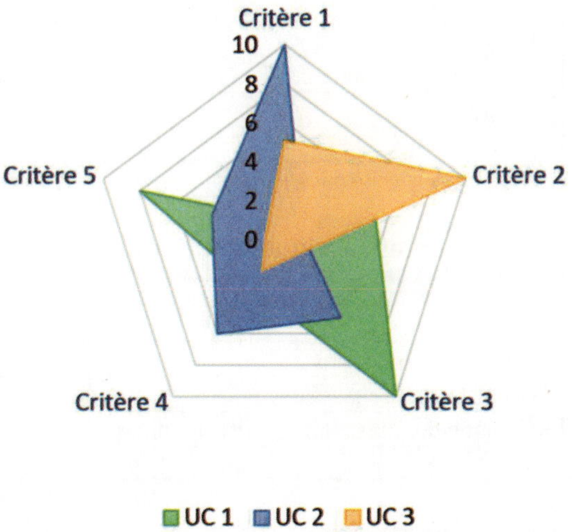

FICHE RESSOURCE 1

REPÉRER LES CONCURRENTS

I Délimiter le périmètre géographique de recherche

Le périmètre de recherche correspond à la **zone de chalandise**. Il s'agit donc de repérer à partir d'une carte les concurrents présents sur la zone de chalandise. Voir aussi : **Fiche méthode 4**.

II Identifier le type de concurrents

Concurrence directe ou indirecte	Concurrence active ou potentielle	Concurrence intratype ou intertype	Concurrence interne ou externe
Un **concurrent direct** propose des produits ou des services identiques à celui de l'entreprise en question (un magasin d'articles de sport est concurrencé par un autre magasin d'articles de sport). Un **concurrent indirect** vend des produits ou services qui peuvent être des substituts (la SNCF est un concurrent indirect d'Air France).	Il s'agit de distinguer les concurrents selon qu'ils sont actifs (concurrents existants réellement) ou potentiels (ouverture de nouveaux points de vente).	Les concurrents **intratype** proposent le même type d'offre et le même format de distribution. La **concurrence intertype** concerne des formats de distribution différents. **EXEMPLES** – les concurrents intratype de La Grande Récré seront JouéClub, King Jouet… ; – la concurrence intertype sera constituée des grandes surfaces alimentaires qui disposent d'un rayon jouets, des spécialistes de la puériculture, des e-commerçants.	La **concurrence interne** concerne la concurrence des deux marques au sein du même groupe (Carrefour contact concurrence, Carrefour Market). La **concurrence externe** est la concurrence entre deux enseignes différentes (Auchan et Leclerc).

III Utiliser les outils permettant d'identifier la concurrence

1. L'observation directe

L'observation directe consiste à se promener dans les environs de son commerce pour repérer les enseignes susceptibles de faire de la concurrence. Il faudra commencer par noter le nom et l'adresse de chaque concurrent afin de pouvoir effectuer des recherches approfondies. L'idéal est de procéder à un achat et de demander une facture pour recueillir l'ensemble des coordonnées du point de vente.

2. Les annuaires professionnels

Il est possible de consulter les annuaires pour trouver les concurrents qui se trouvent à proximité. Selon l'activité, il peut s'agir des Pages Jaunes, des annuaires spécialisés comme le Kompass ou de moteurs de recherche tels que Google et Bing sur lesquels on lance une recherche par des expressions clés. On peut se comporter comme un consommateur à la recherche d'un produit ou service particulier, par exemple « chaussures de ville Maubeuge ». Les réponses s'affichent sur Google Maps pour une localisation immédiate des concurrents. Certains des concurrents paient pour être visibles en tête des moteurs de recherche et se situent alors en haut de la première page de recherche. Ces concurrents sont des concurrents actifs qui veulent augmenter le trafic sur leur site.

3. Les fichiers d'entreprises

Ils permettent d'effectuer des recherches précises en se rendant sur des sites d'information comme societe.com, verif.com, ou encore infogreffe.fr afin d'obtenir des informations sur le chiffre d'affaires, les statuts, la date de création de l'entreprise.

IV Sélectionner les domaines à surveiller

Il faut préciser le domaine que l'on veut étudier : une famille de produits ? un rayon ? l'ensemble du point de vente ? Puis définir le type d'informations à recueillir : caractéristiques de l'assortiment ? niveau de prix ? organisation du linéaire ? présence de ruptures ? méthode de vente, politique d'accueil et de prise en charge du client…

FICHE RESSOURCE

2

ÉTUDIER LES CONCURRENTS : LA DÉMARCHE

L'étude de la concurrence permet d'observer l'offre commerciale des concurrents et les prix pratiqués. Elle permet aussi d'améliorer les performances d'une UC en mettant en place des actions commerciales inspirées des meilleures idées des concurrents. On parle alors de « benchmarking ». Voir aussi : Fiche méthode 3.

I Les techniques de recueil d'informations

- **Les visites sur place** permettront de se rendre compte de visu de ce que proposent les concurrents en matière d'assortiment, de prix, d'agencement, de prise en charge des clients.
- **Les visites des sites Internet** des concurrents permettront d'apprécier le *design* du site, l'ampleur de la gamme, les prix pratiqués, les services proposés, les moyens de paiement utilisables…
  L'analyse de l'activité des concurrents sur **les réseaux sociaux**, des messages publiés permet d'apprécier leur visibilité sur ce type de médias (nombre de partages, de commentaires, de *like*).
- **L'abonnement à la *newsletter*** des concurrents (depuis les pages des réseaux sociaux ou leur site Internet) permet de percevoir le point de vue des clients sur les concurrents.
- **La consultation régulière des prospectus, des catalogues** de la concurrence locale permet de comparer les offres, les thèmes abordés.
- **Les recherches documentaires** sur Internet permettront de recueillir des informations sur les tendances du marché, sur l'état de la concurrence. On pourra analyser la presse quotidienne économique, les journaux professionnels, les revues.

II La préparation des visites

1. Définir les objectifs : vous voulez mesurer QUOI ?

Les sujets de comparaison sont nombreux et à définir selon ses besoins. Ils peuvent porter sur l'environnement extérieur (enseigne, vitrine…) ou intérieur (circulation dans les allées, propreté…) du commerce. On peut aussi comparer l'accueil et la prise en charge du client (disponibilité, compétence des vendeurs, qualité du conseil), la démarche commerciale (assortiment proposé, prix, agencement), les conditions de passage en caisse. L'étude se limite parfois à une comparaison des prix.

2. Préparer le scénario d'une situation réelle : COMMENT ?

Les visites sont anonymes et en situation réelle. La rédaction au préalable d'un scénario est indispensable.

EXEMPLE

J'entre dans le magasin, j'observe, j'hésite, je me dirige vers le rayon des chaussures… Je choisis un modèle, je l'essaye, je pose des questions... Je repose l'article qui ne me convient pas et je sors du magasin.

3. Préparer les grilles d'observation

Les grilles sont adaptées aux critères de comparaison choisis et au scénario défini.
On distingue les grilles d'observation multicritères, les grilles de prix, les grilles de comparaison des sites Internet ou des réseaux sociaux. Généralement, les grilles sont établies sur Excel afin de faciliter le calcul de barèmes.

4. Choisir un barème d'appréciation

Il s'agit d'attribuer une note pour chaque élément apprécié.

EXEMPLE

Accueil : 0 point si on ignore notre présence, 1 point pour « bonjour », 2 points pour « bonjour + sourire ».

III Le mode de visite des concurrents

La visite peut être physique : dans ce cas, on se rend dans les points de vente concernés ; elle peut être virtuelle : on va alors effectuer la recherche sur les sites Internet.
Si on joue le rôle d'un client mystère, on ne va pas se présenter lors de la visite dans le point de vente. Par contre, lorsqu'on effectue un relevé de prix, il est préférable de se faire connaître à l'accueil avant.

FICHE RESSOURCE

3

ÉTUDIER LES CONCURRENTS : LES GRILLES

I Construire une grille d'observation

La grille d'observation multicritères permet de relever des données variées sur les concurrents. Les éléments à étudier sont libres. On retrouve généralement :

- la mise en valeur de l'offre : recueil de données sur l'agencement : disposition des rayons et des produits, mobilier, éclairage, type de musique diffusée ;
- le choix proposé : analyse de la dimension de la gamme de produits offerte ;
- le personnel de contact : observation de la tenue vestimentaire du personnel, la qualité de l'accueil, le degré de compétence des vendeurs.

Une fois choisis les éléments à observer, il s'agit de prévoir un barème de points à attribuer par critère et une pondération en fonction de l'importance du critère. La grille permet alors de calculer des scores par concurrent et d'analyser les résultats obtenus.

Exemple de grille d'observation multicritères

CRITÈRES / **Barème :** Insatisfaisant = 1 point ; Moyen = 2 points Assez bien = 3 points ; Très bien = 4 points	ÉVALUATION (en points) 1	2	3	4	COMMENTAIRES
L'EXTÉRIEUR DU POINT DE VENTE					
Facilité d'accès (moyens de transport, localisation, affichage extérieur)					
Parking (nombre de places, signalisation routière sur le parking)					
Attractivité de la vitrine					
TOTAL DE POINTS EXTÉRIEUR					
L'INTÉRIEUR DU POINT DE VENTE					
Propreté du magasin					
Rangement					
Facilité de circulation en magasin (largeur des allées, balisage…)					
Éclairage					
Musique					
Présence de marketing olfactif					
Horaires d'ouverture					
Présentation des produits adaptée (vrac, étagères, présentoirs…)					
Facilité à trouver les produits					
Facilité à trouver les prix					
Présence d'ILV (étiquetage, borne d'information…)					
Présence de PLV					
Mise en avant des promotions					
Théâtralisation (mobilier, décoration, animation…)					
TOTAL DE POINTS INTÉRIEUR					
L'OFFRE					
Ampleur du choix proposé					
Adéquation de l'offre par rapport à la clientèle					
Adéquation du prix par rapport à la clientèle					
TOTAL DE POINTS OFFRE					
LA RELATION CLIENT					
Qualité de l'accueil					
Compétence des vendeurs en matière de conseil					
Temps d'attente aux caisses					
Carte de fidélité					
Existence de services associés (*click and collect*, *drive*, tablettes…)					
TOTAL DE POINTS RELATION CLIENT					
TOTAL DES POINTS OBTENUS					

II Construire une grille de relevé de prix

1. Le choix des produits à comparer

La grille de relevé de prix permet de comparer les prix pratiqués et l'étendue de l'assortiment. On choisit en général une famille de produits ou un sous-rayon, une catégorie de produit, par exemple les chaussures de ville, puis la marque et la référence précise.

Dans tous les cas, il faut veiller à ce que les éléments soient comparables. Il faut pour cela se baser sur des produits identiques ou proches. Généralement, cela ne pose aucun problème pour des produits alimentaires ou l'électroménager, mais l'approche est plus délicate pour du prêt-à-porter par exemple. Dans ce cas, il faut choisir une caractéristique commune à l'ensemble des articles.

2. Construction de la grille

L'utilisation du tableur permet de calculer et d'analyser :
– le prix moyen de l'offre magasin (1) (= somme des prix du magasin / nombre de produits)
– le prix moyen de chaque article (2) (= somme des prix du produit / nombre de magasins)
– l'indice de prix ou l'écart entre le prix de son magasin et le prix moyen (3) (= (1) / (2))

Selon les résultats, on peut éventuellement s'aligner sur les prix des concurrents.

EXEMPLE

Comparaison de prix sur des produits dont la caractéristique est « produits 1er prix ».

Produits	Vib's	Promod	DCM Jennyfer	Prix moyen par produit	Indice prix magasin
Tee-shirt basique 100 % coton				(2)	(3)
Chemisier coton 1er prix					
Jean slim 1er prix					
Jupe polyester 1er prix					
Prix moyen par magasin	(1)				

III Construire des grilles de comparaison des sites et réseaux

Étudier la concurrence implique également de comparer à partir d'une grille dédiée :
– le site Internet de l'unité commerciale et ceux des différents concurrents ;
– l'activité des UC et de leurs clients sur les réseaux sociaux.

EXEMPLE

Grille de comparaison des sites Internet

Éléments de comparaison		Site de l'UC		Concurrent 1		Concurrent 2	
Nom du site :							
		Oui	**Non**	**Oui**	**Non**	**Oui**	**Non**
Cible	• Particuliers						
	• Professionnels						
Type de site	• Vitrine						
	• E-commerce						
La page d'accueil est-elle ergonomique ?							
La navigation sur le site est-elle facile ?							
Les informations sur les produits sont-elles détaillées ?							
Le site propose-t-il d'une aide à l'achat en ligne ?							
Trouve-t-on les produits recherchés en 3 clics ?							
Peut-on revenir à la page d'accueil en 1 clic ?							
Le tunnel de conversion* compte-t-il 4 étapes ?							
Le site propose-t-il un paiement sécurisé ?							
Le délai de retour des produits est-il de plus de 14 jours ?							
TOTAL DE POINTS (nombre de « Oui »)							

* nombre d'étapes pour passer la commande

FICHE RESSOURCE

4

EXPLOITER L'INFORMATION COLLECTÉE

I Visualiser l'emplacement des concurrents

Il est intéressant de visualiser la position des concurrents sur une carte en utilisant les outils vus lors de l'étude de la zone de chalandise, à savoir Owlaps, Odil ou encore Google Maps. Il sera possible d'en tirer un certain nombre d'informations intéressantes comme les facilités d'accès au point de vente, la distance par rapport aux concurrents, ainsi que les atouts de la localisation du point de vente par rapport à ceux-ci, par rapport au centre-ville, connaître les points d'intérêt situés sur le trajet (écoles, mairies, hôpitaux…).

II Réaliser un mapping concurrentiel

1. Les cartes perceptuelles

Le **mapping concurrentiel** permet de représenter les concurrents en fonction de deux axes. Ces axes sont les deux critères que l'on estime pertinents pour se positionner. Il peut s'agir de la qualité et du prix, mais on peut aussi utiliser le nombre de clients et le nombre de tickets de caisse, ou encore le panier moyen et le taux de fidélité. On peut utiliser les données issues de la grille d'observation.

EXEMPLE

Carte perceptuelle de positionnement dans le prêt-à-porter selon une échelle de 0 à 10

Marque enseigne	Prix	Qualité	Part de marché (en %)
Vib's	8	4	20
Promod	2	1	30
DCM Jennyfer	9	8	40

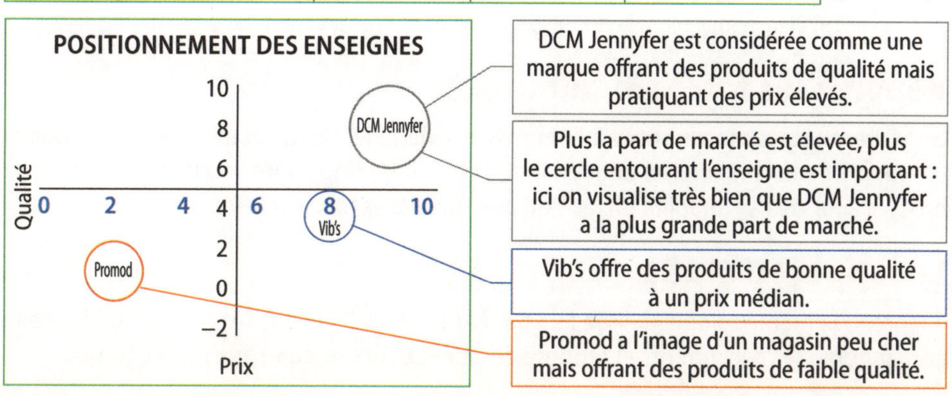

2. La procédure de création sur tableur

Un mapping concurrentiel peut être facilement créé à l'aide d'un tableur.

EXEMPLE

Pour obtenir la **carte perceptuelle de positionnement dans le prêt-à-porter sur une échelle de 1 à 10** de l'exemple précédent, il faut :

1. Saisir dans le tableur le tableau de données sur les marques enseignes (en-têtes, marques, chiffres…).
2. *Optionnel :* rechercher sur Internet le logo de chaque marque et le copier dans un fichier.
3. Sélectionner dans le tableur uniquement les cellules chiffrées (données de prix, qualité, part de marché).
4. Choisir Insérer un graphique > Nuage de points > Bulles (*optionnel :* avec effet 3D).
5. Sélectionner l'axe vertical, faire un clic droit et choisir Mise en forme de l'axe. Dans « Axe vertical coupe », cocher Valeur de l'axe et saisir « 10 ». Idem pour l'axe horizontal.
6. *Optionnel :* sélectionner chaque bulle, faire un clic droit et choisir Mettre en forme le point des données > Option remplissage > Remplissage avec image ou texture. Insérer le logo à partir du fichier.
7. Ajouter les titres des axes et le titre du graphique.
8. Renseigner les axes : « Prix » en horizontal et « Qualité » en vertical.

3. Le graphique (ou graphe) radar

Le **graphique radar** est une alternative à la carte perceptuelle ; il permet de représenter plusieurs axes simultanément. On peut le créer à partir des éléments recueillis dans la grille d'observation. Il permet de visualiser plus facilement les éléments faisant défaut afin d'y remédier.

EXEMPLE

Graphique radar tiré d'une grille d'observation de magasins de prêt-à-porter

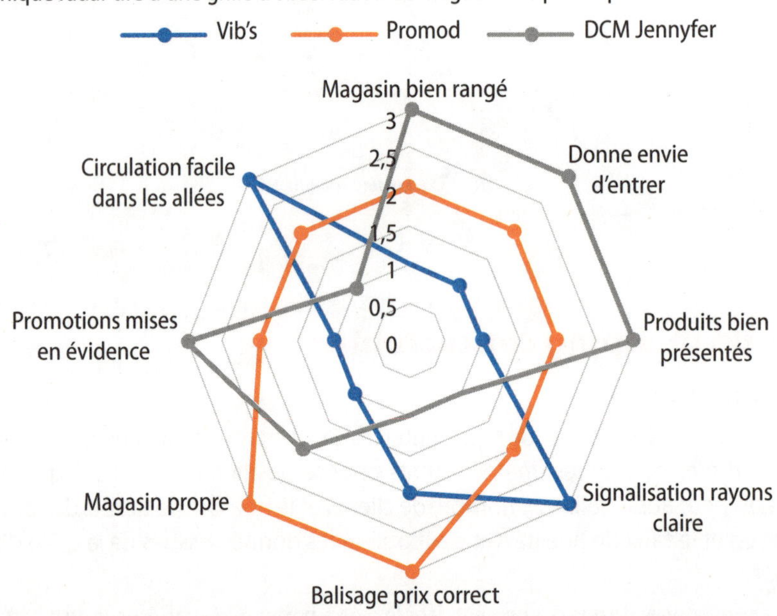

Analyse des données : on peut remarquer ici que la circulation est aisée chez **Vib's** et que la signalétique des rayons est claire ; par contre le magasin n'est pas bien rangé, la vitrine ne donne pas envie d'entrer, le magasin manque de propreté et les promotions ne sont pas mises en évidence, contrairement au concurrent **DCM Jennyfer**, qui a quant à lui un problème au niveau de la signalétique rayon, de la circulation dans les allées et de l'affichage de prix.

Solutions envisagées : on pourra inciter le personnel à faire preuve de vigilance en matière de rangement et de nettoyage, de création de vitrine et de mise en avant des promotions.

III Repérer ses forces et faiblesses

Les visites chez les concurrents vont permettre d'identifier les forces et faiblesses du point de vente par rapport aux concurrents pour chaque critère jugé important (accueil, conseil, agencement, prix…). Pour cela, on établira un tableau que l'on analysera dans le rapport.

IV Le rapport d'étude

Il reprend la méthodologie utilisée lors de l'étude, rappelle les points forts et faibles de l'enseigne par rapport à ses concurrents et propose des idées pour remédier aux points faibles.

Applications

1 Créer une carte perceptuelle

Vous travaillez dans le rayon Cosmétiques d'un supermarché de proximité. Vous avez décidé d'interroger vos clients pour connaître leur ressenti quant au rapport qualité-prix de l'offre que vous proposez par rapport à celle des concurrents.
L'échelle de notation allait de –5 à +5 : plus la note est élevée, plus le prix est perçu comme cher ; plus la note est négative, plus le prix semble bon marché. Au niveau de la qualité de l'offre, plus la note est élevée, plus les clients jugent l'offre intéressante en termes de qualité ; plus elle est faible, plus les clients estiment l'offre peu intéressante.

1 Construisez la carte perceptuelle (mapping) de positionnement des enseignes.

2 Commentez les résultats obtenus.

Version numérique disponible (Excel)
liennathan.fr/j6c6j4

Document Notes attribuées lors de l'enquête

Produit	Note relative au prix	Note relative à la qualité de l'offre	Part de marché
Aldi	4	1	11 %
Lidl	5	2	15 %
Leader Price	1	– 2,5	5 %
Market	– 4	1	10 %
Intermarché	– 5	– 1	13 %
Auchan	– 3	5	19 %
Leclerc	– 2	5	18 %
Super U	– 6	– 2	5 %
Proxi	– 7	– 5	4 %

2 Créer un graphe radar

En stage à la Grande Récré, vous êtes allé(e) visiter vos concurrents afin de vous faire une idée précise du choix qu'ils proposent et des prix qu'ils pratiquent. Vos concurrents sont les grandes surfaces au moment des fêtes de fin d'année et les autres magasins de jouets durant le reste de l'année. Suite à votre visite, vous avez établi un tableau relatif au choix, au prix et à l'accueil, et vous avez attribué des notes : 10 est la meilleure note, 1 la plus mauvaise.

1 À partir du tableau, établissez un graphe radar sur un tableur.

2 Analysez les résultats obtenus.

Version numérique disponible (Excel)
liennathan.fr/8iq97b

Document Récapitulatif des notes obtenues

Magasins	Note relative au choix	Note relative au prix	Note relative à l'accueil
Grande Récré	5	6	3
Maxi Toys	10	6	6
Joué Club	8	7	8
Pic Wic	7	5	5
Auchan	5	8	4

3 Analyser des relevés de prix

Vous êtes en stage dans le magasin Armand Thiery, situé dans un centre commercial en plein développement. Vous avez deux concurrents à proximité : Celio et Jules. Bientôt, un autre concurrent, Devred, va s'implanter à quelques mètres de votre magasin dans la même galerie marchande. Votre tuteur s'inquiète d'autant plus de la situation que la fréquentation de son magasin a diminué ces derniers mois. Il vous a donc demandé d'effectuer des relevés de prix chez vos concurrents locaux et de vous rendre dans le magasin Devred le plus proche afin d'y effectuer aussi des relevés de prix. Il vous confie ensuite différentes tâches à réaliser à partir de ces relevés.

1. Calculez le prix moyen de chaque produit.
2. Calculez l'indice de prix d'Armand Thiery en fonction de ce prix moyen.
3. Comparez vos prix à ceux pratiqués par Devred.
4. Analysez les résultats obtenus et formulez des propositions pour faire face à cette situation.

Document 1 — Relevé de prix auprès de Celio et Jules pour des produits identiques ou proches

Les produits qui ont retenu votre attention sont les produits premier prix.

Produits	Celio	Jules	Armand Thiery
Chemise	29,99 €	19,99 €	39,99 €
Pull	29,99 €	29,99 €	39,99 €
Pantalon détente	39,99 €	39,99 €	49,99 €
Blouson bomber	49,99 €	59,99 €	79,99 €
Sweat	12,99 €	29,99 €	34,99 €
Écharpe	19,99 €	25,99 €	24,99 €
Tee-shirt	9,99 €	19,99 €	29,99 €

Version numérique disponible (Excel)
liennathan.fr/43b9np

Document 2 — Relevé de prix dans un magasin Devred situé à 40 km pour des produits identiques ou proches

Produits	Devred
Chemise	35,99 €
Pull	37,99 €
Pantalon détente	45,99 €
Blouson bomber	89,99 €
Sweat	32,99 €
Écharpe	12,99 €
Tee-shirt	12,99 €

Version numérique disponible (Excel)
liennathan.fr/43b9np

4 Mener une étude de concurrence

Vous êtes responsable du magasin Vert baudet à Saint-Malo. Vous souhaitez étudier vos forces et vos faiblesses par rapport à vos concurrents locaux en termes d'offre et de prix de la collection « filles 2-3 ans à 14 ans ».

1. Recherchez deux concurrents locaux.
2. Sur Google Maps, positionnez votre enseigne et celles des deux concurrents.
3. Établissez sur FreeMind (document 1) des cartes heuristiques représentant votre offre et celle de chaque concurrent. Pour cela, rendez-vous sur les sites Internet des magasins concernés. Vous vous limiterez à dix catégories.
4. À l'aide d'un tableur, créez une grille afin d'analyser les prix de votre enseigne et de vos concurrents. Vous vous limiterez aux prix minimaux et maximaux de dix gammes de produits pour les filles de 3 ans (exemples : pantalon, tee-shirt…).
5. En vous appuyant sur la grille (document 2), comparez les réseaux sociaux de votre enseigne et de vos concurrents.
6. À l'aide des informations que vous avez collectées, faites une synthèse de vos forces et de vos faiblesses.

Document 1 FreeMind : un logiciel libre de cartographie heuristique

Télécharger FreeMind pour PC
liennathan.fr/9qx6d4

Vidéo : Tutoriel FreeMind – L. Castor
liennathan.fr/qw86n8

Document 2 Grille de comparaison des réseaux sociaux

Éléments de comparaison / Nombre de points	Mon UC			Concurrent 1			Concurrent 2		
	1	2	3	1	2	3	1	2	3
Présence sur les réseaux sociaux (Instagram, Facebook, Twitter, autres)									
Nombre d'abonnés									
Fréquence des posts									
Qualité des posts									
TOTAL DE POINTS									

Barème :
1 point UC qui a les moins bonnes performances des trois
2 points UC qui a la position intermédiaire
3 points UC qui a les meilleures performances des trois

Version numérique disponible (Excel)
liennathan.fr/6uj38d

Synthèse

Réaliser une étude de concurrence

Repérer les concurrents

Identifier les concurrents
- directs
- indirects

Définir le périmètre d'étude
- domaine
- type d'information

Utiliser les outils d'identification
- observation directe
- annuaires professionnels
- fichiers d'entreprise

Étudier les concurrents

Les techniques de recueil d'informations
- Visites sur place
- Visites des sites Internet
- Consultation des réseaux sociaux
- Abonnement aux *newsletters*
- Consultation des prospectus et catalogues
- Recherche documentaire

La préparation des visites
- Grille d'observation
- Grille de relevé de prix
- Tableau comparatif
- Consultation des prospectus et catalogues
- Recherche documentaire

L'étude des sites Internet et des réseaux sociaux
- Grille de comparaison des réseaux sociaux
- Grille de comparaison des sites Internet

Effectuer la visite

Réaliser les observations en ligne

Exploiter l'information collectée

Visualiser l'emplacement des concurrents

Repérer les forces et faiblesses

Réaliser un mapping
- carte perceptuelle
- graphe radar

Préparer le rapport et proposer des mesures correctrices

Mots-clés

Concurrent direct • Concurrent indirect • Concurrence interne • Concurrence intratype • Concurrence intertype • Grille multicritères • Relevé de prix • Indice de prix

TESTEZ-VOUS
liennathan.fr/5y6zb7

CHAPITRE 5

Étudier la zone de chalandise

Compétence
Étudier la zone de chalandise d'une unité commerciale

Savoirs associés
Développer la relation client et la vente conseil
Exploiter l'information pour la prise de décision

Vers PIX
1.1. Mener une recherche et une veille d'information
1.3. Traiter des données
3.1. Développer des documents textuels

Contexte professionnel

Nom : Gifi
Adresse : Les Angles
Type d'UC : grande surface spécialisée
Offre commerciale : équipement de la maison
Effectif : 11 salariés

Le groupe Gifi est une entreprise familiale créée en 1981 par Philippe Ginestet, actuel président de l'enseigne. Ce groupe solide compte 5 200 collaborateurs pour un chiffre d'affaires de 1,2 milliard d'euros.
Gifi représente aujourd'hui un réseau de plus de 400 magasins répartis sur tout le territoire, lui conférant un positionnement de leader en France dans le discount non alimentaire. Cette enseigne est en effet spécialisée dans l'équipement de la maison et de la famille à bon prix ; 65 % des articles sont proposés à moins de 5 €.
Le magasin Gifi situé aux Angles dans le Gard (30) est une concession dirigée par François Verrier. Si le point de vente connaît un taux de croissance positif depuis son implantation, le responsable constate cependant une évolution des caractéristiques socio-économiques de la population de sa zone de chalandise, désormais sensiblement différente de la cible du groupe, qui l'amène à se demander si son offre est toujours en adéquation avec les attentes de sa clientèle.

Votre rôle

Titulaire d'un BTS MCO, vous venez d'être recruté(e) en tant qu'assistant(e) commercial(e) au sein du magasin Gifi Les Angles. Vous êtes chargé(e) d'étudier la zone de chalandise afin de réorienter l'offre de produits en fonction des caractéristiques de la zone.

Vos objectifs

I Construire la zone de chalandise de Gifi

Votre responsable souhaite obtenir des informations précises sur l'évolution de la clientèle de sa zone de chalandise. Il vous demande d'en étudier toutes les caractéristiques.

1 Énumérez les intérêts à étudier la zone de chalandise. Vous présenterez l'enjeu de cette étude pour le magasin Gifi Les Angles. — Fiche ressource 1

2 Identifiez les moyens de collecte dont dispose Gifi afin d'identifier le profil de sa clientèle. — Fiche ressource 2

3 Définissez les zones primaire, secondaire et tertiaire les plus proches possibles de la règle des 60/30/10 %. Justifiez vos choix. — Fiche ressource 3, Annexe 1

4 Repérez les éléments positifs et négatifs susceptibles d'influencer la zone de chalandise du magasin Gifi Les Angles. Concluez sur les atouts de cette zone. — Annexe 2

5 Distinguez la concurrence interne, directe et indirecte de Gifi. Positionnez la concurrence directe de Gifi sur la carte. Concluez sur votre situation. — Annexe 3

6 Justifiez auprès de votre responsable le choix de la représentation graphique de la zone de chalandise en courbes isochrones ou isomètres.

7 Tracez la zone de chalandise du magasin sur la carte ou à l'aide du logiciel Owlapps. — Fiche ressource 4, Annexe 4

8 Recensez les modalités de mise à jour de vos informations.

II Analyser le profil de la clientèle et adapter l'offre de Gifi à la zone de chalandise

Votre responsable vous demande s'il est toujours pertinent d'appliquer les consignes du réseau concernant l'offre produit au vu des évolutions du profil de la clientèle, mais également de la population. Dans ce contexte, vous comparez, dans un second temps, la clientèle locale à celle du réseau.

9 Relevez les caractéristiques de la population de la zone de chalandise de Gifi. Comparez le profil type de la clientèle du magasin des Angles à celle du réseau. — Annexe 5

10 Préparez un diaporama pour présenter votre analyse de la situation de Gifi Les Angles par rapport à sa zone de chalandise. — Annexe 6

11 Afin de s'adapter au marché, votre manager vous demande de calculer le CA prévisionnel du rayon Spa. Concluez. — Fiche ressource 5, Annexes 7, 8 et 9

III La zone de chalandise virtuelle

12 Comparez la zone de chalandise du magasin Gifi Les Angles et la zone de chalandise virtuelle du réseau Gifi. Que remarquez-vous ? — Fiche ressource 6, Annexe 10

13 Quelles sont les limites de la zone de chalandise virtuelle du réseau Gifi ?

14 Selon vous, Gifi.fr fait-il concurrence au magasin Gifi Les Angles ? Justifiez.

Votre dossier

Annexe 1 Éléments de localisation du magasin Gifi Les Angles

Carte globale

Données sur la provenance des clients

Villes	Codes postaux	Nombre de clients	Distance voiture en minutes
Avignon	84000	338	10
Carpentras	84200	37	34
Le Pontet	84130	225	16
Les Angles	30133	712	1
Orange	84100	113	21
Pujaut	30131	263	10
Rochefort du Gard	30650	600	9
Saint-Rémy-de-Provence	13210	37	35
Saze	30650	487	8
Sorgue	84700	338	20
Villeneuve-lès-Avignon	30400	600	8

Version numérique disponible (Excel)
liennathan.fr/u5br96

Annexe 2 Les éléments d'influence de la zone de chalandise

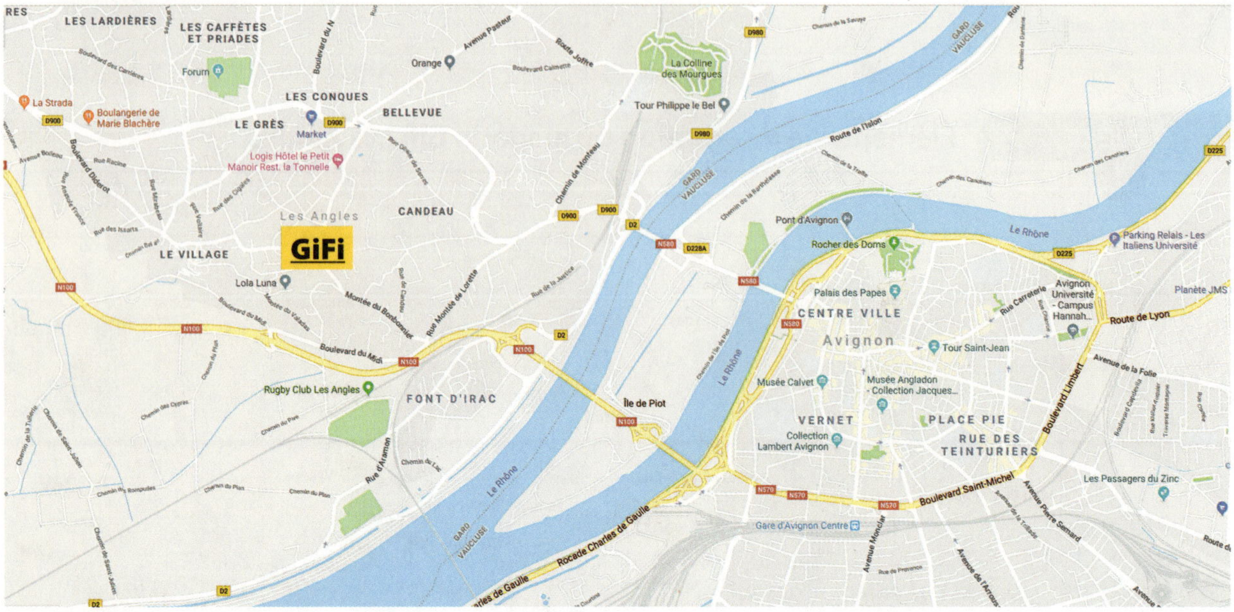

Quelques informations supplémentaires sur la zone d'implantation du magasin Gifi Les Angles

– Le magasin est implanté à côté du centre commercial Grand Angles qui comporte aussi un Leclerc, un McDonald's et un point de vente Casa.

– Il est situé au bord d'une route nationale et est desservi par une ligne de bus qui passe chaque quart d'heure.

– Une décharge est située à proximité du magasin : les jours de grand vent, des sacs plastique s'échouent sur le parking du magasin.

Annexe 3 Répartition géographique des concurrents en fonction des zones commerciales d'Avignon

Version numérique disponible
liennathan.fr/nn8q43

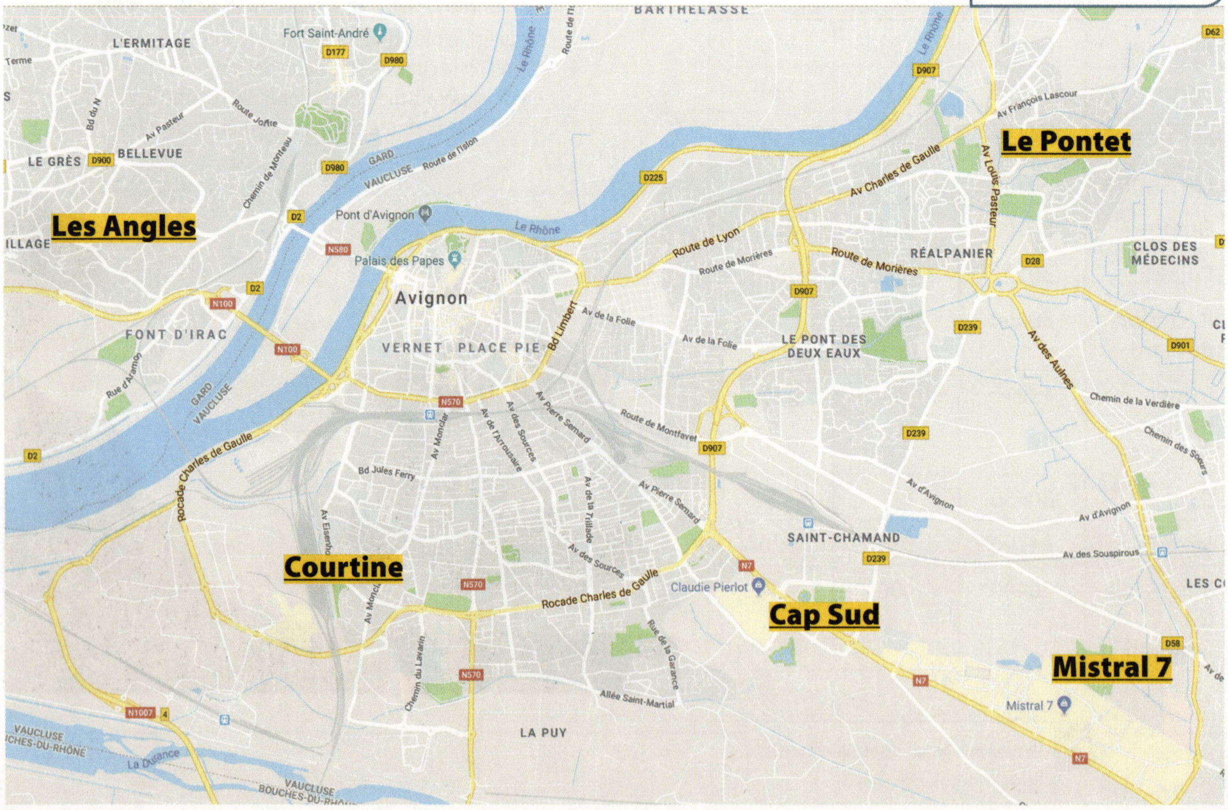

Répartition géographique des concurrents en fonction des zones commerciales d'Avignon

ZONE COMMERCIALE LES ANGLES

Casa
Enseigne spécialisée dans la décoration, l'art de la table et les cadeaux.
Positionnement prix faibles et produits de qualité.

Espace culturel E.Leclerc
L'espace culturel est spécialisé dans le domaine du multimédia. Son objectif est de vendre des produits culturels accessibles à tous.

ZONE COMMERCIALE LE PONTET

Babou
Enseigne spécialisée dans la vente de vêtements hommes, femmes et enfants, mais également en linge de maison, articles de bazar et produits saisonniers, le tout avec un très bon rapport qualité-prix.

Zôdio
Spécialiste en accessoires de décoration et cuisine mais aussi en loisirs créatifs, l'enseigne Zodio regroupe des produits toujours à la pointe de la tendance.
Les prix s'étendent de l'entrée de gamme jusqu'au milieu de gamme.

ZONE COMMERCIALE CAP SUD

Maison du monde
Enseigne d'ameublement et d'équipements de décoration.
Une unité commerciale multi-styles à prix abordables.

ZONE COMMERCIALE MISTRAL 7

Tati
Enseigne spécialisée dans la vente de textile et de bazar *hard-discount*.

Gifi
Enseigne spécialisée dans l'équipement de la maison et de la famille à bon prix.

ZONE COMMERCIALE COURTINE

Centrakor
Magasin *discount* spécialiste de la décoration, art de la table et équipement maison à petit prix.

Annexe 4 Tracer une zone de chalandise avec Owlapps

Sur le site du logiciel, dans l'onglet « **Interface principale** », renseignez les paramètres suivants :
– cochez la case « Double-cliquer sur la carte pour définir un point de départ » ;
– choisissez le type de zone en cochant soit le bouton d'option « isochrone | HYPERDRIVE » (temps de trajet en voiture) soit le bouton d'option « circulaire & PLS » (isométrique = à vol d'oiseau) ;
– cliquez sur le symbole de géolocalisation à droite de l'écran pour afficher la carte et définir le point de départ de votre zone (cherchez-le puis double-cliquez dessus) ;
– changez la couleur de la zone qui va être créée si vous le souhaitez en cliquant sur l'icône ;
– indiquez une valeur numérique dans la zone de saisie (soit le temps de trajet en minutes, soit le rayon en mètres) ;
– cliquez sur le bouton « **Calculer** » puis patientez.

Site web : Owlapps, application Géomarketing "since 2012"
liennathan.fr/za47b6

Vidéo : Créer zone isochrone zone de chalandise
liennathan.fr/785dtx

Annexe 5 Caractéristiques de la population de la zone primaire de chalandise

Résidences principales/secondaires

	Zone de chalandise primaire	France
Part des résidences principales	90,2 %	82,5 %
Part des résidences secondaires	2,7 %	9,5 %
Part des logements vacants	7 %	8 %
Part des ménages propriétaires de leur résidence principale	63,8 %	57,6 %
Part des ménages locataires de leur résidence principale	34,5 %	NR

Source : www.insee.fr

Répartition de la population par tranche d'âge (%)

Ensemble	France	Les Angles	Saze	Rochefort-du-Gard	Villeneuve-lès-Avignon
0 à 14 ans	14,7	13	18,1	19,1	13,4
15 à 29 ans	15,2	13,9	15,4	15,5	12,7
30 à 44 ans	16,5	16,4	20,2	19	15,8
45 à 59 ans	21,7	21,5	21,9	24,9	23,3
60 à 74 ans	19,9	20,6	18,1	16,6	21,7
75 ans ou plus	12	14,6	6,2	5	13,1

Source : www.insee.fr

Répartition de la population en fonction de la CSP

	France	Zone primaire
Ensemble	100,00	100
Agriculteurs exploitants	0,8	0,2
Artisans, commerçants, chefs d'entreprise	3,5	5,5
Cadres et professions intellectuelles supérieures	9,3	15,2
Professions intermédiaires	14,2	14,8
Employés	16,4	11,9
Ouvriers	12,6	4,9
Retraités	27,2	33,1

Source : www.insee.fr

Revenu mensuel moyen de la population de la zone primaire de chalandise

Les Angles	1 968 €
Saze	1 830 €
Rochefort-du-Gard	1 902 €
Villeneuve-lès-Avignon	2 207 €
France métropolitaine	1 711 €

Source : www.salairemoyen.com

Particulier cherche particulier…

Pour réduire le risque de contaminations et profiter des vacances malgré la crise sanitaire, les Français ont plébiscité les locations indépendantes (maisons, villas, chalets), incluant des équipements dédiés aux vacanciers : jardin, barbecue, piscine privée.

Caroline Lelievre, « Covid-19 : le boom des locations de vacances entre particuliers », tourmag.com, 16 janvier 2022.

Rendre son bien attractif

Aujourd'hui, les locataires regardent les locations sous tous les angles avant de se lancer, chaque pièce doit être mise en valeur.

Un bien attractif, c'est aussi un bien qui propose des prestations.

Dans le sud de la France, difficile de ne pas proposer une piscine [ou un spa] pour se rafraîchir.

« Location saisonnière : les clés de la réussite », e-immobilier.credit-agricole.fr.

Répartition de l'offre d'hébergement de la zone de chalandise

Résidence de tourisme assimilé	8 %
Chambres d'hôtes	6 %
Meublés (Airbnb)	27 %
Hébergements collectifs	23 %
Hôtellerie	23 %
Hôtellerie de plein air	33 %

Source : vaucluseprovence-attractivite.com

Annexe 6 — Profil type de la clientèle

RÉSEAU GIFI	MAGASIN GIFI *LES ANGLES*
Une femme	Une femme
Âge moyen : 38 ans	Âge moyen : 45 ans
Panier moyen : 18 €	Panier moyen : 26 €
Fréquentation : 1,5 fois par mois	Fréquentation : 2 fois par mois
CSP : professions intermédiaires et employés	CSP : cadres et professions intermédiaires

Annexe 7 — Réactions de votre responsable après votre présentation

Finalement, ce que je retiens de votre étude de la clientèle, c'est qu'il est nécessaire d'adapter l'offre de certains univers.

La zone est en effet très touristique, beaucoup de résidences secondaires sont dénombrées et le climat pousse les gens à installer des équipements aquatiques.

Il ressort également que le segment Spa de l'univers saisonnier est sous-représenté dans le magasin.

Il serait donc intéressant d'évaluer la pertinence d'élargir l'offre de l'univers saisonnier.

Annexe 8 — L'aménagement du jardin

Aujourd'hui, de plus en plus de consommateurs investissent dans leur jardin : transat, spa, mobilier de jardin, barbecue, voile d'ombrage… La demande est en pleine croissance. L'idée c'est de considérer son jardin comme une véritable pièce de la maison et de l'aménager en conséquence. Carrefour, Auchan ou Casino s'y mettent en proposant une offre de plus en plus élargie de mobiliers de jardin, et les GSS ne sont pas en reste. Babou ou Ikea, mais aussi Leroy Merlin et Castorama, ont tous développé leur rayon Jardin ces dernières années.

Pour autant, l'offre ne s'adresse pas à n'importe qui ; le profil du consommateur est bien précis, il s'agit en général de **propriétaires de résidences principales**, les locataires sont moins enclins à investir dans un jardin qui n'est pas le leur, il s'agit plutôt de **femmes entre 40 et 50 ans et dont les revenus sont moyens+ ou élevés.**

Annexe 9 Informations sur les caractéristiques de la population locale

Votre responsable vous a communiqué quelques informations concernant votre zone de chalandise.

	Zone 1	Zone 2	Zone 3
Population	55 356	90 460	69 030
Nombre de personnes par ménage	2,7	2,4	2,6
Indice de disparité de consommation (IDC)	1,34	1,21	1,16
Évasion commerciale	32 %	27 %	37 %
Invasion commerciale	17 %	11 %	9 %

Autres informations :
- Budget annuel moyen des produits saisonniers : 158,32 €.
- Part des dépenses d'équipement de spa dans le budget annuel des produits saisonniers : 6 %.
- Taux d'emprise : 3%.

Version numérique disponible (Excel)
liennathan.fr/vfh527

Annexe 10 Foire aux questions du site Gifi.fr (extrait)

Cette FAQ s'adresse exclusivement aux clients INTERNET ayant acheté ou prévoyant d'acheter sur Gifi.fr.

MODE DE LIVRAISON & DÉLAIS

Gifi.fr vous livre partout en France métropolitaine

Livraison en magasin Gifi : la plupart de nos magasins offrent ce service [...].

Livraison à domicile Colissimo suivi [...] en 2 jours ouvrés à compter de l'expédition*

* Le délai d'expédition est de 1 à 2 jours ouvrés.

FICHE RESSOURCE

1

ÉTUDIER LA ZONE DE CHALANDISE

I La notion de zone de chalandise

La **zone de chalandise** (ou zone d'attraction) d'un commerce représente l'aire géographique d'où provient l'essentiel de sa clientèle potentielle. Cette aire géographique représente la zone d'influence d'un magasin. Selon les points de vente, la zone de chalandise peut être plus ou moins étendue car certains points de vente ont un fort pouvoir d'attraction et les clients viennent de loin.

EXEMPLE

Une enseigne à forte notoriété comme Ikea, ou bien une boutique très spécialisée dans un domaine, aura un fort pouvoir d'attraction. À l'inverse, un commerce de quartier aura une zone d'attraction très limitée.

II L'intérêt de connaître sa zone de chalandise

L'analyse de la zone de chalandise est utile :
- **lors de l'implantation** d'une unité commerciale nouvelle afin de connaître les besoins des futurs clients et définir l'offre en conséquence ;
- **dans le cas d'une UC existante** afin de percevoir les évolutions de l'environnement et de s'y adapter.

Dans ces deux cas, l'analyse permet de :
- **connaître les besoins des clients** ou futurs clients : les clients ne se comportent pas tous de la même manière et n'ont pas tous les mêmes besoins selon leur emplacement géographique. Les études menées auprès des clients de la zone permettent de définir leurs besoins et leurs attentes et ainsi adapter l'offre produit, les prix et la communication commerciale ;
- **connaître la concurrence** et les politiques commerciales mises en œuvre ;
- **calculer (ou recalculer) le chiffre d'affaires potentiel (CAP)** de l'unité commerciale.

III Les composantes de la zone de chalandise

On considère que la zone de chalandise potentielle est découpée en trois sous-zones plus ou moins éloignées de l'unité commerciale.

Zone primaire	Zone la plus proche autour du point de vente.	C'est de cette zone que proviennent les clients habituels.
Zone secondaire	Zone de compétition dans laquelle l'unité commerciale entre en concurrence avec d'autres magasins.	Le client a le choix.
Zone tertiaire	Zone la plus éloignée de l'unité commerciale.	La probabilité de capter des clients devient plus faible.

La distance de chaque sous-zone par rapport à l'unité commerciale varie d'un commerce à l'autre. Ainsi, la délimitation de la zone de chalandise variera selon qu'il s'agit d'un commerce de proximité, d'une grande surface, d'un magasin spécialisé ou d'une enseigne à forte notoriété. Le client acceptera de prendre plus ou moins de temps pour s'y rendre, en fonction de ses intérêts, ou encore selon le concept développé par le magasin.

FICHE RESSOURCE

2

CONNAÎTRE LES CARACTÉRISTIQUES DE LA ZONE DE CHALANDISE

Avant de tracer sur une carte la zone de chalandise, on commence habituellement par la définir. Pour cela, il est important de collecter des informations sur :
– la clientèle potentielle ;
– les caractéristiques de la zone de chalandise. Voir aussi : **Fiche méthode 4**.

I Collecter des informations sur la clientèle potentielle

La zone de chalandise réelle correspond à la part de clientèle potentielle que l'unité commerciale va réussir à attirer. Deux cas se présentent :
– la collecte d'informations pour les UC déjà créées et qui cherchent à mieux connaître les clients de leur zone ;
– la collecte d'informations pour les UC qui s'implantent et qui veulent découvrir les caractéristiques de leur zone.
Les moyens de la collecte d'informations varient selon le cas.

	Collecte d'informations pour les UC existantes	Collecte d'informations pour les UC qui s'implantent dans une zone
Moyens de collecte	– Enquêtes en sortie de caisse – Analyse des informations reçues lors des créations de carte de fidélité – Analyse des enquêtes clients	Analyse d'études statistiques (Insee, Chambre de commerce et d'industrie, Chambre des métiers…)
Informations recueillies	Caractéristiques des clients de l'UC : – Lieu d'habitation – Sexe – Tranche d'âge – Profession – Habitudes d'achat	Caractéristiques socio-économiques des clients potentiels de la zone : – Tranche d'âge – Sexe – Composition de la famille – Taille du ménage (célibataire/en couple ; avec enfants/sans enfants) – Catégorie socioprofessionnelle (CSP)

II Collecter des informations sur les caractéristiques de la zone de chalandise

Pour compléter le recueil d'informations sur les clients, l'unité commerciale va collecter aussi diverses informations sur les caractéristiques de la zone.

La commune	Prendre en compte l'attractivité de la ville où l'UC est implantée.
La population	Prendre en compte la densité de la population.
La concurrence	Identifier le nombre et la situation des concurrents directs et indirects par rapport à l'unité commerciale. Il peut s'agir aussi de concurrence interne lorsque des UC du même réseau sont implantées dans la zone.
Le niveau d'accessibilité	Mesurer la proximité des axes de circulation, des points d'arrêt de transports collectifs (bus, tramway, métro…).
Les barrières naturelles	Prendre en compte les axes infranchissables (montagne, rivière) ou les barrières psychologiques (passer de la rive gauche à la rive droite d'un fleuve…).
L'attractivité de la zone	Distinguer l'implantation en centre commercial qui, selon sa taille, pourra attirer tout ou partie d'une agglomération – voire d'un département – et l'implantation isolée par exemple.

FICHE RESSOURCE 3

DÉLIMITER ET REPRÉSENTER LA ZONE DE CHALANDISE

Les études menées ont permis de connaître les caractéristiques de la zone de chalandise et des clients. Parmi toutes les données collectées, les codes postaux (dans le cas d'une UC existante), le nombre de clients et/ou le chiffre d'affaires sont utilisés pour délimiter les zones primaire, secondaire et tertiaire de la zone de chalandise, afin de pouvoir ensuite les représenter sous forme de courbes.

I La délimitation de la zone de chalandise

La délimitation de la zone est le résultat d'un calcul de répartition des clients, soit par rapport à leur nombre, soit par rapport au chiffre d'affaires qu'ils procurent à l'UC.

	Concentration de la clientèle	Montant des achats par client
Zone primaire	60 % de la clientèle	60 % du CA total
Zone secondaire	30 % de la clientèle	30 % du CA total
Zone tertiaire	10 % de la clientèle	10 % du CA total

Dans le cas d'une UC existante, ces calculs s'appuient sur les codes postaux et CA par client ayant pu être collectés. **Dans le cas d'une création d'UC,** les données résultent de calculs mathématiques complexes qui ne seront pas abordés ici.

II La représentation de la zone de chalandise

Pour représenter la zone de chalandise, deux solutions sont possibles.

1. Les courbes isométriques

Les courbes isométriques mesurent la distance qui sépare le client de l'unité commerciale à pied ou en voiture. Elles ne tiennent pas compte des conditions de circulation. Elles sont tracées en cercles concentriques autour de l'unité commerciale.

EXEMPLE

Une supérette alimentaire de quartier

Zone tertiaire :
rayon > 1,5 km autour du commerce

Zone secondaire :
rayon jusqu'à 1,5 km autour du commerce

Zone primaire :
rayon jusqu'à 800 m autour du commerce

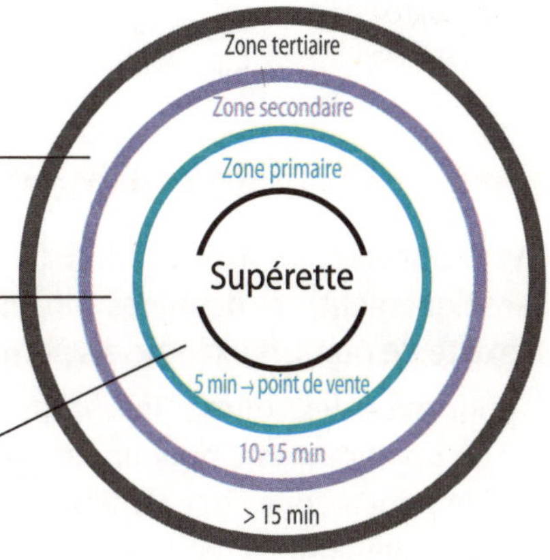

2. Les courbes isochrones

Les courbes isochrones mesurent le temps de parcours nécessaire pour rejoindre l'unité commerciale. Ces courbes devront intégrer les axes routiers, les obstacles géographiques, les projets d'aménagement urbains…

EXEMPLE

Enseigne Darty de Montpellier (sud de la France)

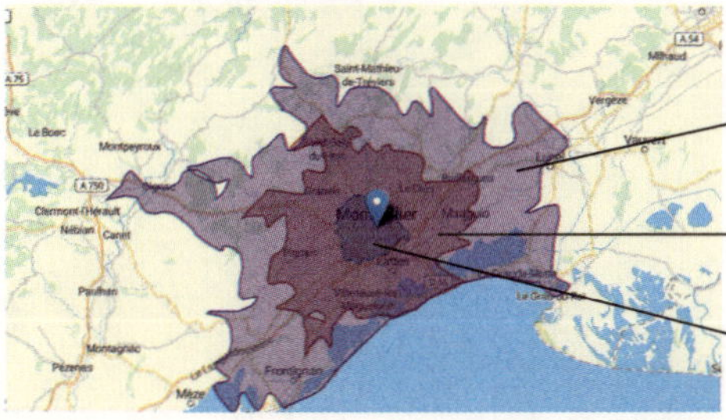

www.smappen.fr/map

Zone tertiaire :
jusqu'à 30 min en voiture

Zone secondaire :
jusqu'à 20 min en voiture

Zone primaire :
jusqu'à 10 min en voiture

FICHE RESSOURCE 4

LE GÉOMARKETING

I La notion de géomarketing

Le **géomarketing** est une technique de marketing qui consiste à croiser des informations démographiques, sociologiques, topographiques et économiques afin de prendre des décisions ou de mener des actions commerciales.

Il repose sur le SIG (Système d'information géographique), qui rassemble différentes bases de données statistiques et géographiques internes à l'unité commerciale (base de données clients) et externes (statistiques de l'Insee, du Credoc...).

EXEMPLE

La chaîne de magasins d'ameublement et produits d'intérieur Nitori s'est dotée du SIG Geoconcept Enterprise pour mener des analyses géomarketing avec ses données clients. Le résultat des analyses lui permet de décider de l'ouverture d'un magasin et de la promotion d'un produit en particulier.

II Les applications du géomarketing

Les applications du géomarketing sont nombreuses sur les plans stratégique et opérationnel.

Le géomarketing stratégique	– Décider du lieu d'implantation d'une UC en fonction de la présence de clients potentiels – Étudier les caractéristiques socio-économiques des clients de la zone de chalandise pour adapter l'offre commerciale de l'UC – Calculer le chiffre d'affaires potentiel d'une zone de chalandise – Adapter les prix au niveau du revenu des clients de la zone de chalandise – Analyser l'accessibilité de l'UC
Le géomarketing opérationnel	– Optimiser la distribution de flyers dans des lieux stratégiques – Envoyer des SMS géolocalisés avec offre promotionnelle lorsque le client passe à proximité de l'UC

III Les logiciels de géomarketing

Avec le développement des TICE (Technologies de l'information et de la communication pour l'enseignement) ces dernières années, le géomarketing a considérablement évolué.

Il existe de nombreux logiciels permettant des applications de géomarketing :

– pour tracer les courbes isochrones (courbe délimitant ou partageant la zone de chalandise d'un point de vente pour un temps de déplacement maximal donné) et isométriques (courbe délimitant la zone de chalandise d'un point de vente en fonction de la distance de déplacement nécessaire pour s'y rendre) ;

EXEMPLES

Les logiciels Owlapps ou Smappen.

– pour aider à l'implantation d'UC ou à des actions de mercatique directe.

EXEMPLE

Le logiciel Géoconcept croise des cartes géographiques IGN avec des études socio-économiques de l'Insee.

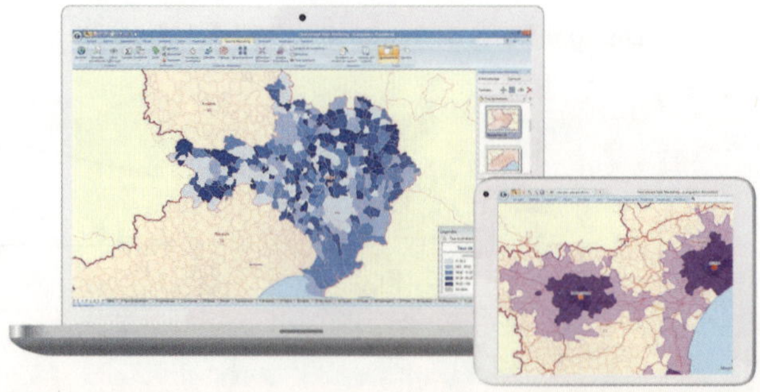

fr.geoconcept.com

FICHE RESSOURCE

5

ÉVALUER LE CHIFFRE D'AFFAIRES POTENTIEL DE LA ZONE DE CHALANDISE

L'étude de la zone de chalandise peut être complétée par le calcul du chiffre d'affaires potentiel (CAP). Le CAP est une prévision des ventes établie par l'unité commerciale en tenant compte du potentiel de la zone de chalandise.

I L'intérêt de calculer le CAP

Le calcul du chiffre d'affaires potentiel correspond au mode de calcul du chiffre d'affaires prévisionnel dans le cas d'une implantation d'une nouvelle unité commerciale dans une zone de chalandise. Il permet aussi de prévoir les ventes potentielles d'un nouveau produit ou d'une nouvelle gamme de produits d'une unité commerciale déjà existante.

II Le calcul du CAP

Le CAP se calcule de la façon suivante :

	Règle de calcul	EXEMPLE Implantation d'une nouvelle UC : M. Marnet souhaite implanter son commerce de textile femme à Palavas-les-Flots ; il calcule son chiffre d'affaires prévisionnel.
	Nombre de foyers	**5 943** foyers
×	Dépense moyenne par foyer d'un produit ou d'une gamme de produits	× **347,50 €** de dépense moyenne textile femme par foyer dans la zone de chalandise
=	**DÉPENSE TOTALE PAR ZONE**	**= 2 065 192,50 € de dépense totale textile femme**
×	IRV(1) ou IDC(2)	**1,04 :** Palavas-les-Flots dépense 4 % de plus que la moyenne nationale dans le textile femme.
=	**DÉPENSE TOTALE RÉVISÉE PAR ZONE**	**= 2 147 800,20 € dépense totale révisée**
–	Évasion(3) vers d'autres zones	– 665 818,06 € de dépenses effectuées par la demande de la zone hors de la zone de chalandise
+	Invasion(4) de la population extérieure	+ 150 346,01 € de dépenses effectuées par des clients hors zone dans la zone de chalandise étudiée
=	**CA TOTAL PAR ZONE**	**= 1 632 328,15 €**
	Taux d'emprise(5) du marché	5 % : part que l'UC souhaite capter
=	**CA PRÉVISIONNEL DE L'UC**	**81 616,40 €**

(1) Indice de richesse vive : permet de corriger une moyenne de richesse nationale fournie par l'Insee pour tenir compte d'une disparité régionale. Si indice > 1, la région bénéficie d'une richesse vive et donc d'un potentiel de consommation par habitant supérieur à la moyenne nationale.

(2) Indice de disparité de consommation : permet de corriger une moyenne de consommation nationale d'un produit pour tenir compte d'une disparité régionale ou locale. Si indice > 1 pour une zone et pour un produit donné, la zone est plus consommatrice du produit que la moyenne.

(3) Évasion : dépenses effectuées par des habitants de la zone de chalandise hors de la zone de chalandise.

(4) Invasion ou attraction : achats réalisés dans la zone de chalandise par des habitants n'en faisant pas partie.

(5) Taux d'emprise : part que l'unité commerciale pourra capter sur le marché ciblé.

FICHE RESSOURCE 6

LA ZONE DE CHALANDISE VIRTUELLE

I La délimitation d'une zone de chalandise virtuelle

1. En principe une zone illimitée

On peut considérer qu'un site marchand détient une zone de chalandise illimitée. En effet, un site est visible dans le monde entier et les clients peuvent acheter depuis n'importe quel endroit. Pour autant, il y a des contraintes pratiques à surmonter pour satisfaire le client devenu ATAWAD : *Any Time, Any Where, Any Device* (n'importe quand, n'importe où, depuis n'importe quel appareil).

2. En pratique une zone restreinte

En pratique, certaines contraintes limitent les zones de chalandise virtuelles.

Le coût trop élevé du transport	Certains e-commerces facturent un coût de livraison proportionnel à la distance (ex. : Alinéa). D'autres frais peuvent s'y ajouter (frais de douane par exemple). Ce coût peut freiner les clients très éloignés.
Les différences culturelles et linguistiques	Si le site n'est pas traduit dans toutes les langues, de nombreux clients n'y prêteront pas attention. Les différences culturelles sont également à prendre en compte. **EXEMPLE** En Chine, les internautes consultent essentiellement sur leur téléphone mobile. Le site doit par conséquent être adapté.
La conversion des devises	Il faut tenir compte de la devise la plus pertinente pour que l'acheteur se sente en confiance, mais l'affichage dans la devise locale est celui qui génèrera le plus de ventes. En revanche, une devise locale peut être risquée en cas de fluctuation des taux.
Les méthodes de paiement	Les sites ne peuvent pas s'adapter à chaque pays. **EXEMPLE** Les clients allemands préfèrent payer leurs achats e-commerce avec iDeal (virements en ligne avec garantie de paiement).
Le référencement du site	Lorsque le site n'a pas d'extension locale, les clients ne se sentent pas en confiance : utiliser l'extension « .uk » pour le Royaume-Uni, « .eu » pour l'Europe, « .be » pour la Belgique ou encore « .es » pour l'Espagne sont idéales pour créer une proximité avec l'audience « locale », à condition que le site soit dans la langue du pays. Ces extensions sont intéressantes, notamment quand on a une boutique en ligne qui a vocation à se développer sur ces zones.

II L'impact d'une situation omnicanale sur la délimitation de la zone de chalandise virtuelle

On parle de ***pure player*** (tout-en-ligne) lorsque l'enseigne exerce son activité exclusivement sur Internet à travers un site Web. Ces entreprises virtuelles n'ont pas de zone de chalandise déterminée : on peut dire que leur zone de chalandise est illimitée ou, à l'inverse, qu'il y a absence de zone de chalandise.

En revanche, la zone de chalandise des enseignes ***click and mortar*** (omnicanal) est influencée par les magasins physiques existants : les clients connaissent l'enseigne, et son organisation logistique existante facilite la livraison (à domicile, en point-relais ou en magasin).

III La mesure pratique de la zone de chalandise virtuelle

Les sites marchands peuvent faire installer un **compteur Xiti** qui permet de mesurer l'audience des sites Internet : trafic sur le site, nombre de clics, mais aussi la géolocalisation de l'internaute… À partir de ces données, ils peuvent définir leur zone de chalandise effective.

Applications

1 Élargir la zone de chalandise

Vous travaillez comme stagiaire au sein de l'épicerie fine « Gourmandises provençales » située dans le Luberon à Fontaine-de-Vaucluse. Cette entreprise commercialise des produits typiques de la région : navettes, tapenade, pistou et pissaladière. Le positionnement est haut de gamme car les produits sont artisanaux et labellisés « AB ».
Le responsable, M. Martin, souhaite étendre sa zone de chalandise en France et à l'étranger, grâce à la création d'un site marchand. Il a passé un accord avec une compagnie de camions qui dessert uniquement les pays frontaliers à la France.

1. D'après le document 1, quelle est la zone de chalandise actuelle de Gourmandises provençales ? Quelle sera sa zone si le responsable décide de vendre ses produits sur Internet ?
2. Afin de s'adapter à chaque pays, il va être nécessaire de proposer des prix qui prennent en compte le niveau de vie local. Votre responsable vous demande de calculer le prix de vente HT de l'assortiment en fonction du revenu moyen des trois pays sélectionnés (document 2).
3. M. Martin n'a aucune expérience en conception de site marchand. Il vous demande d'effectuer une recherche des éléments clés de succès. Vous présenterez votre travail par écrit en organisant les rubriques. Vous conclurez sur vos préconisations pour le futur site marchand.
4. À quelles limites peut être confrontée l'unité commerciale avec l'agrandissement de sa zone de chalandise ?

Document 1 — Répartition du nombre de clients selon leur provenance pour l'année N

Villes	Janv.	Févr.	Mars	Avr.	Mai	Juin	Juill.	Août	Sept.	Oct.	Nov.	Déc.
Fontaine-de-Vaucluse	34	26	45	54	46	36	65	69	51	43	32	78
Isle-sur-la-Sorgue	17	19	22	21	23	19	32	54	41	27	16	58
Lagne	9	21	16	6	14	19	29	32	36	25	13	28
Cabrières-d'Avignon	25	23	34	17	16	17	23	41	17	12	19	29
Autres	34	45	37	41	23	65	81	95	56	43	38	78

Document 2 — Extraits de la base de données pour le calcul des tarifs

Articles	Conditionnement	Prix achat HT	Prix de vente HT
Navette	Paquet de 500 g	5,10	11,50
Tapenade noire	Bocal de 200 g	2,95	5,90
Tapenade verte	Bocal de 200 g	2,90	6,20
Anchoïade	Bocal de 200 g	2,80	6,00
Pistou	Bocal de 200 g	2,80	5,90
Pissaladière	Kit pour 4 personnes	3,60	8,50
	Kit pour 6 personnes	4,20	12,00

Pays	Revenu moyen net
France (base 100)	2 250 €
Espagne	1 997 €
Suisse	4 025 €
Italie	2 225 €

Version numérique disponible (Excel)
liennathan.fr/6s2q5a

2 Calculer le chiffre d'affaires potentiel

Vous souhaitez ouvrir une agence de téléphonie mobile SFR dans le Vaucluse. Vous devez collecter des informations sur les tendances du marché de la téléphonie et sur le marché local avant de prendre votre décision. Dans l'hypothèse où vous décidez d'ouvrir votre agence, vous définirez l'étendue de votre clientèle potentielle.

1 Pour votre implantation, vous hésitez entre la rue de la République et la zone de Fontcouverte. En vous appuyant sur les documents 1 et 2, exposez les avantages et inconvénients de chacune de ces deux zones. Vous conclurez en présentant votre choix.

2 Vous optez pour la rue de la République : calculez le chiffre d'affaires potentiel de votre magasin à partir des informations chiffrées du document 3.

Document 1 Le centre-ville d'Avignon

Le centre-ville d'Avignon, plus particulièrement son centre historique est riche en commerces dont les enseignes nationales [...] largement implantées. Les principales rues commerçantes générant d'importants flux de chalands sont la rue Saint-Agricole, rue des Marchands, rue Galante, place de l'horloge et rue de la République. Cette dernière est la plus fréquentée, elle regroupe le plus grand nombre d'enseignes et notamment 3 locomotives : La Fnac, Monoprix et H&M. Le centre-ville est le pôle représentant le plus grand nombre de commerces.

www.marketing-professionnel.fr

Document 2 La zone de Fontcouverte

Ce pôle d'activités est une zone mixte de 250 entreprises. Elle se situe à l'est d'Avignon.
Avec ses 70 entreprises tertiaires, la zone de Fontcouverte est représentée à 21 % par les entreprises de finance, assurance et immobilier.

La zone d'activité est aujourd'hui desservie par de nombreux moyens de transport publics (bus et tram) qui la relie au centre-ville et même jusqu'à la gare TGV.

www.cci-vaucluse.fr

Document 3 Calculer la zone de chalandise

Éléments d'information pour vous aider à calculer votre zone de chalandise.

Vous espérez toucher la population habitant dans les 20 km autour de votre point de vente.
L'attraction de la zone primaire (de 0 à 5 km) est estimée à 90 %, la zone secondaire (6 à 15 km) à 60 % et la zone tertiaire (16 à 25 km) à 25 %.
Les dépenses annuelles moyennes en téléphonie mobile par personne (hors abonnements) sont estimées à 290 € pour la France entière.

www.marketing-professionnel.fr

Caractéristiques	Zone primaire	Zone secondaire	Zone tertiaire
Nombre d'habitants	15 000	30 000	45 000
Nb personnes/ménage	1,7	1,9	2,2
IDC	1,25	0,69	0,90
Évasion	0,10	0,80	0,30

Informations complémentaires

- Sur la totalité de la zone de chalandise, on peut compter sur une attraction commerciale de 10 %.
- Le CA de la concurrence directe est estimé à 5,5 millions d'euros.
- L'emprise de votre UC est estimée à 10 %.

Version numérique disponible (Excel)
liennathan.fr/48fd8p

3 Calculer le chiffre d'affaires potentiel

Vous effectuez votre stage en tant qu'assistant(e) du responsable du secteur alimentaire du centre commercial Leclerc, route de Tavel, aux Angles. La concurrence à proximité de votre unité commerciale est importante.
Vous êtes chargé(e) d'évaluer le potentiel de votre secteur dans sa zone de chalandise.

1. À l'aide du document 1, évaluez le marché potentiel réel en produits alimentaires de la zone de chalandise de votre unité commerciale.
2. Déterminez le chiffre d'affaires potentiel de votre unité commerciale pour le secteur alimentaire.
3. La surface de vente actuelle de votre unité commerciale est de 4 312 m^2. Un projet d'extension est en cours d'étude (document 2). Quel chiffre d'affaires faudrait-il réaliser en alimentaire pour conserver au moins le même rendement au mètre carré de surface de vente dans votre secteur ? Analysez ces résultats.

Document 1 Informations sur la demande des ménages

Zone de chalandise E.Leclerc	Nombre d'habitants au 1er janvier 2023	Indice de disparité de consommation (*dépenses alimentaires*)	Taux d'emprise estimé de E.Leclerc (*dépenses alimentaires*)
Zone primaire	26 459	103	47 %
Zone secondaire	37 321	101	11 %
Zone tertiaire	29 867	99	3 %

Informations complémentaires
– Nombre moyen de personnes par ménage dans la zone de chalandise : 2,47.
– Dépense moyenne hors taxes en biens alimentaires par ménage par an en France en 2021 : 6 320 €.

Version numérique disponible (Excel)
liennathan.fr/c67am3

Document 2 Projet d'agrandissement de l'unité commerciale E.Leclerc

Version numérique disponible (Excel)
liennathan.fr/c67am3

	Données sur votre UC en 2023	Caractéristiques prévues
Surface vente totale	4 312 m^2	7 205 m^2
dont alimentaire	2 485 m^2	3 593 m^2
CA du magasin E.Leclerc 2023	51 300 000 €	
dont alimentaire	42 000 000 €	

Synthèse

Étudier la zone de chalandise

Étude de la zone de chalandise
La zone de chalandise correspond à l'aire géographique d'où provient l'essentiel de sa clientèle potentielle

Collecter des informations
Pour délimiter la zone et connaître les besoins des clients et clients potentiels
La recherche d'informations porte sur :

Caractéristiques de la zone
Attractivité, densité de population, concurrence, barrières naturelles…

Clientèle potentielle
Caractéristiques des clients de l'UC et caractéristiques socio-économiques des clients potentiels

Zone virtuelle
Dans un contexte omnicanal, délimiter la zone virtuelle et repérer les caractéristiques de la e-clientèle

Délimiter la zone
La zone est découpée en zone primaire, secondaire et tertiaire.
Ces sous-zones sont plus ou moins éloignées selon l'attractivité de l'UC.
Des applications de géomarketing aident à cette délimitation.

Évaluer le potentiel de vente
Calcul du CAP
(*Chiffre d'Affaires Potentiel*)

Mots-clés

Zone de chalandise • Courbe isométrique • Courbe isochrone • Géomarketing • Indice de disparité de consommation (IDC) • Zone primaire • Zone secondaire • Zone tertiaire • Évasion • Indice de richesse vive (IRV) • Attraction • Chiffre d'affaires potentiel • Zone de chalandise virtuelle

TESTEZ-VOUS
liennathan.fr/sx89u4

FICHE MÉTHODE

3

ACTIVITÉ

RÉALISER UNE ÉTUDE DE CONCURRENCE

L'étude de concurrence permet de cerner les forces et faiblesses d'une unité commerciale par rapport à ses concurrents.

Compétence

- Réaliser et exploiter des études commerciales

Savoirs associés

- Les études commerciales

MÉTHODOLOGIE DE L'ACTIVITÉ	ANNEXES À CRÉER ET À JOINDRE AU DOSSIER
ÉTAPE 1 Repérer les concurrents présents sur la zone de chalandise et rechercher des informations sur deux à trois de ces concurrents	1. Carte géographique de la zone (ex. : Google Maps) avec localisation de l'UC, des concurrents directs et des concurrents indirects 2. Fiche d'identité (nom, lieu d'implantation, activité, taille, date d'ouverture, surface…) de chaque concurrent
ÉTAPE 2 Préparer les visites chez les concurrents	3. Grille d'observation multicritères support pour cette étude 4. Scénario client mystère (ex. : achat d'une paire de chaussures) 5. Grille de relevé des prix sur tableur (comparer les prix d'une ou plusieurs gammes de produits)
ÉTAPE 3 Réaliser les visites sur le terrain	6. Grilles d'observation multicritères complétées (pour l'UC et pour les concurrents) 7. Grilles de relevé des prix complétées (pour l'UC et pour les concurrents)
ÉTAPE 4 Comparer les sites Internet	8. Grille d'observation des sites (ergonomie, tunnel d'achat…) de l'UC et des concurrents
ÉTAPE 5 Comparer les réseaux sociaux utilisés	9. Grille d'observation des réseaux (nombre d'abonnés, de publications, de *like*…) utilisés par l'UC et ses concurrents
ÉTAPE 6 Analyser et synthétiser les informations	10. Graphe radar 11. Carte perceptuelle 12. Synthèse des points forts et points faibles de l'UC par rapport aux concurrents 13. Préconisations pour se démarquer des concurrents

Vidéo : La méthodologie commentée
liennathan.fr/os1xq0

FICHE MÉTHODE 4

ACTIVITÉ

RÉALISER UNE ÉTUDE DE LA ZONE DE CHALANDISE

Compétence

- Réaliser et exploiter des études commerciales

Savoirs associés

- Les études commerciales
- La zone de chalandise
- La connaissance du client

MÉTHODOLOGIE DE L'ACTIVITÉ	ANNEXES À CRÉER ET À JOINDRE AU DOSSIER
ÉTAPE 1 – Collecter les codes postaux des clients de l'UC	1. Tableau de relevé des codes postaux (ex. : Excel) auprès d'une centaine de clients
ÉTAPE 2 – Délimiter les zones primaire, secondaire et tertiaire	2. Tableau récapitulatif des trois composantes de la zone de chalandise (regroupement et cumul des codes postaux)
ÉTAPE 3 – Identifier les différentes barrières	3. Synthèse des éventuelles barrières naturelles, des axes de circulation, des barrières psychologiques
ÉTAPE 4 – Identifier les concurrents	4. Carte géographique de la zone (ex. : Google Maps) avec localisation de l'UC, des barrières naturelles, des axes de circulation, des concurrents directs et indirects
ÉTAPE 5 – Tracer la zone de chalandise avec Owlapps	5. Choix argumenté du tracé des trois zones par courbes isochrones ou courbes isométriques 6. Carte du tracé réalisé avec Owlapps
ÉTAPE 6 – Identifier les caractéristiques de chaque zone	7. Présentation pour chaque zone des caractéristiques de la clientèle : CSP, composition des ménages, revenu moyen…
ÉTAPE 7 – Adapter l'offre de l'entreprise	8. Analyse de la cohérence de l'offre de l'UC sur sa zone de chalandise 9. Propositions d'adaptation de l'offre si besoin

Vidéo : La méthodologie commentée
liennathan.fr/vcfhf6

FICHE MÉTHODE 5

ACTIVITÉ

RÉALISER UNE ÉTUDE D'E-RÉPUTATION

Compétence

- Réaliser et exploiter des études commerciales

Savoirs associés

- Les études commerciales

L'e-réputation est l'image positive ou négative d'une unité commerciale sur les différents supports numériques (blogs, sites Internet, forums, réseaux sociaux, sites d'avis de consommateurs…).

MÉTHODOLOGIE DE L'ACTIVITÉ	ANNEXES À CRÉER ET À JOINDRE AU DOSSIER
ÉTAPE 1 – Identifier et analyser le référencement de l'UC sur Google	1. Synthèse du référencement de l'UC sur Google
ÉTAPE 2 – Rechercher, lister et analyser les commentaires sur l'UC sur les réseaux sociaux, les plateformes d'avis en ligne, les blogs et les forums	2. Grille d'observation des commentaires déposés sur les réseaux sociaux, les plateformes d'avis en ligne, les blogs et les forums complétée 3. Synthèse de l'analyse des commentaires
ÉTAPE 3 – Proposer des axes d'amélioration	4. Proposition d'axes d'amélioration pour le référencement de l'UC sur Google et pour son e-réputation

Vidéo : La méthodologie commentée
liennathan.fr/htngdh

FICHE MÉTHODE 6

ACTIVITÉ

RÉALISER UNE ENQUÊTE PAR QUESTIONNAIRE

Compétence

- Réaliser et exploiter des études commerciales

Savoirs associés

- La relation commerciale
- Les études commerciales
- La connaissance du client

La réalisation d'enquêtes consiste à interroger des clients ou des prospects afin de se faire une idée précise de leur ressenti envers l'enseigne.

MÉTHODOLOGIE DE L'ACTIVITÉ	ANNEXES À CRÉER ET À JOINDRE AU DOSSIER
ÉTAPE 1 Fixer les objectifs de l'enquête	1. Explication du type d'enquête concerné (satisfaction de clientèle, notoriété…)
ÉTAPE 2 Déterminer la méthode de sondage	2. Choix de la méthode (probabiliste ou non) argumenté
ÉTAPE 3 Déterminer la méthode d'administration de l'enquête	3. Présentation des avantages et inconvénients de chaque possibilité (face à face, en ligne, téléphone…) et raisons du choix pour l'enquête
ÉTAPE 4 Déterminer la taille de l'échantillon à partir d'un budget	4. Explication de la construction de l'échantillon et détails du calcul de sa taille
ÉTAPE 5 Construire le questionnaire	5. Justification du choix du type de questions 6. Présentation du questionnaire primitif (environ quinze questions) 7. Description du test du questionnaire 8. Présentation du questionnaire définitif 9. Justification du choix du logiciel utilisé
ÉTAPE 6 Administrer l'enquête	10. Présentation de la technique d'administration (+ fiche de quotas ou planning d'administration, le cas échéant)
ÉTAPE 7 Dépouiller le questionnaire	11. Présentation des tris à plat 12. Présentation des tris croisés
ÉTAPE 8 Analyser les résultats	13. Commentaires des principaux résultats 14. Propositions d'axes d'amélioration

Vidéo : La méthodologie commentée
liennathan.fr/c6zm64

CHAPITRE 6

Adapter la relation commerciale à un contexte omnicanal

Contexte professionnel

Compétence
Vendre dans un contexte omnicanal

Savoir associé
La relation commerciale

Vers PIX
1.1. Mener une recherche et une veille d'information
1.2. Gérer des données
1.3. Traiter des données

Nom : Darty (franchise)
Adresse : zone industrielle Espace de la Motte, rue Robert-Fontenesse, Vesoul (70)
Type d'UC : grande surface spécialisée
Offre commerciale : électroménager et multimédia
Effectif : 6 salariés

L'enseigne Darty, créée en 1957 par les frères Darty, dispose aujourd'hui d'un réseau de 350 magasins en France, dont 132 franchises et 218 magasins intégrés. La stratégie marketing de Darty repose depuis 1973 sur le « contrat de confiance », qui garantit les prix bas, le choix et la qualité du service. Dès 1999, l'enseigne ouvre son site marchand Darty.com.
En 2016, le groupe Fnac rachète Darty et mutualise ainsi un parc de 510 magasins en France et continue sa mutation vers un modèle omnicanal où magasins physique et virtuel interagissent.
Le magasin Darty de Vesoul, en Haute-Marne, a ouvert en 2012. Sous franchise avec l'enseigne Darty, il propose, sur une surface de 850 m², l'offre électroménager, multimédia et télévision.

Votre rôle

Titulaire d'un BTS MCO, vous êtes manageur adjoint du magasin Darty de Vesoul. Vous réalisez une enquête auprès des clients pour analyser l'évolution de leur comportement et proposer des actions adaptées afin d'améliorer la relation commerciale.

Vos objectifs

I Comprendre les enjeux de la relation commerciale

Pour améliorer la relation commerciale au sein de votre unité commerciale, vous réalisez dans un premier temps une enquête auprès des clients, qui vous permettra d'analyser leur comportement d'achat.

1. À partir des résultats de votre enquête, montrez à votre manageur que les clients sont de plus en plus exigeants, informés et volatils. — Fiche ressource 1 ; Annexes 1 et 2
2. Dans ce contexte, essayez de convaincre votre responsable que la relation commerciale au sein de votre magasin est devenue un véritable enjeu.
3. Listez toutes les actions déjà mises en place par le réseau Darty pour améliorer la relation client. — Annexe 3

II Améliorer la relation commerciale

Cette enquête client a révélé une insatisfaction sur la qualité de l'accueil et sur le manque de clarté dans la présentation des produits au sein du magasin Darty Vesoul. Le manageur vous demande d'améliorer la relation commerciale avec le client, au moment de son arrivée et lors de son parcours dans l'UC.

4. Vous recherchez des pistes d'amélioration de l'accueil ; pour cela, vous listez les actions menées par d'autres unités commerciales. Aidez-vous des annexes et d'une recherche documentaire complémentaire. — Fiche ressource 2 ; Annexes 4 et 5
5. Proposez des idées pour améliorer l'accueil client physique.
6. Proposez un réagencement de la surface de vente en vue de faciliter le parcours client. — Annexe 6
7. Créez un petit jeu sous forme de quizz vrai/faux adapté à Darty, que vous proposerez à l'équipe des vendeurs pour leur rappeler la législation sur les ventes interdites et les ventes réglementées. — Fiche ressource 3

III Améliorer la gestion de la relation client

Pour améliorer la gestion de la relation client, vous proposez aux vendeurs une formation sur l'utilisation du logiciel de CRM pendant la vente.

8. Montrez aux vendeurs comment orienter l'offre produit à partir de l'historique d'achat des clients. — Fiche ressource 4 ; Annexe 7
9. Expliquez aux vendeurs à quels types de clients il est pertinent de proposer une extension de garantie.
10. Expliquez aux vendeurs pourquoi il est important de tenir compte du degré de fidélisation noté sur la fiche client lors de la vente conseil.
11. Précisez aux vendeurs l'utilité du CRM mutualisé et centralisé de l'enseigne pour votre magasin Darty. — Annexe 8

Votre dossier

Annexe 1 — Résultats de l'enquête de satisfaction Darty Vesoul (extraits)*

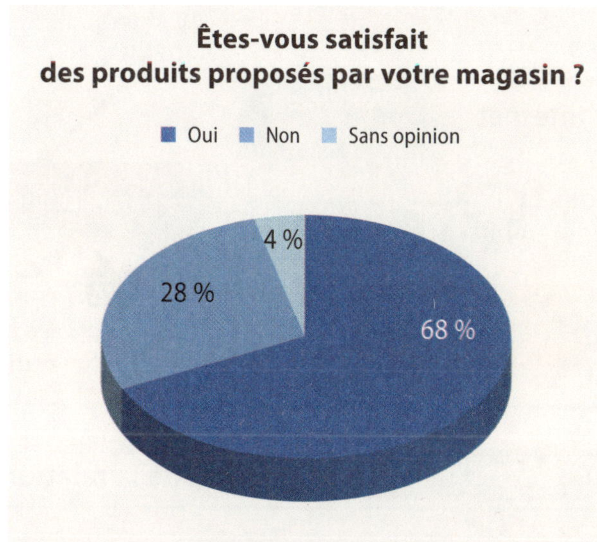

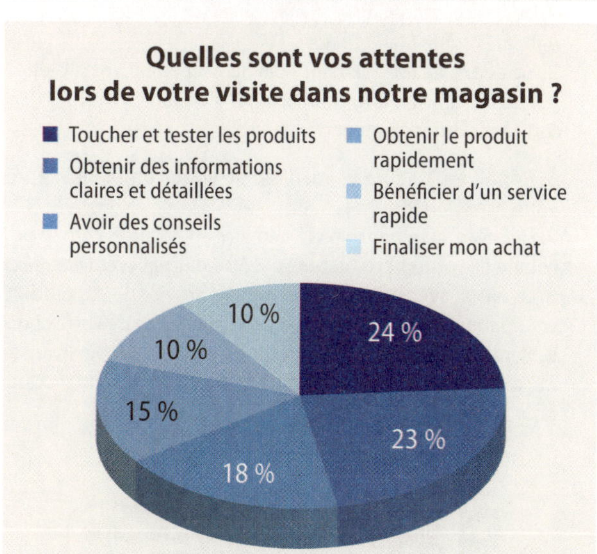

À la question : « ***Qu'est-ce qui est le plus important pour vous lorsque vous choisissez un magasin plutôt qu'un autre ?*** », 70 % des clients ont répondu : « ***La confiance*** ».
À la question : « ***Pourquoi consultez-vous le site ?*** », 80 % des clients ont répondu : « ***Pour me renseigner sur les produits et pour pouvoir les comparer*** ».
À la question : « ***Seriez-vous prêt à changer vos habitudes d'achat si un nouveau magasin vous proposait des produits moins chers et de meilleure qualité ?*** », 95 % ont répondu « ***oui*** ».

* Enquête fictive, imaginée pour des raisons pédagogiques.

Annexe 2 — Le comportement du consommateur dans l'électroménager

Dans l'analyse du parcours d'achat (schéma ci-après), on constate que le consommateur va utiliser tous les moyens d'information pour arrêter son choix. Et, bien entendu, le digital est le point de départ avec évidemment Google, mais aussi des sites de marques, enseignes, journaux… Car ce ne sont pas moins de quatre sites qu'il consultera pour se faire une idée, avec en prime l'avis des autres consommateurs. La prise en main du produit, qu'elle se consulte en ligne ou en magasin, reste aussi une information essentielle. Quant aux vendeurs, ils doivent donc – mais ce n'est plus une surprise – s'attendre à recevoir des clients déjà bien informés et qui viendront soit pour être assurés (ou rassurés) dans leur choix, soit pour poser une ultime question.

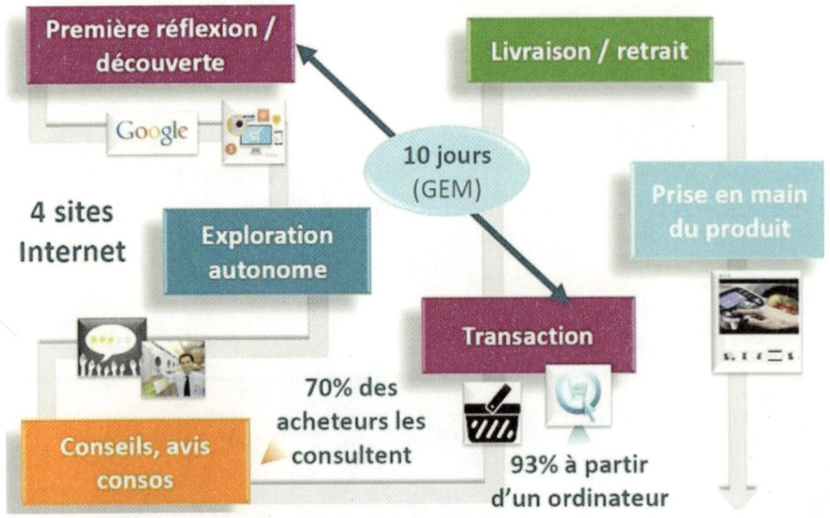

www.neomag.fr

Annexe 3 — La gestion de la relation client chez Darty

Les différentes possibilités offertes par le *Contrat de confiance* Darty

1. Remboursement de la différence en carte-cadeau Darty si vous trouvez moins cher ailleurs (hors achats […] sur la Marketplace). **2.** Des prix bas identiques en magasin et sur internet (hors achats effectués sur la Marketplace). **3.** Solutions de financement pour accompagner vos projets. **4.** Rachat de votre ancien smartphone ou tablette. **5.** 15 jours pour changer d'avis.	**10.** Information sur les nouveautés, nos experts en magasin vous guident dans l'achat et l'installation de vos produits. **11.** Conseils d'entretien et d'usage sur internet grâce à la communauté SAV. **12.** Assistance téléphonique disponible 24 heures/7 jours.
6. Retrait en 1 heure en magasin de votre commande, après votre achat sur Internet. **7.** Livraison sur rendez-vous à domicile en 2 heures chrono ou à l'heure de votre choix. Gratuite dès 30 € d'achat avec Darty Max. **8.** Livraison avec installation et mise en service de vos produits volumineux par nos livreurs Darty dans la pièce de votre choix. **9.** Reprise gratuite de vos anciens produits lors de la livraison Darty. Collecte en magasin de tous vos anciens petits produits pour recyclage.	**13.** Informations transparentes pour vous aider à choisir les produits les plus fiables et les plus durables : le choix durable, le baromètre SAV, l'indice de réparabilité. **14.** Entretien et réparation de vos produits même après la garantie, achetés chez Darty ou ailleurs, avec votre abonnement Darty Max pour vos appareils électroménagers et multimédias. Réparation express de votre smartphone avec WeFix. **15.** Intervention possible en 24 heures à domicile pour vos produits volumineux en panne.

Vidéo : Le bouton Darty, Darty visio-assistance – Les Présidents
liennathan.fr/za3n79

Vidéo : Achats sur Internet : contactez un vendeur en visio – France Info
liennathan.fr/i9n6c5

Annexe 4 — Quand l'e-commerce améliore l'accueil physique en magasin

[…] Bien que variables en fonction des enseignes, des différences de services (ou de niveau de services) entre canaux existent : par exemple, le retour d'un produit en magasin peut être refusé si le produit a été acheté sur le site Internet ; ou encore, l'e-commerce offre des modes de paiement qui n'existent pas en magasin. Or, même si l'on reconnaît la complémentarité des canaux, chaque canal doit individuellement offrir une expérience optimisée pour ne pas contraindre le client ni dégrader son expérience. […]

Du *remodeling* de l'existant à la création de nouveaux concepts, les projets fleurissent pour intégrer les exigences omnicanales, tout en s'inspirant des points forts de l'e-commerce pour enrichir l'expérience : autonomisation du parcours client (« *scan & go* »), paiement simplifié (ex. : *1-click*), informations riches sur les produits, recherche d'un article dans le magasin (localisation *in-store*), réduction (voire disparition) des espaces d'encaissement…

P.-A. Yog (directeur chez PW Consultants), T. Leblond (directeur du pôle monétique et moyens de paiement chez PW Consultants) et J.-Ch. Marboutin (associé chez Bartle), « L'avenir du parcours d'achat : le meilleur de l'e-commerce en magasin, et réciproquement ! », www.ecommercemag.fr, 16 mai 2022.

Annexe 5 — Leroy Merlin, l'expérience client omnicanale

Le spécialiste du bricolage et de la déco a pensé son magasin parisien du quartier de la Madeleine par espaces de vie. L'enseigne a construit son storytelling tout du long des rayons. Des tablettes sont mises à disposition dans l'ensemble du parcours d'achat pour permettre aux consommateurs de découvrir l'étendue des produits disponibles, avec des avis clients et, au besoin, un employé se tient à disposition pour toutes demandes complémentaires. À tout moment, l'enseigne invite ses consommateurs à laisser un avis sur le produit de leur choix. Objectif ? Fédérer en toute transparence et instantanément. Le paiement peut se faire via des caisses automatiques, une caisse standard ou paiement coupe-file, pour les plus pressés. À partir de 50 euros d'achat, un service de livraison à domicile est proposé, et au besoin de montage. Le petit plus ? Un service de taxis en caisse peut vous être proposé, sans que vous ayez besoin de dégainer votre téléphone et de vous connecter à Uber.

Dalila Bouaziz, « 5 tendances qui bousculent les codes du *retail* physique », www.ecommercemag.fr, 7 février 2022.

Annexe 6 — Plan du magasin Darty Vesoul*

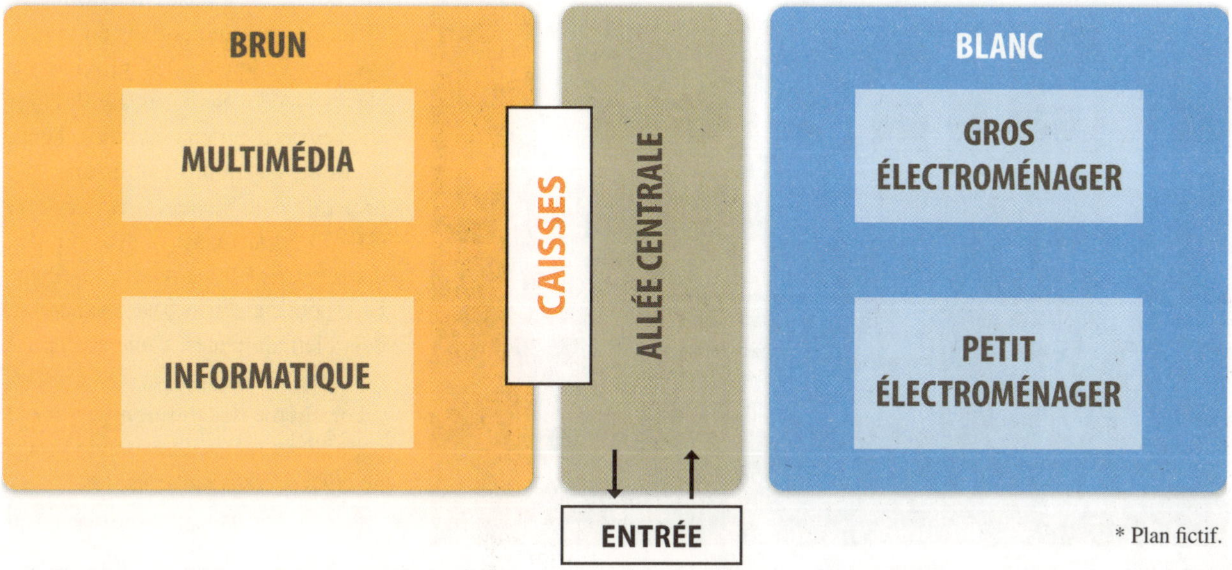

* Plan fictif.

Annexe 7 — Saisie écran du logiciel de CRM chez Darty*

Civilité	Madame	**Téléphone**	03 12 85 97 66
Nom	Simon	**Mobile**	07 89 45 61 97
Prénom	Florence	**Email**	Flo.simon@laposte.net
Adresse	31 avenue de Marignan	**Code Postal**	52000
Complément		**Ville**	Vesoul
Date inscription site Darty.com	15/03/2017	**Typologie client :**	Occasionnel ☐ Zappeur ☐ Fidèle ✓
Date de naissance (anniversaire)	21/01/1978		

Historique achats

Date	Produits	Chiffre d'affaires	UC	Extension de garantie
17/03/2015	Sèche-cheveux Babyliss 6610De	78 €	Darty Vesoul	Non
30/09/2018	Téléviseur Samsung	1 200 €	Darty Vesoul	Oui
22/04/2019	Réfrigérateur Samsung	899 €	Darty Vesoul	Oui
02/08/2022	Smartphone Samsung Galaxy 6+	340 €	Darty Vesoul	Oui

Wishlist (1)

Produits	Prix	Achat	
Robot Multifonction KENWOKK MULTIPRO FDP64551	139,99	☐	Darty.com
Robot Multifonction MAGIMIX MINI+ 18250	144,26	☐	Darty.com
Robot Multifonction MOULINEX FP822100	149,99	☐	Darty.com

(1) *Wishlist : liste des produits repérés sur Internet mais non encore achetés.*

* Écran fictif, imaginé pour le cas pédagogique.

Annexe 8 — La mutualisation des données clients Fnac/Darty

Dans un e-mail adressé à leurs clients, la Fnac et Darty demandent à leurs clients leur accord pour mutualiser leur base de données CRM.

C'était l'une des synergies attendues, elle n'aura pas tardé. Quelques semaines après l'accord de l'Autorité de la concurrence du rachat de Darty par la Fnac, et une semaine à peine après une nouvelle identité graphique, le groupe Fnac-Darty a envoyé un e-mail à ses clients, afin de leur demander leur accord pour mutualiser les bases de données. Objectif : rassembler dans un unique système de données les informations clients des deux enseignes, afin de cibler au mieux et d'enrichir ses bases clients. La Fnac, en train d'établir un vaste projet de *data management platform* (DMP), pourra ainsi profiter des données CRM de Darty, et inversement. Utile pour enrichir sa base d'adhérents, déjà bien alimentée. Cette entreprise profitera notamment aux deux sites e-commerce des enseignes, qui ont par ailleurs toutes deux pris le virage du *click & collect* avec succès.

E. Gavard, www.strategies.fr

FICHE RESSOURCE 1

COMPRENDRE L'ÉVOLUTION DE LA RELATION COMMERCIALE

Le comportement des consommateurs a évolué ces dernières années. La relation commerciale s'y adapte et change au quotidien. Elle est aujourd'hui au centre des préoccupations, des besoins et des désirs du client.

I La notion de relation commerciale

La relation commerciale comprend l'ensemble des échanges et contacts entre un client et une unité commerciale. Elle peut être :

– **à l'initiative du client** : on parle de « relation commerciale physique » lorsque le client se rend dans l'unité commerciale, ou de « relation virtuelle » lorsqu'il visite le site e-commerce ;
– **à l'initiative de l'UC** qui prend contact avec le client (publipostage, invitation à des promotions…).

II Les enjeux de la relation commerciale

La connaissance client	La conquête client	La satisfaction et la fidélisation
• Personnaliser la relation commerciale • Instaurer une relation de confiance, personnaliser l'offre	• Identification de la demande potentielle • Développement du portefeuille client	• Consolidation la relation commerciale • Développement des ventes des clients actuels • Réduction de l'attrition (perte de clientèle) • Reconquête des clients perdus

III L'évolution de la relation commerciale

1. L'évolution du comportement des consommateurs

L'accès facilité à l'information permet au consommateur de rechercher le meilleur rapport qualité/prix et la rapidité pour ses achats. Aspirant à une relation personnalisée et de confiance, il est aussi volatil, se tournant rapidement vers d'autres offres, au gré d'une consommation plaisir ou immédiate et d'une expérience d'achat attractive.

De plus en plus actif dans son rapport avec les marques, le consommateur devient le média, le détracteur, l'influenceur : 80 % des Français se renseignent en ligne avant d'acheter et, pour 88 % d'entre eux, les avis clients peuvent les dissuader de réaliser l'achat (source IFOP).

2. La relation commerciale s'est adaptée

La relation commerciale s'adapte à cette évolution et s'envisage aujourd'hui comme une véritable relation de service, permettant une proposition globale de résolution du problème que connaît le client. Le client se sent reconnu au travers d'une interaction qui devient :

– **permanente** : la multiplication des canaux d'interaction numériques libère la relation commerciale des contraintes d'espace et de temps qui caractérisent l'unité commerciale physique ;
– **omnicanale** : la relation commerciale s'adapte au modèle omnicanal des ventes avec une continuité et une homogénéité de la relation, quels que soient les canaux de contact (ex. : le compte du client est consultable indifféremment en ligne ou en magasin) ;
– **personnalisable** : les multiples contacts avec le client permettent de connaître précisément son profil et de personnaliser la relation commerciale ;
– **responsable** : personnalisée, la relation commerciale peut répondre aux attentes d'éthique (environnement, responsabilité sociale, traçabilité) et/ou d'émotions des clients.

IV Digitalisation de la relation commerciale

La relation commerciale ne se limite plus à des interactions physiques en face à face ou via les moyens traditionnels de communication. Elle se développe désormais prioritairement *via* les différents canaux numériques mis en place par les marques : réseaux sociaux, applications, sites, blogs… L'unité commerciale physique participe à cette évolution. Grâce aux nouveaux outils technologiques, l'expérience de consommation dans le magasin devient à la fois physique et virtuelle : étiquettes électroniques avec contenus enrichis (stocks, tutoriels, produits associés, avis clients), bornes interactives d'information et de commandes, tablettes vendeurs….

FICHE RESSOURCE

2

LES COMPOSANTES DE LA RELATION COMMERCIALE ET LA VARIÉTÉ DES CONTACTS COMMERCIAUX

I Les composantes de la relation commerciale

La relation commerciale est composée de plusieurs étapes au fil du cycle de vie du client :
– **l'avant-vente** : la relation commerciale commence avec la perception par le client du produit, de la marque ou de l'unité commerciale. Lors de la visite du client au sein de l'unité commerciale (physique ou virtuelle), l'enseigne organise avec soin l'accueil du client, son orientation dans l'unité commerciale et l'information disponible sur les produits, les conditions d'achat et le service après-vente ;
– **la vente** : le vendeur conseille et propose au client la solution optimale adaptée à son besoin ;
– **l'après-vente** : la qualité des échanges après-vente avec le client influence son niveau de satisfaction et sa fidélisation. L'après-vente comprend l'ensemble des échanges assurant le suivi de la vente et celui du client ;
– **la gestion de la relation client** : en interne, l'unité commerciale organise la collecte, la conservation et l'analyse de l'information client.

II Les modes de contact commercial

Le contact direct	Le face à face	Le contact est effectué en face-à-face sur le point de vente, lors des salons, foires…
Le contact à distance	Le contact téléphonique	Le contact s'établit à l'initiative du client ou du vendeur (accueil téléphonique, hotline, *call center*, serveur vocal…)
	Le contact écrit	Publicité, courrier, enquête…
	Le contact électronique	Formulaire de contact, *newsletter*, aide en ligne, réseaux sociaux…

III Les différents moyens de contact commercial

Contact	UC physique	UC virtuelle
À l'arrivée dans l'UC ou lors de la connexion sur le site marchand	• Implantation, abord de l'UC, devanture, vitrine, *showroom* • Aménagement intérieur, signalétique • Netteté, propreté • Équipement • Ambiance • Mise en valeur de l'offre	• Page d'accueil du site • Ergonomie du site • Signalétique, rubriques, lien hypertexte • Esthétique du site, présentation des produits
Lors de la vente	• Vendeur • Autres contacts : technicien, hôte de caisse	• Téléacteur, téléconseiller par tchat, téléphone ou mail • Aide en ligne, avis des consommateurs
Lors de la prestation de services associés	• Livraison • SAV	
Lors de la communication commerciale	• ILV (Information sur le lieu de vente) • Borne interactive • Portes ouvertes, soirée privée • *Flyer*, catalogue, prospectus, affichage • Mercatique directe : publipostage, *newsletter*	
Lors du suivi de la relation commerciale	• Appel téléphonique, serveur vocal, *hotline* • E-mail • Enquête de satisfaction	

FICHE RESSOURCE 3

LES MÉTHODES DE VENTE ET LEUR RÉGLEMENTATION

I La relation commerciale selon les méthodes de vente

En fonction des différentes méthodes de vente selon le type de produit, la vente conduit à une relation plus ou moins étroite avec le client.

Vente-conseil	Vente en face à face	Le client se rend sur le lieu de vente. Le vendeur a un rôle actif.
	Vente sur les marchés, en foire, en salon	Le vendeur se déplace sur les lieux de manifestation commerciale.
	Vente par représentant	Le vendeur se rend chez le prospect ou client (vente en B to B, vente directe)
	Vente avec conseil dédié	Le vendeur est spécifiquement dédié au client du fait de la spécificité du client, du produit ou du processus de vente (ex. : assurance).
Vente en libre-service	Vente en libre-service	Le client choisit seul son produit sans information complémentaire (ex : grande distribution).
	Vente par distributeur automatique	Le client est autonome ; cette vente se fait généralement sur des lieux de passage (ex. : distributeur de boissons).
Vente à distance	Vente par téléphone	La vente peut être à l'initiative de l'entreprise (campagne d'appels) ou du client.
	Vente par catalogue ou par annonce de presse	Le client reçoit l'offre et retourne le bon de commande ou la valide à distance (téléphone, e-mail).
	Vente en ligne	Le client se connecte au site marchand, il achète en ligne. Il peut être assisté par tchat, mail ou *hotline*.

II La réglementation des ventes

De manière générale, le prix de tout produit doit être affiché de manière visible, et tous frais complémentaires doivent être indiqués. Une réduction de prix nécessite un double marquage : prix de référence et prix réduit. Une publicité sur une réduction de prix doit informer précisément le consommateur (montant, produit, période, conditions).

Les ventes réglementées	Liquidation	Écoulement des stocks suite à cessation d'activité, travaux… sur autorisation après déclaration préalable auprès de la mairie.
	Vente au déballage	Vente sur lieu non dédiés, sur autorisation préalable de la mairie **EXEMPLE :** vide-grenier, braderie.
	Soldes	Périodes fixées par décret.
	Vente à distance	Droit de rétractation de 14 jours, étapes de la vente, double-clic (confirmation panier), mail de confirmation, délai de livraison.
Les ventes illicites	Vente subordonnée	Interdiction de la vente d'un produit subordonnée à l'achat d'une quantité imposée ou à l'achat d'un autre produit (vente conditionnelle, vente par lot, vente par quantité imposée). **EXEMPLE :** assurance payante obligatoire à l'achat d'un autre produit.
	Vente par envoi forcé	Vente consistant à envoyer un produit sans demande préalable du client en réclamant soit le renvoi, soit le paiement. **EXEMPLE :** recevoir un autre produit avec une commande Internet.
	Vente « boule de neige »	Fait d'offrir des produits à titre gratuit ou avec une remise inférieure à la valeur réelle du produit à condition d'adhérer, de s'inscrire ou de placer des bons ou tickets à des tiers. Cette vente est interdite. **EXEMPLE :** offrir un ordinateur à un client si celui-ci trouve cinq nouveaux acheteurs.
	Vente avec prime	Les ventes donnant droit à titre gratuit à une prime (produit, service) sont licites à condition de ne pas être une pratique déloyale ou trompeuse qui modifie le comportement du consommateur. **EXEMPLE :** une prime a été promise mais n'est pas remise.

LA GESTION DE LA RELATION CLIENT (GRC) OU *CUSTOMER RELATIONSHIP MANAGEMENT* (CRM)

La GRC correspond à l'ensemble des outils et techniques utilisés pour collecter, traiter et analyser les informations clients, en vue d'élaborer des plans d'actions de conquête ou de fidélisation client. Voir aussi : **Fiche méthode 8**.

I GRC et marketing relationnel

Jusque dans les années 1970, la relation commerciale s'organisait dans le cadre d'un marketing transactionnel, c'est-à-dire centré sur l'acte de vente et qui comportait rarement un suivi de la relation. Aujourd'hui, la relation commerciale est devenue une véritable relation de service (voir Fiche ressource 1). Elle s'organise dans le cadre plus large d'un marketing dit « relationnel ».
Le marketing relationnel est un ensemble d'actions dont l'objectif est de maintenir une relation continue, personnalisée, durable et renforcée avec les clients afin de les fidéliser. Dans ce cas, le consommateur doit être placé au centre de la démarche marketing et l'enseigne met en œuvre pour cela une véritable gestion de la relation.
Ainsi, la GRC est incontournable aujourd'hui pour maintenir et développer le portefeuille clients, développer cette relation personnalisée et se distinguer de la concurrence. Elle est facilitée par de nombreux outils informatiques.

II Les outils de la GRC

1. L'organisation de la GRC

La GRC s'organise autour de deux principes :

Le processus organisationnel	Le processus technologique
L'ensemble de l'organisation est axé autour du client pour assurer sa satisfaction. Les informations client sont centralisées, mises à jour, facilement disponibles et partagées entre les unités commerciales.	La GRC suppose l'utilisation d'outils technologiques afin d'automatiser le processus de communication avec le client.

2. Les apports des logiciels de GRC

Les logiciels de GRC permettent de :
– collecter et consulter les informations clients à tout moment et par tous les canaux ;

EXEMPLE

Uniqlo, enseigne de vêtements, utilise un wi-fi « intelligent » qui identifie le client et collecte des informations *via* son smartphone lors de son passage en magasin.

– suivre de manière automatisée le parcours client pour identifier son appétence, instaurer un véritable dialogue et personnaliser la relation ;
– effectuer une communication ciblée vers un client ou un groupe de clients ;
– fidéliser le client : cartes de fidélité automatisées, gestion des points fidélité et avantages ;
– automatiser les actions marketing à partir d'une action client (achat) ou d'un événement (anniversaire par exemple).

Les données sont stockées dans une base de données structurée intégrée au logiciel (*datawarehouse*). Elles facilitent la sélection des clients à cibler (segmentation) et l'analyse du comportement client (*datamining*). L'automatisation est rendue nécessaire par la taille des données collectées (*Big Data*). Afin d'améliorer le traitement des données de masse, des techniques sont mises en place pour trier et extraire les données réellement pertinentes et exploitables (*Smart Data*).

3. Les logiciels de GRC à disposition des entreprises

Les logiciels de GRC les plus utilisés aujourd'hui sont : Salesforce, Sellsy CRM & Support client, Microsoft Dynamics CRM, et le logiciel GRC intégré à la suite Office.
Certaines unités commerciales ont leur propre logiciel de GRC créé spécifiquement pour leur activité.

Applications

1 Développer une relation commerciale omnicanale

TopRun est un magasin spécialisé dans la vente d'articles pour la course à pied et le trail, et qui bénéficie d'une bonne notoriété locale. Situé en centre-ville, le magasin dispose d'une surface de vente de moins de 120 m². Les clients sont fidélisés grâce à une carte de fidélité et à des ventes privées. Les invitations sont envoyées par courrier. Le gérant, M. Fitoussi, souhaite développer son activité sans pour autant augmenter sa surface de vente. Il envisage de s'associer à un réseau de magasins en France. Après quelques recherches, il opte pour l'affiliation à l'enseigne « Terre de Runners ». Responsable du rayon Chaussures, vous assistez M. Fitoussi dans l'étude du projet.

1. Quels sont les différents types de contact commercial mis en place jusqu'à présent dans le magasin TopRun ?
2. Listez pour votre gérant les modes de contact apportés par le réseau Terre de Runners (document 1).
3. Concevez une présentation rappelant à M. Fitoussi les méthodes de marketing relationnel qui pourraient être développées grâce à cette adhésion (document 2).

Document 1 Le réseau Terre de Runners

Document 2 Devenez affilié au sein de notre groupement

Terre de Running et vous, une histoire d'envie, de valeurs, de passion et de réussite !

Rejoindre le groupement Terre de Running, c'est adhérer à la philosophie et à l'ADN de l'enseigne dans un esprit dynamique avec pour chaque partenaire : la liberté comme valeur, la variété comme richesse, l'expérience comme promesse et la passion comme moteur.

Devenir affilié, c'est écrire et construire ensemble une histoire avec les clients autour d'expériences, de conseils, de rencontres et d'échanges.

Pour cela, nous mettons à votre disposition une notoriété, une image de marque et un panel d'outils efficaces parmi lesquels :

- **une centrale apportant sélection et référencement, achat, marketing et communication ;**
- **un pack d'entrée comprenant entre autres un kit complet d'analyse de foulée par vidéo ;**
- **un concept d'agencement magasin ;**
- **des outils en *back-* et *front-office* : une mutualisation des bases de données, une ambiance, un parcours d'achat, etc. ;**
- **des opérations de communication et promotionnelles.**

Par ces moyens, nous souhaitons susciter l'envie chez nos clients afin de les fidéliser, en s'engageant à valoriser une communauté.

www.terrederunning.com

Applications

2 Maîtriser la relation commerciale omnicanale

Ikea, c'est 34 magasins en France, un site de vente en ligne et un large panel de services proposés en magasin, sur le site Internet et via des applications mobiles. « L'objectif est de laisser aux clients le choix d'acheter quand ils veulent, comme ils veulent et où ils veulent. [...] Chaque visite en magasin est l'occasion d'une expérience ou d'une découverte nouvelle, que ce soit au travers des produits, des ateliers ou conférences ou encore de notre offre de restauration », explique la directrice marketing d'Ikea France. Récemment embauché(e) chez Ikea, vous prenez votre poste au rayon « Mobilier et accessoires d'extérieur ».

1. Listez les outils proposés par Ikea afin d'assurer une relation client omnicanale et dynamiser le point de vente.
2. Lors de l'accueil de Mme Guillemet, identifiez les éléments de l'avant-vente vécus par la cliente.
3. Conseillez Mme Guillemet dans son achat en tenant compte des informations en votre possession. Quels outils pouvez-vous utiliser lors de votre vente ?
4. En quoi le déroulement de votre vente permet-il une vision client à 360 degrés ?

Document 1 Les outils omnicanals du vendeur Ikea

Focus sur le magasin Ikea parisien de la Madeleine : 5 400 m² sur deux niveaux, 1 500 références immédiatement disponibles, tout le reste de l'assortiment accessible en ligne.

Une tablette et un smartphone pour chaque collaborateur

[...] « La tablette permet au collaborateur d'aller à la rencontre du client de manière proactive, et de montrer les différentes possibilités que le client peut avoir par rapport aux différents produits [...]. Cela permet également d'envoyer directement un [...] devis que le client pourra récupérer ensuite à son domicile puis passer sa commande depuis chez lui ou retourner en magasin [...] », explique [...] la directrice. [...] Quant au smartphone, « cela permet [...] d'être joint plus facilement, mais aussi d'aller sur l'application Ikea.fr, de montrer au client comment se rendre sur le site et commander » [...].

Fluidifier le parcours client

Pour les clients plus « indépendants », la recherche de produits passe également par des écrans tactiles implantés dans différents espaces du magasin, sur lesquels les clients peuvent balayer l'ensemble de l'offre Ikea et commander directement depuis le magasin. [...] Le paiement passera alors via le smartphone du client. Plus de lignes de caisses traditionnelles [...] : 22 caisses automatiques. Sur chaque point de rencontre – c'est-à-dire où le client et le collaborateur peuvent s'asseoir ensemble –, les vendeurs [peuvent] [...] encaisser directement le client via leur ordinateur. [...]

Une application de recommandation produit

[...] Via cette application [Interiör], « le client va pouvoir rentrer ses styles, ses envies et son besoin. En agrémentant toute cette base de données, l'intelligence artificielle va lui faire des propositions de produits », explique la directrice [...].

Stéphanie Mundubeltz-Gendron, « Open innovation et numérique au cœur du nouveau magasin Ikea de Paris-Madeleine », www.usine-digitale.fr, 6 mai 2019.

Document 2 Les informations de la cliente

Mme Guillemet se présente dans votre rayon. Déjà cliente chez Ikea depuis de nombreuses années, elle apprécie le magasin et son ambiance. Elle a fait l'acquisition en ligne sur le site d'Ikea d'un meuble de rangement pour son balcon, qui a déjà été livré. Elle se sent cependant insatisfaite du résultat et aimerait réaménager entièrement son balcon pour en faire un lieu de vie convivial et verdoyant.

Document 3 Quelques supports en ligne pour votre rayon

- **Site web : Catalogue Ikea** liennathan.fr/54v3yb
- **Site web : Ikea sur Pinterest** liennathan.fr/jt42e8
- **Site web : Galerie terrasse, balcon** liennathan.fr/8c6xj8

3 Développer la GRC

Fleur de Vanille est un institut de beauté situé à Echirolles, proche du centre-ville de Grenoble en Isère. Il offre une gamme étendue de services de soins pour la beauté. L'institut distribue plusieurs marques de produits de soins bio, de qualité professionnelle. L'un des enjeux de l'institut est d'optimiser l'agenda des rendez-vous des esthéticiennes et de développer la distribution des produits. Des promotions et portes ouvertes sont organisées régulièrement. La fidélisation des clients est assurée grâce à des cartes de fidélité non nominatives.
L'institut est équipé d'un logiciel de caisse classique avec gestion allégée des données client et d'un outil de planification des rendez-vous en ligne. Les prospects et clients de passage ne sont pas identifiés. Le ciblage des contacts à inviter est réalisé par la gérante, sur la base de sa connaissance personnelle des clients.
Nouvellement embauché(e), vous êtes chargé(e) de moderniser la gestion de la relation client pour la développer et l'optimiser.

1. Listez les idées de modernisation déjà mises en place par d'autres enseignes (document).
2. Effectuez une recherche Internet afin d'identifier des logiciels de GRC adaptés à votre métier. Établissez un comparatif des solutions trouvées (fonctionnalités, prix, services).
3. Concevez une présentation visuelle à l'attention de votre responsable afin de lui exposer vos recommandations et leurs atouts pour son unité commerciale.

Document — Le secteur de la cosmétique se digitalise

Des salons de coiffure aux boutiques de produits de beauté, le cosmétique a su se saisir du digital pour se moderniser et proposer des services nouveaux. […] À l'image de Marionnaud ou de Sephora, les différentes marques savent mettre à profit les différents outils à leur disposition. Il est désormais commun, voire attendu, de pouvoir accéder à un *click & collect*, que ce soit via une application mobile (ou un site Internet), soit directement dans le point de vente. Dans le même ordre, le wifi gratuit, et parfois même haut débit, se développe de manière sporadique dans les boutiques de cosmétiques. Loin d'être un geste totalement altruiste, le wifi permet d'attirer les clients, et leur permet de partager ses produits et expériences en ligne plus facilement. Tout comme les « miroirs à *selfie* », qui, connectés aux réseaux sociaux, permettent aux clients de se prendre en photo après leur mise en beauté ou avec leur nouvelle coiffure, et de partager ça avec leurs proches. […] Enfin, il est désormais possible de prendre rendez-vous en ligne, dans certains salons de coiffure, ou dans les centres comme le Passage Bleu, de choisir les services souhaités le jour J, et tout ça, via des applications mobiles adaptées et personnalisées pour chaque boutique. On peut ainsi personnaliser l'offre de services, en proposant des promotions ou des informations sur les produits qui seront utilisés. Aussi, les tables sensorielles font fureur dans les centres de beauté. Tester les produits, consulter les informations détaillées sur les prestations, regarder des vidéos sur les produits… Le soin devient interactif et le centre se fait de plus en plus attractif ! Et à l'aide d'applications personnalisées, l'enseigne peut devenir totalement digitale et représenter un levier de communication entre le client et la marque, en lui apportant une valeur ajoutée. Le client se sent privilégié. Les dispositifs tactiles font en effet du client le maître des services qu'il veut et qu'il reçoit. Il peut inviter ses proches, noter les soins reçus, laisser des avis pour que les centres améliorent leurs offres. De même, on peut offrir au client un espace, un compte client personnalisé, pour, par la suite, recevoir des offres adaptées.

Klenhof, www.digilor.fr

Synthèse

La relation commerciale

La relation commerciale

- Relation commerciale à l'initiative du client (en UC ou sur site e-commerce)
- Relation commerciale à l'initiative de l'UC (publipostage, invitations…)

La relation commerciale s'adapte aux comportements nouveaux des consommateurs

- Meilleur niveau d'information
- Comparaison des offres
- Consultation des avis clients
- Recherche du meilleur rapport qualité prix
- Utilastion de tous les canaux de contact

La relation commerciale intervient dans toutes les étapes du processus de vente
Avant la vente, pendant la vente, après la vente

La relation commerciale devient omnicanale
Contact direct (face à face), contact à distance (téléphonique, écrit, électronique)

Vision client 360°
Collecte des données clients, centralisation des données clients dans un logiciel de GRC

La relation commerciale s'intègre dans une stratégie de marketing relationnel
Développement d'une relation continue, forte et personnalisée avec les clients

Mots-clés

Relation commerciale • Vente illicite • Vision client à 360 degrés • Gestion de la relation client (GRC) • Marketing relationnel

TESTEZ-VOUS
liennathan.fr/662udr

CHAPITRE 7

Connaître les clients de l'unité commerciale (UC) et leur comportement

Compétence
Vendre dans un contexte omnicanal

Savoirs associés
La connaissance du client
Les facteurs d'influence de l'achat

Vers PIX
1.1. Mener une recherche et une veille d'information
1.3. Traiter des données
3.1. Développer des documents textuels

Contexte professionnel

Nom : Concession Harley-Davidson Lille Europe
Adresse : Seclin (Nord)
Type d'UC : concessionnaire moto
Offre commerciale : vente de motos, d'accessoires, de vêtements et produits dérivés
Effectif : 19 salariés

La concession Harley-Davidson Lille-Europe a ouvert à Seclin dans le Nord en 2001. Elle se situe au sein de la plus grande zone européenne dédiée à la moto, en termes de nombre de commerces, de mètres carrés et de volume de ventes. Elle constitue l'un des meilleurs points de vente en France. Malheureusement, les ventes de Harley sur le marché français ont régressé ces dernières années à cause du Covid, de problèmes d'approvisionnement et de l'évolution des normes visant à limiter le rejet de gaz polluants. La marque, qui a dû arrêter la production de certains modèles, tente d'en lancer de nouveaux afin de séduire d'autres types de clients.

Harley Davidson est une marque de motos américaine mythique qui poursuit son essor depuis 1983. Elle attire de plus en plus d'adeptes passionnés de moto et de balades.

Votre rôle

Vous venez d'être embauché(e) à la concession en tant que responsable magasin. Sachant que la marque tente de relancer ses ventes en s'orientant vers de nouvelles cibles de clientèle, votre mission consiste à booster les ventes de la concession de Seclin afin de répondre aux nouvelles orientations de la marque.

Vos objectifs

I Segmenter la clientèle de l'UC

Vous étudiez les différents profils de motards afin de choisir les segments sur lesquels il serait judicieux de porter vos efforts pour développer les ventes de motos.

1 Repérez les critères de segmentation pouvant être utiles au découpage du marché des propriétaires de Harley. — Fiche ressource 1 ; Annexe 1

2 Quelle méthode de découpage du marché pouvez-vous mettre en place ? — Annexes 2 et 3

3 Quelle est la stratégie de segmentation utilisée par Harley ?

4 Construisez un arbre de segmentation avec les critères que vous avez trouvés. — Fiche ressource 2

II Analyser et influencer le comportement du consommateur

Vous souhaitez développer les ventes de motos auprès de nouveaux segments de clientèle, à savoir les femmes et les jeunes. Vous avez besoin de mieux connaître leur mode de fonctionnement afin de pouvoir influencer leur comportement.

5 Selon Maslow, sur quels besoins pouvez-vous vous appuyer pour développer vos ventes auprès de ces catégories de clients ? — Fiche ressource 3 ; Annexes 4 et 5

6 Réfléchissez aux principales motivations d'achat de ces clients potentiels. — Fiche ressource 4

7 Observez la politique de communication de Harley. Quels sont les freins à l'achat d'une Harley ? Comment la politique de communication tente-t-elle de les lever ? — Annexe 6

8 Quels facteurs individuels, sociologiques et contextuels peuvent influencer ce type d'achat ? — Fiche ressource 5 ; Annexe 7

9 Quelles actions commerciales pourriez-vous mener pour inciter davantage de femmes et de jeunes à acheter une Harley ? — Fiche ressource 6

10 Comment les influenceurs peuvent-ils parvenir à faire progresser les ventes ? — Annexe 8

III Analyser et influencer le processus d'achat

Vous voulez mieux connaître le processus d'achat du possesseur de Harley afin de pouvoir l'influencer de manière à vendre davantage de motos dans votre concession.

11 Quels sont les moyens utilisés par Harley pour déclencher un sentiment de manque destiné à inciter à changer de moto ? De quel type d'achat s'agit-il alors ? — Fiche ressource 7 ; Annexe 9

12 Vos clients recherchent des informations sur les différents modèles de motos avant de passer à l'achat, voire avant de venir se renseigner en magasin. Effectuez quelques recherches sur le dernier modèle de Harley mis en vente.

13 Comment les sources d'information risquent-elles d'influencer le processus d'achat ? Comment pouvez-vous interagir ?

14 Précisez à quel moment du processus d'achat l'entreprise risque de voir ses clients s'orienter vers d'autres marques. Justifiez votre réponse.

15 Quelles solutions pourriez-vous proposer pour améliorer le sentiment post-achat ?

16 Rédigez une synthèse à l'attention de l'équipe commerciale de Seclin sur les actions de communication à prévoir, en justifiant chacune d'elles par la connaissance que vous avez du comportement d'achat des clients visés.

Votre dossier

Annexe 1 — Extrait des différents modèles vendus chez Harley

La **Pan America** : destinée aux clients Harley qui souhaitent acheter une deuxième ou troisième moto, aux motards aventuriers, avides de puissance, de technologie et de performances, moto équipée à l'extrême.
Prix de vente : 18 700 €

La **750** : plus légère et maniable, destinée aux femmes actives, urbaines, indépendantes et en même temps bikeuses le week-end.
Prix de vente : 8 000 €

La **LiveWire** : moto électrique destinée à une clientèle plus jeune, plus urbaine, aux pilotes en quête d'une nouvelle expérience de pilotage.
Prix de vente : 33 900 €

Le **Road Glide CVO** : production limitée destinée aux motards exigeants qui veulent un confort absolu associé au luxe : peinture haut de gamme, poignées chauffantes. Idéal pour les seniors au fort pouvoir d'achat qui veulent faire de longs trajets.
Prix de vente : 47 600 €

Le **Sporster S** : destiné aux pilotes qui cherchent des performances de pointe et veulent affirmer leur personnalité, mais aussi aux femmes grâce à l'agilité et la maniabilité d'une moto sportive.
Prix de vente : 17 000 €

Annexe 2 — Harley, une marque mythique !

Pour les amateurs de moto, Harley-Davidson est une marque mythique. Pour les autres, Harley-Davidson reste la référence en matière de motos. Mais qui sont les clients Harley en France ? 9 à 10 % sont des femmes et le chiffre est en constante progression. La marque souhaite qu'elles représentent à l'avenir un quart des ventes, le marché des hommes étant saturé et vieillissant. Actuellement, le client est un homme à 90 %, à fort pouvoir d'achat, son âge moyen est de 50 ans, il est bien établi sur le plan professionnel et familial et pratique la moto depuis longtemps.

Harley veut faire des femmes et des jeunes un moteur de croissance de la marque. C'est pourquoi, la Street 750 et la Sporster S, par leur maniabilité, leur poids plus faible et leur prix moins élevé, ciblent ces catégories de clients. La marque a d'ailleurs lancé une vaste opération de communication à l'égard des femmes afin de les convaincre de conduire une moto.

Annexe 3 — Les clients de Harley-Davidson, de faux rebelles très fidèles

Harley, un réseau social autant qu'un fabricant de motos ? Ce n'est pas une légende. [...] Pour inoculer l'esprit *biker* à ses clients, leur vendre aussi un bout d'Amérique et de rêve de liberté, Harley associe chacune de ses concessions à un club, un « *chapter* ». Dès l'achat de la moto, le nouvel adepte entre dans le club et est invité à participer à une dizaine de sorties par an. Ces « *chapters* » sont eux-mêmes affiliés à une fédération nationale, le Harley Owner Groups (HOG), [...].

Les puristes à blouson, barbe et tatouage [...] considèrent certes que le HOG est une sorte de Rotary pour *biker* en gants blancs. Peu importe, l'effet marketing est à peu près le même : [...] « *80 % de nos clients sont fidèles à la marque.* »

C. David, www.capital.fr

Et quand on change de *moto*, on change de modèle, pas de marque, on reste chez Harley parce qu'on s'est fait des amis avec lesquels on a des affinités, avec lesquels on part en week-end, en vacances... et on ne veut surtout pas les perdre !

Harley représente aussi un style de vie.

Les modèles sont renouvelés régulièrement pour répondre au plus près des attentes des clients et viser de nouvelles cibles de clients. La marque met en avant la qualité au moyen d'un prix élevé.

Annexe 4 — Qui sont ces femmes qui roulent à moto ?

Chez Harley, on vend du rêve américain

Pour les femmes, acheter une Harley, c'est s'offrir bien plus qu'une moto, c'est choisir d'entrer dans la légende américaine, s'émanciper de la position de passagère, s'offrir un sentiment de liberté, se faire plaisir. Le plaisir a bien sûr un prix, les motos sont chères mais tellement uniques...

Harley-Davidson symbolise la liberté pour des quinquagénaires plutôt aisées. Les clientes Harley ne se distinguent pas des autres communautés de *bikers*, vêtues de bottes et de cuirs avec un aigle dans le dos, ce sont des avocates, des architectes, des banquières. Ayant privilégié leur carrière professionnelle, elles trouvent dans la moto un moyen de retrouver une nouvelle jeunesse en prenant leur Harley tous les jours pour aller travailler et le week-end pour aller se balader avec leurs amies. Et c'est à chaque fois la même émotion, le sentiment d'être libre !

En selle, les girls !

Selon l'Ipsos, en effet, la moto représenterait pour les [femmes] [...] une façon de « revendiquer son indépendance, sa féminité, faire valoir son droit à l'égoïsme, afficher son anticonformisme ». [...]

Pour Harley, l'occasion est trop belle de s'emparer de cette nouvelle clientèle, séduite par les grosses cylindrées autant que par leur esthétisme : « *On ne s'achète pas seulement un deux-roues, on s'achète aussi une identité* », explique Anne Sixdeniers, [cofondatrice] de l'association Toutes en Moto. « *Voilà pourquoi, une fois qu'on possède son engin, on le customise pour s'offrir un modèle qui nous ressemble* » [...]. Rouler à moto est presque un acte militant : « *La femme conduit sa moto comme elle conduit sa vie*, dit-elle, *libre et affranchie.* » « *Les femmes Harley sont des femmes qui aiment avoir un style unique* », renchérit Karen Davidson, l'arrière-petite-fille du créateur qui gère aujourd'hui le stylisme MotorClothes de la marque.

V. Domain, o.nouvelobs.com

Vidéo : Micro-trottoir : pourquoi avoir une Harley ? – Aufeminin
liennathan.fr/iw372b

Vidéo : Elles n'ont besoin de personne en Harley-Davidson... – Documentaire Société
liennathan.fr/ha25z7

Annexe 5 Les acheteurs de motos électriques

Le premier avantage d'une moto électrique réside dans le fait qu'il ne faut pas utiliser d'essence (une préoccupation de moins vu le prix du carburant !). Ensuite, l'absence de vibrations au démarrage et un poids allégé sont appréciés des conducteurs, également séduits par l'accélération rapide du moteur.

D'après un sondage de BikeSure, 50 % des motards sont prêts à acheter une moto électrique. Ce sont les jeunes qui sont les plus enclins à le faire (58 % des moins de 25 ans contre 32 % des plus de 62 ans), l'âge est donc un facteur déterminant pour l'achat d'une moto électrique.

Par contre, l'absence de pot d'échappement et donc de bruit (notamment le bruit caractéristique des Harley) est un frein à l'achat ainsi que le manque d'autonomie et le temps de recharge élevé des motos. 65 % des motards hésitent donc encore à franchir le pas.

Annexe 6 La politique de communication Harley-Davidson

La Harley-Davidson, une moto pour les costauds tatoués, chauves et barbus ?

« *Cette image est en train de changer* », affirme Coline Moutier, conseillère chez Harley-Davidson Le Mans. Le concessionnaire organise [...] une journée « *Girls on the road* », dédiée aux femmes : les motardes et celles qui ont envie de le devenir. Coline Moutier observe que « *de plus en plus de femmes, et de plus en plus jeunes, choisissent une Harley-Davidson* [...]. *Elles préfèrent le style à la vitesse* ». Beaucoup de Harley sont d'ailleurs naturellement adaptées à la morphologie féminine : « *Leur assise est basse et elles sont plus faciles à manier. En particulier celles de la gamme Sportster* », souligne la conseillère.

Parmi les autres animations, une présentation de la nouvelle version du permis moto [...] [et] des bons d'initiation. Au programme encore, une balade encadrée [...], une rencontre avec le club féminin *Ladies of Harley* [...] et l'élection de Miss Harley-Davidson Le Mans.

Julien Belaud, « Sarthe. La Harley, c'est aussi pour les femmes », *Ouest-France*, 11 octobre 2020.

L'image

Harley-Davidson a longtemps été victime d'idées préconçues. D'ailleurs, une étude réalisée en 2000 en Europe, et notamment en France, a mis en exergue le fait que 77 % des détenteurs d'un permis moto rejetaient la marque [pour des raisons de fiabilité]. En 2006, nous avons édité le « White Book » (auprès de 80 000 contacts) : 24 pages blanches vernies, aux codes très luxe, qui « expliquaient » la marque. Cet outil pédagogique visait à montrer la gamme, à présenter les concessionnaires, la fiabilité des motos, la dimension R&D, les avancées industrielles... Nous avons démystifié ce que les futurs clients de Harley percevaient comme des freins. [Nous] veillons [...] à faire découvrir le produit, et donc à convier nos prospects en concession pour les inciter à essayer nos motos. D'ailleurs, sur dix motos essayées, deux sont achetées.

M.-J. Levin, www.e-marketing.fr

Financer votre Harley-Davidson

Nous proposons de nombreuses solutions de financement adaptées à vos besoins pour l'achat de motos H-D neuves ou d'occasion. Vous constaterez que la Harley-Davidson de vos rêves est plus abordable que vous ne le pensiez.

HARLEY | OWN™ (FINANCEMENT BALLON)
[...] Vous financez la valeur d'usage de votre moto et bénéficiez de mensualités adaptées à votre budget ainsi qu'un engagement de reprise de votre concessionnaire au terme de votre contrat.
HARLEY | CLASSIC™ (FINANCEMENT CLASSIQUE)
[...] Vous financez en douceur votre moto, mais aussi vos accessoires et équipements, avec ou sans apport et sur une durée allant de 24 à 72 mois.
HARLEY | LEASE™ (LOCATION AVEC OPTION D'ACHAT)
[...] La solution clés en main de location avec option d'achat particulièrement adaptée aux entreprises et aux professions libérales leur permettant d'optimiser leur compte de résultat [...].

www.harley-davidson.com

Annexe 7 — Les meilleurs moments pour acheter sa moto

Des [motos] moins chères à certaines périodes de l'année, mythe ou réalité ? On vous le dit sans ambages, c'est tout à fait vrai ! Vous aurez plus de chances de disposer d'une marge de négociation supérieure durant les mois d'été ou encore de fin d'année. Pensez également à guetter les fins de série, souvent bradées par les concessionnaires. […]

Le meilleur moyen de faire des économies pour acheter [sa moto] au meilleur prix est de se rendre en concession en fin d'année, c'est-à-dire à partir de la mi-novembre. C'est en effet l'époque où les commerciaux cherchent à multiplier les ventes pour atteindre leurs objectifs annuels. […]

Se rendre en concession lors des périodes les plus creuses de l'année, notamment en été, constitue une autre technique bien connue (et efficace). En effet, c'est logiquement lorsque les clients se font rares que les commerciaux sont les plus tentés de leur faire bénéficier de fortes remises. […]

Pour faire de bonnes affaires, tenez-vous au courant de l'actualité […]. Vous saurez ainsi quels modèles seront prochainement remplacés ou quelles finitions ne seront plus commercialisées.

Le Covid a cependant un peu bouleversé les choses, les livraisons de nouvelles motos se faisant attendre, les ventes de motos d'occasion explosent et leurs prix restent relativement élevés.

R. Lemaistre, www.caradisiac.com

Annexe 8 — Les influenceurs de la marque

De nombreuses stars du cinéma n'hésitent pas à se montrer en Harley ! Quelques exemples.

Site web : Bradley Cooper et la CVO Pro Street Breakout dans son film *A Star is Born* – Spotern
liennathan.fr/ug69z5

Site web : Bruce Willis en FXR Super Glide dans *Pulp Fiction* de Quentin Tarantino – Spotern
liennathan.fr/vk9v7

Site web : Scarlett Johansson pilote une LiveWire dans *Avengers : l'ère d'Ultron* de Joss Whedon – Spotern
liennathan.fr/6i32ap

Site web : Charlie Hunnam et la Dyna Super Glide Sport dans la série *Sons Of Anarchy* – Spotern
liennathan.fr/s85ak6

Annexe 9 — La recherche d'informations

Site web : Nouvelles motos – Harley-Davidson
liennathan.fr/7ka7h9

MOTOR HARLEY-DAVIDSON CYCLES

Site web : Pages d'accueil – Harley-Davidson
liennathan.fr/5upx46

FICHE RESSOURCE

1

LA SEGMENTATION DE LA DEMANDE

I Le principe

Un **segment** est un ensemble d'individus aux comportements semblables. Segmenter un marché permet de le découper en sous-ensembles homogènes afin de repérer des prospects auxquels on pourra proposer des actions commerciales adaptées.

L'objectif de la segmentation est de mieux satisfaire les clients et d'adapter les actions de communication à leurs attentes.

EXEMPLE

La marque Harley-Davidson cible le segment des jeunes et le segment des femmes pour ses nouvelles collections de motos alors que sa cible privilégiée est plutôt un homme d'une cinquantaine d'années.

II Les critères de segmentation

Un critère de segmentation est un critère qui permet de découper la clientèle en groupes ayant les mêmes caractéristiques de manière à obtenir un ciblage pertinent. Les critères peuvent être descriptifs ou comportementaux.

1. La segmentation descriptive

Critères	Exemples
Segmentation démographique	Sexe, âge, situation familiale...
Segmentation géographique	Région, type d'habitat (rural, urbain), climat…
Segmentation socio-économique	Revenu, profession, niveau d'études, religion, nationalité…
Segmentation socio-culturelle	Style de vie, activités, centres d'intérêt, opinions…

2. La segmentation comportementale

Critères	Exemples
Segmentation en fonction du comportement passé	Fréquence d'utilisation ou d'achat (quotidienne, hebdomadaire…), quantités achetées, dépenses moyennes
Segmentation en fonction des prévisions de comportement	Client fidèle, à risque…

III La mesure de la qualité de la segmentation

Les segments identifiés doivent être :

- **homogènes** : il est indispensable que les individus aient des comportements très proches et soient bien distincts des individus des autres segments. Sinon, les actions spécifiques n'atteignent pas des clients spécifiques et ne sont pas rentables ;
- **durables** : les segments doivent durer dans le temps pour que les investissements coûteux soient rentabilisés ;
- **identifiables** : il faut pouvoir bien repérer les individus du segment pour satisfaire leurs attentes ;
- **substantiels** : les clients doivent être suffisamment importants pour justifier un plan d'action spécifique ;
- **accessibles** : l'entreprise doit pouvoir toucher ces clients par la communication et la promotion.

IV Les principales méthodes de découpage

Il existe différentes techniques pour fragmenter un marché.

1. La segmentation classique (méthode descendante)

Elle consiste à segmenter une population selon plusieurs critères successifs. Les segments obtenus sont de plus en plus petits au fur et à mesure du découpage, et de plus en plus nombreux. Chaque segment est alors un « portrait-robot » du prospect idéal.

EXEMPLE

Les grandes surfaces de bricolage comme Leroy-Merlin découpent leur clientèle en fonction de leur structure familiale (célibataire, couple…), de leur type d'habitat (maison, appartement) et de leur lieu d'habitation (ville, campagne…) afin de leur proposer des offres adaptées à leur situation.

2. La typologie (méthode ascendante)

Elle consiste à regrouper des individus qui se ressemblent (individus ayant des points communs et non des différences). On parle de **méthode ascendante**, car on observe d'abord les comportements avant de classer les individus.
La typologie permet d'utiliser des critères psychologiques comme les habitudes de vie ou la vie de famille.

EXEMPLE

On peut classer les individus en fonction du nombre de visites qu'ils effectuent sur une année : clients fidèles, temporaires, occasionnels.

3. Le scoring

Le scoring client consiste à **classer les clients en fonction de leur intérêt pour certaines offres, de leur comportement d'achat ou de leur probabilité à répondre favorablement à une offre**. On va leur attribuer une note en fonction de critères spécifiques et faire des offres à ceux qui sont les plus réceptifs.
La méthode la plus utilisée pour calculer les scores est celle du RFM (Récence, Fréquence, Montant), qui permet de déterminer la probabilité d'achat en se basant sur les critères de récence (date du dernier achat), la fréquence des achats et le montant des commandes passées. Elle permet de déclencher des actions commerciales pour inciter à l'achat les clients qui espacent leur venue dans le magasin ou de récompenser les meilleurs clients.

EXEMPLE

Sephora classe ses clients en fonction de leur fréquence d'achat et du montant dépensé. La carte Gold est attribuée automatiquement au client qui a dépensé 1 500 € d'achats au cours des 12 derniers mois.

V Les différentes stratégies de segmentation

1. Concentrée

Lorsque, volontairement, un seul segment fait l'objet de tous les efforts de la part de l'entreprise, une seule politique de communication est utilisée. L'enseigne a alors une image de spécialiste.

EXEMPLE

Breitling propose systématiquement des montres haut de gamme ciblant une clientèle à haut revenu.

2. Différenciée

Lorsque l'entreprise communique sur plusieurs segments, elle propose des produits différents avec, pour chaque segment, des actions commerciales et une politique de communication spécifiques.

EXEMPLE

Renault propose des gammes de voitures différentes pour chaque segment de clients ciblé.

3. Indifférenciée

Lorsqu'aucune différence n'est faite entre les clients, c'est que l'entreprise considère que leurs comportements sont relativement identiques. Un même produit est alors proposé à différents segments avec une même politique de communication. Cette stratégie permet de faire des économies d'échelle.

EXEMPLE

Coca-Cola mène une politique unique de communication pour sa boisson phare.

FICHE RESSOURCE 2

LA REPRÉSENTATION DES SEGMENTS

Afin d'avoir une vision plus claire des segments, plusieurs techniques existent.

I Les arbres de segmentation

Ils sont utilisés pour représenter une segmentation descendante, chaque branche représentant un segment. On utilise cette méthode lorsque les critères retenus sont peu nombreux (trois au maximum).

EXEMPLE : Arbre de segmentation pour la consommation de produits bio

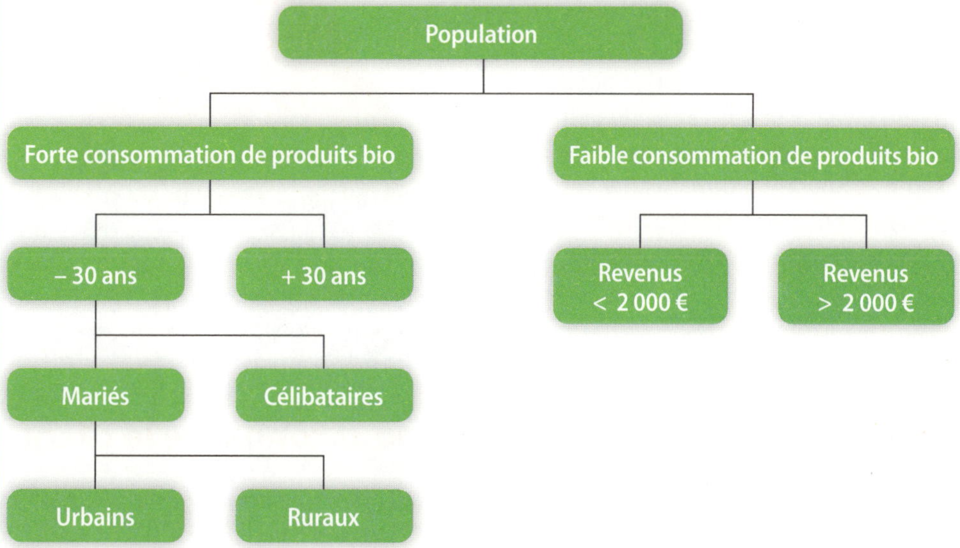

II Les mappings (ou cartes perceptuelles)

La carte perceptuelle est une représentation graphique des comportements qui permet de situer les individus dans un groupe. Cette technique est utilisée lorsque les critères sont nombreux, ce qui est le cas de la segmentation ascendante (typologie).
Sur chaque axe, on oppose deux critères contraires.

EXEMPLE : Typologie du consommateur bio

Pour le developpement durable, c'est :
Un mode de vie : 9,9 % - Une nécessité : 71,9 %

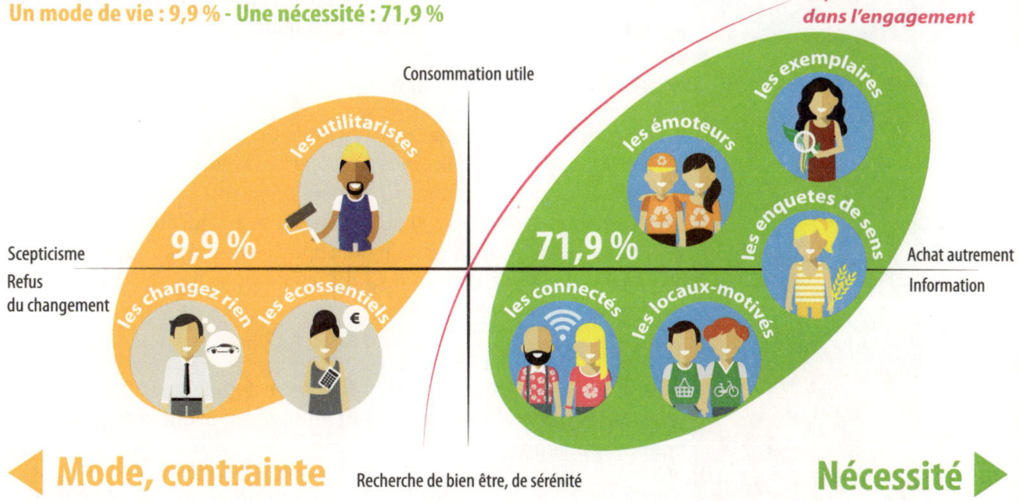

Les groupes engagés dans leurs modes de vie et de consommations représentent 60,7 % de la population.
Plus les groupes sont à l'Est du mapping, plus ils vont être dans l'engagement, considérant que le développement durable est une nécessité. Plus ils vont être à l'Ouest, plus ils vont percevoir le développement durable comme une contrainte, une mode.

Source : Green Flex

FICHE RESSOURCE 3

CONNAÎTRE LES BESOINS DES CLIENTS

Connaître les besoins des clients permet de comprendre leurs comportements d'achat, d'anticiper et de répondre correctement à leurs attentes.

I La pyramide de Maslow

La pyramide des besoins de Maslow est utilisée pour positionner un produit et développer une stratégie de vente. Elle pose le principe que les besoins sont classés de manière hiérarchique en cinq niveaux et que l'individu doit satisfaire un besoin inférieur avant de passer au suivant. Pour Maslow, les motivations d'un individu proviennent de l'insatisfaction de certains besoins.

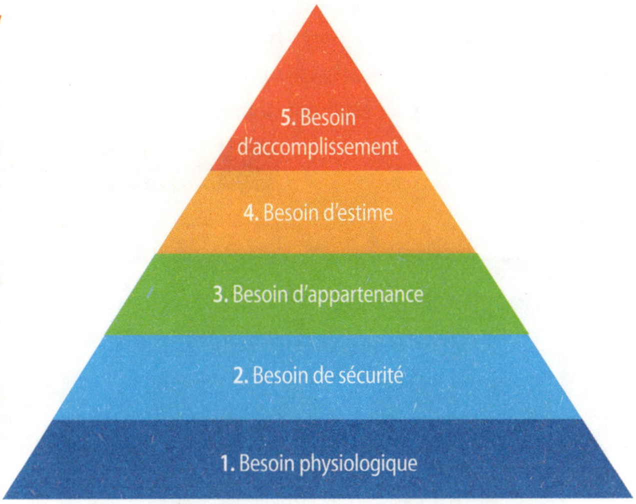

II La prise en compte des besoins pour connaître le client

Besoins		Définition	Incidence de la pyramide de Maslow sur le comportement d'achat
1	Les besoins physiologiques	Ils sont liés à la survie de l'individu qui a besoin de manger, boire, dormir. Ils sont généralement satisfaits pour la majorité des individus.	Il s'agit désormais de manger sainement. On veut connaître l'origine du produit. On va choisir un légume bio, une viande label rouge, et on sera attentif aux publicités qui concernent l'alimentation.
2	Le besoin de sécurité	Il provient de l'envie d'être protégé. Il peut recouvrir plusieurs domaines : il peut s'agir du besoin d'avoir un logement, des revenus, de se protéger contre les agressions, d'avoir une stabilité affective, familiale ou se de sentir en sécurité au niveau de la santé.	On a besoin de se rassurer : on va acheter des caméras pour surveiller son logement à distance, un pantalon de moto en kevlar pour être préservé en cas de chute, acheter un téléphone portable à ses enfants pour savoir où ils se trouvent.
3	Le besoin d'appartenance	Il est lié au besoin d'appartenir à un groupe, d'avoir de bonnes relations avec des personnes : il peut s'agir du besoin d'amour au sein du couple ou de la famille en général, du besoin d'avoir des amis, de se sentir intégré dans ce groupe.	Acheter un blouson de moto est un symbole d'appartenance à un club moto. Apple propose au consommateur une image valorisante de l'individu qui achète un iPhone : il appartient à la famille des propriétaires d'iPhone. De plus, on n'achète pas un téléphone mais une valeur de signe, ce qui n'est pas un achat rationnel.
4	Le besoin d'estime	Il est lié à l'envie d'être respecté, reconnu, considéré, d'avoir une bonne réputation.	Acheter le dernier smartphone à 1 600 € pour montrer qu'on gagne bien sa vie.
5	Le besoin d'accomplissement	Il est lié au besoin de se réaliser dans la vie, de se mettre en valeur. Il peut s'agir de l'envie d'apprendre toujours plus, de développer ses compétences, d'avoir le sentiment de faire quelque chose de sa vie.	Les propriétaires d'iPhone se reconnaissent tellement dans la marque qu'elle en devient incontournable.

FICHE RESSOURCE

4

CONNAÎTRE LES MOTIVATIONS ET LES FREINS DES CLIENTS

La connaissance des motivations et des freins à l'achat permet de trouver des techniques pour persuader les clients potentiels et existants qu'il est dans leur intérêt d'acheter dans votre point de vente.

I Les motivations des clients

La motivation représente la raison pour laquelle le client va effectuer un achat.
Henri Joannis a mis en évidence trois types de motivations qui peuvent cohabiter.

Les motivations hédonistes	Les motivations oblatives	Les motivations d'auto-expression
Elles correspondent à l'envie de se faire plaisir et revêtent une dimension égoïste.	Elles correspondent à l'envie de faire plaisir à son entourage, de faire preuve d'altruisme.	Elles visent à exprimer ce qu'on est ou ce que l'on veut devenir.
EXEMPLE S'acheter une voiture de course. 	EXEMPLE Offrir des fleurs. 	EXEMPLE S'acheter une montre très chère pour montrer qu'on a réussi dans sa vie professionnelle. 

Lorsque l'on sait pour quelle raison le client achète un produit ou un service, il est plus simple de faire correspondre ses besoins aux avantages proposés par l'unité commerciale.

II Les freins des clients

Les freins sont les motifs qui empêchent ou retardent l'achat. Ils peuvent être matériels ou psychologiques. Leur connaissance permet de trouver des arguments pour les contrer, d'utiliser des campagnes de communication pour les contourner.

Les inhibitions	Les peurs	Les risques
Elles représentent un **sentiment de culpabilité** ou un **manque de confiance dans son jugement**. Elles sont difficiles à surmonter.	Ce sont des **pulsions négatives** liées à des difficultés réelles ou supposées par le consommateur.	Ce sont les **incertitudes** qui affectent l'acte d'achat.
EXEMPLE Le sentiment de culpabilité d'acheter un vêtement dont le prix est élevé.	EXEMPLE La peur qu'il soit trop compliqué de se servir d'une tablette pour une personne âgée.	EXEMPLE Les risques liés à la consommation de produits alimentaires ayant reçu des pesticides.
Le vendeur devra rassurer le client pour l'inciter à acheter.	Le vendeur devra avoir un rôle pédagogique pour aider le client à surmonter ces peurs. Il peut apporter le témoignage de personnes ayant eu les mêmes craintes et qui les ont surmontées.	Le vendeur devra apporter la preuve au client que le produit est sans risque, afin de le rassurer.

FICHE RESSOURCE

5

LES FACTEURS D'INFLUENCE D'ACHAT

Ce sont les situations qui font qu'un consommateur achètera ou n'achètera pas le produit.

Les facteurs individuels		Exemple d'action commerciale
Les facteurs sociaux et démographiques	L'âge, le sexe, le lieu d'habitation, la profession, le revenu.	Démarchage des personnes de plus de 60 ans pour la vente de monte-escalier (Stannah), ou de prothèses auditives.
La personnalité	Elle regroupe les traits de caractère d'un individu qui l'amène à penser et agir d'une certaine manière pour satisfaire un besoin. Chaque individu va réagir différemment.	Les parfums de la lessive « Dash 2 en 1 » sont adaptés à la personnalité des utilisatrices : amande douce et fleur de coton pour des consommatrices discrètes et douces qui recherchent les fragrances rappelant la tendresse et le monde de l'enfance.
La perception	Il s'agit de la manière dont un individu perçoit un produit ou service, ce qu'il en pense, l'avis qu'il en a. La perception est subjective car les informations sont filtrées de manière sélective.	Proposition d'essai d'un véhicule électrique pour convaincre les consommateurs réticents à ce type de voiture.
L'attitude	C'est un état mental qui prédispose à agir d'une certaine manière. L'individu va évaluer un produit ou un service à partir de son expérience et des informations qu'il a.	Proposer une semaine gratuite pour l'essai d'un régime pour prouver aux personnes qui veulent perdre du poids que c'est possible même si elles ont déjà tenté plusieurs régimes.
Le style de vie	Il permet de cerner le comportement du consommateur à travers ses activités, ses intérêts, opinions. On parle de « papy-boomers », d'« adulescents »…	Pour l'achat de soupes, une enquête a permis d'identifier plusieurs segments dont les « casaniers » qui ont plus de 60 ans et font attention à leur ligne, à qui il faut proposer des soupes aux légumes variés.
Les facteurs sociologiques		**Exemple d'action commerciale**
Les groupes d'appartenance et de référence	Ce sont des ensembles d'individus qui partagent des idées ou des projets. Le groupe dont fait partie l'individu est le groupe d'appartenance (famille, amis, collègues). Le groupe dont l'individu aimerait faire partie est le groupe de référence, il représente un modèle, il peut influencer son comportement d'achat (youtubeurs).	On va vendre des maillots de football avec les deux étoiles symbolisant les deux victoires de la France à la coupe du monde car les footballeurs représentent un modèle pour beaucoup de leurs fans et influencent ainsi leurs achats.
Le cycle de vie familial	La famille évolue dans le temps. Au cours du cycle de vie familial, la consommation se modifie.	On proposera à un jeune célibataire qui débute dans la vie une voiture de sport pour combler son désir de se faire plaisir.
La classe sociale	Elle représente la division hiérarchique d'une société en groupes relativement homogènes. Les membres de chaque classe sociale partagent des valeurs et ont des comportements semblables.	On proposera une Porsche à un cadre supérieur car son prix est élevé, elle a une image de luxe, une valeur de signe qui permet d'exprimer sa classe sociale et de se distinguer.
La culture	Ce sont les valeurs, idées, coutumes apprises et transmises d'une génération à l'autre et qui conduisent à des schémas communs de comportement. Les facteurs culturels peuvent être représentatifs d'une région (culture des corridas dans le sud-ouest), d'un pays (habitudes alimentaires), d'une religion.	Pour la sauvegarde de l'emploi national, on va jouer sur le patriotisme en montrant des publicités incitant à acheter français. McDonald's propose des produits différents en fonction du pays dans lequel il est implanté (halal dans les pays musulmans).

FICHE RESSOURCE

6

LE RÔLE DU CONTEXTE ET DES INFLUENCEURS D'ACHAT

I Les facteurs contextuels d'influence d'achat

L'endroit, le moment, les personnes extérieures exercent une influence sur le comportement d'achat.

L'environnement	Définition	Exemples
L'environnement physique	Les facteurs d'ambiance, la mise en scène, la théâtralisation de l'offre, le marketing sensoriel.	Chez Ikea, les meubles sont mis en scène : chambres, cuisine, salon, etc.
L'environnement social	Les personnes présentes au moment de l'achat : conjoint, personnel du magasin, autres clients.	L'accueil du client par un « *Bonjour, Monsieur, Madame* » met le client dans une situation favorable à l'achat.
L'environnement temporel	La proximité du magasin, le temps disponible pour effectuer l'achat, la période de l'année.	Les parfums achetés au moment de la Saint-Valentin.

II La nature et le rôle des intervenants

1. Les intervenants

Certains intervenants jouent un rôle essentiel dans l'acte d'achat :
- l'**initiateur**, qui suggère d'acheter un produit ou un service ;
- l'**influenceur**, dont le point de vue va influencer la décision d'achat : il peut s'agir d'une personne extérieure au groupe (chanteur, sportif, acteur, etc.) mais à laquelle on se réfère ;
- le **prescripteur**, qui recommande l'achat d'un produit ou service (comme l'enseignant qui recommande l'achat d'un manuel scolaire particulier) ;
- le **décideur**, qui fera le choix de quel produit acheter ;
- l'**acheteur**, qui va acheter le produit.

2. Le développement du rôle des influenceurs

La consultation des réseaux sociaux est de plus en plus importante, elle s'est généralisée et rivalise avec la télévision en matière d'audience. Les blogueurs, instagrameurs, youtubeurs jouent un rôle de plus en plus important en matière de prescription d'achat. Les internautes les suivent pour avoir des informations sur les nouveautés, prennent en compte leur avis, visitent les sites qui leur sont recommandés et procèdent souvent à l'achat du produit conseillé, d'autant plus s'ils ont pu bénéficier de bons de réduction ou de promotion. Ces nouveaux influenceurs sont devenus prescripteurs car ils permettent de découvrir de nouveaux produits et incitent leurs abonnés à l'achat. Ils ont réussi à créer un marché qui rivalise avec celui de la publicité. Ils sont donc prisés par les marques et les entreprises.

Parmi ces influenceurs, on trouve :
- des acteurs, sportifs, personnages médiatiques reconnus pour leur célébrité : ils donnent envie aux internautes d'acheter les marques qu'ils portent (Ariana Grande) ;
- des instructeurs qui partagent leurs secrets par le biais de tutoriels pour apprendre à faire les choses soi-même (*do it yourself*) comme des travaux dans la maison ;
- des influenceurs beauté, fitness, cuisine, bien-être qui donnent des conseils pour se maquiller, pour bien pratiquer un sport, pour acheter son logement (Stéphane Plaza) et communiquent leurs avis sur les marques.

3. Les conséquences du développement du rôle des influenceurs

Il est devenu impératif pour les unités commerciales d'être présentes sur Instagram ou Facebook pour présenter leurs produits, événements, promotions, faire de la publicité en ajoutant un lien vers leur site Internet afin de booster leurs ventes. Le rôle du vendeur en magasin s'est quant à lui réduit, puisque le consommateur qui vient en magasin a déjà une idée bien précise de ce qu'il désire, souhaitant juste obtenir des renseignements complémentaires et être rassuré sur son achat.

FICHE RESSOURCE 7

LE PROCESSUS D'ACHAT

Connaître le type d'achat et l'étape du processus dans laquelle se trouve le client permet de le questionner pour mieux répondre à ses attentes, de le conseiller, le rassurer.

I L'incidence du type d'achat sur le processus

Le degré d'implication dans l'achat rend l'acte d'achat plus ou moins rapide et plus ou moins réfléchi.

Type d'achat	Définition	Exemples
Achat routinier	Le produit est acheté régulièrement et ne fait pas l'objet d'une réflexion particulière : l'achat est rapide, automatisé.	Pour que le client change ses habitudes, il faudra lui proposer des promotions afin de lui faire essayer une marque qu'il ne connaît pas.
Achat impulsif	Le produit est acheté sans que le client l'ait prévu, le consommateur n'est pas impliqué, le risque est faible car le prix est peu élevé.	On pourra provoquer un achat en proposant des produits en fin de parcours ou en tête de gondole.
Achat réfléchi	Le risque perçu est important car le prix est élevé : le client compare les offres, prend son temps.	Le vendeur devra bien rechercher les besoins du client, repérer ses motivations et ses freins, argumenter pour inciter le client à acheter le produit.

II Les étapes du processus en cas d'achat réfléchi

Étapes	Principe	Exemple de l'iPhone
Identification des besoins	La première étape débute par la prise de conscience d'un manque. Celui-ci peut être lié à un stimuli réel (panne de son téléphone portable) ou provoqué (publicité pour un nouveau portable).	Sentiment que l'iPhone 11 possédé par le client est obsolète car il l'a depuis plusieurs années. Il a vu une publicité sur le nouvel iPhone. Il a un beau *design*, de belles couleurs, un son de qualité : iPhone c'est ce qu'il y a de mieux.
Recherche d'informations	Le consommateur va consulter son entourage familial, ses amis, ses connaissances, Internet (sites d'enseignes, forums, site d'avis). Il demandera conseil aux vendeurs spécialisés, aux professionnels. Il prendra connaissance des expériences passées de ses proches, qu'elles soient positives ou négatives.	Les motivations du client sont l'envie d'avoir un produit de bonne qualité, *design*, facile à manipuler, avec une bonne capacité de stockage, la possibilité de faire de belles photos. Il veut avoir le sentiment d'appartenir à la communauté iPhone et recherche l'estime de ses pairs. Il va donc rechercher des informations qui le confortent dans ses idées.
Évaluation des alternatives	Le consommateur va comparer les différents modèles pour lesquels il a effectué des recherches, éventuellement pondérer les critères (ex. : prix 50 %, taille écran 20 %, mémoire 30 %…).	Le prix n'est pas un frein pour les acheteurs d'iPhone. Cependant, le manque d'autonomie, le fait d'être obligé d'utiliser le cloud (payant) pour le stockage peuvent freiner l'achat.
Décision d'achat	Il va enfin se décider à acheter le produit qui lui permettra de le satisfaire au mieux. Il peut également renoncer à l'achat. Les expériences passées permettent au client d'avoir une idée des qualités de l'appareil. Si le ressenti est négatif, le client aura envie de changer de marque.	L'iPhone attire de plus en plus de clients déçus par les systèmes Android vendus par les autres marques. Ils peuvent cependant être réticents à cause du manque de compatibilité avec les autres smartphones. Le consommateur peut combler son besoin d'estime en s'achetant le nouvel iPhone qui le valorisera ; on n'achète pas un iPhone pour des raisons rationnelles mais pour ce qu'il représente.
Sentiment post-achat	Après l'achat, il va continuer durant quelque temps à être attentif aux publicités qu'il verra sur le produit qu'il vient d'acheter, aux avis des clients, à l'évolution du prix du produit. Il se confortera dans l'idée qu'il a fait le bon choix ou regrettera son achat.	L'iPhone doit correspondre parfaitement aux attentes du client pour qu'il soit pleinement satisfait. Si son prix baisse dans les semaines qui suivent l'achat ou s'il est insatisfait, il n'achètera plus cette marque.

Applications

1 Leroy Merlin

Leroy Merlin est le leader sur le marché du bricolage avec plus de 30 % de part de marché.
L'enseigne a intégré de nouveaux concepts de décoration. Une des dernières trouvailles de Leroy Merlin a été de proposer une technique pour poser du carrelage mural sans colle et sans poussière par le biais du système « Cristal Grip », permettant ainsi de rénover une salle de bains ou une cuisine en quelques heures. L'enseigne bénéficie de l'exclusivité sur ce produit.
Vous venez d'être recruté(e) comme manageur du rayon Carrelage. Vous avez fait réaliser une enquête auprès de votre clientèle et vous vous êtes aperçu que peu de clients connaissaient ce nouveau concept de pose de carrelage. Vous vous penchez donc sur ce produit dans l'espoir d'en développer les ventes par une meilleure connaissance de vos clients. Vous commencez par étudier les différents profils de bricoleurs afin de choisir les segments sur lesquels il serait judicieux de porter vos efforts commerciaux pour développer les ventes de Cristal Grip.

1. Repérez les critères de segmentation pouvant être utiles au découpage du marché du bricolage en général (document 1).
2. Quelle méthode de découpage du marché pouvez-vous appliquer ?
3. Construisez un arbre de segmentation avec les critères que vous avez trouvés.
4. Déterminez à quels segments de clients peut s'adresser tout particulièrement le produit Cristal Grip (document 2).
5. Quelle stratégie de segmentation va être mise en place ?

Document 1 Les Français bricolent plus

Selon une étude, 88 % de Français se déclarent bricoleurs. Un chiffre étonnant : 44 % de Françaises déclarent bricoler davantage qu'avant. Les moins de 35 ans sont, quant à eux, la catégorie d'âge qui bricole le plus (46 %). Toujours concernant les femmes, 75 % déclarent réaliser de petits travaux d'entretien (changer une prise ou un interrupteur, réparer une poignée de porte...). 24 % des Français bricoleurs déclarent réaliser de gros travaux eux-mêmes (construction, isolation, carrelage...). En termes de sexe, les femmes sont tout de même 17 % à réaliser de gros travaux contre 31 % des hommes.

Les habitants des zones rurales entreprennent davantage de travaux dans leur logement que ceux des villes (65 % d'entre eux). Les bricoleurs sont issus de toutes les catégories sociales. 55 % bricolent pour avoir la satisfaction de pouvoir déclarer qu'ils ont eux-mêmes réalisé les travaux d'amélioration de leur habitat, 20 % seulement le font pour des raisons financières.

Document 2 Le profil des bricoleurs

- Bricoleur expert : personne qui viendra une ou deux fois par semaine, qui recherche de la reconnaissance et qui n'a pas ou peu besoin de conseils.
- La femme : intéressée par le bricolage mais surtout sous l'angle de la décoration. Une mise en forme des rayons et une communication spécifique est réalisé pour les femmes par les grandes enseignes du bricolage.
- Le jeune couple qui s'installe : un panier moyen élevé, à la recherche d'accompagnement, d'un bon rapport qualité prix. Souvent à l'acquisition du premier logement.
- Le bricoleur « par défaut » : il déteste le bricolage, se rend dans ces magasins par défaut et souhaite accélérer les choses au plus vite dans son choix et son parcours client.

www.reportingbusiness.fr

2 Nocibé

Vous êtes gérant(e) de la parfumerie Nocibé implantée à Nantes. Son marché potentiel s'étend sur une dizaine de kilomètres autour de la ville. Cette zone compte 2 millions de ménages. Vous avez fait réaliser une étude pour connaître les caractéristiques de vos clients potentiels en matière de parfums.

1 À partir des résultats de l'étude, construisez un arbre de segmentation représentant le nombre de personnes concernées par chaque segment et précisez la nature des segments mis en évidence par l'enquête (document 1).

2 Vous avez estimé les dépenses annuelles en parfums en fonction de chaque segment. Évaluez l'intérêt de ces segments (document 2).

Document 1 Les résultats de l'étude

Les résultats que vous avez obtenus sont les suivants :
- sur 1 000 personnes interrogées, 650 achètent du parfum et ce sont des femmes pour 65 % d'entre eux ;
- ces femmes ont moins de 40 ans pour 35 % d'entre elles, entre 40 et 65 ans pour 55 %, et 10 % ont plus de 65 ans ;
- en ce qui concerne les hommes, 60 % achètent du parfum pour offrir et 40 % l'achètent pour eux-mêmes.

Document 2 Les dépenses annuelles en parfums

Femmes			Hommes	
– 40 ans	40-65 ans	+ 65 ans	Achat pour offrir	Achat pour soi
230 €	155 €	260 €	150 €	230 €

3 La voiture de Florian

Florian est inscrit au permis de conduire depuis quelques mois déjà. Il espère l'obtenir pour ses 18 ans. Ses parents ont promis de lui acheter une voiture. Ils lui ont demandé ce qu'il aimerait avoir. Il rêve d'une Golf 4.

1 Identifiez les intervenants du processus d'achat et leur rôle.

2 Recherchez les motivations des différents intervenants.

Document Extrait de conversation chez un garagiste

Le garagiste : « Une Golf 4, c'est la voiture la plus fiable que je connaisse. Jamais je n'en vois une en réparation. Tous les clients que j'ai m'en parlent en bien. »

Florian (*s'adressant à ses parents*) : « Je ne veux pas autre chose qu'une Golf 4, j'ai plusieurs copains qui en ont, ils en sont super-contents. J'en ai vu à vendre d'occasion à 4 000 euros maximum. C'est déjà un bon prix pour une première voiture. Et puis je n'ai pas envie que mes copains me traitent de riche, ce qu'ils ne manqueraient pas de faire si vous m'achetez une voiture plus chère. »

La grand-mère : « Florian va avoir 18 ans, je ne sais jamais quoi lui acheter qui lui fasse plaisir pour son anniversaire. Je tiens à participer à l'achat, je donnerai 500 euros. »

Les parents : « Florian veut une Golf 4 s'il a son permis de conduire. Ok, mais c'est un modèle qui se vendait il y a plus de 20 ans, s'il tombe en panne, ce sera à nous de payer les réparations, il n'a pas les moyens de le faire. Acheter une Golf qui n'a que quelques années nous rassurerait… »

4 Les magasins sans caisse

Vous êtes adjoint(e) du gérant d'une supérette dans le centre de Lille. La fréquentation de votre magasin est en baisse et votre responsable réfléchit à une solution pour faire revenir les clients, notamment des jeunes. Il pense à mettre en place un magasin sans caisse et il hésite entre deux solutions : Boxy ou Auchan Go.

1. Expliquez le fonctionnement de ces types de magasins.
2. Compte tenu des éléments dont vous disposez quant au comportement d'achat des jeunes, ce concept est-il susceptible de convenir aux consommateurs de votre ville ?
3. Que pensez-vous du paiement biométrique ?

Document 1 Les magasins sans caisse

Boxy, supérette connectée ouverte 24 h/7 j

BOXY

Vidéo : Boxy : le magasin sans caisse, ni vendeur – Le Parisien
liennathan.fr/x972vn

100 % automatisée, sans caisse, proposant 250 produits essentiels à des prix accessibles… Boxy va vous faire gagner du temps, de l'argent.

Auchan Go par Auchan

Vidéo : Auchan ouvre un supermarché entièrement automatisé – BFMTV
liennathan.fr/mg9k83

- 38 m² de surface de vente, ouverts 24 h/24
- Assortiment de près de 500 produits
- Pas besoin de scanner, application à télécharger

GO

Document 2 Dépense annuelle moyenne par ménage selon l'âge

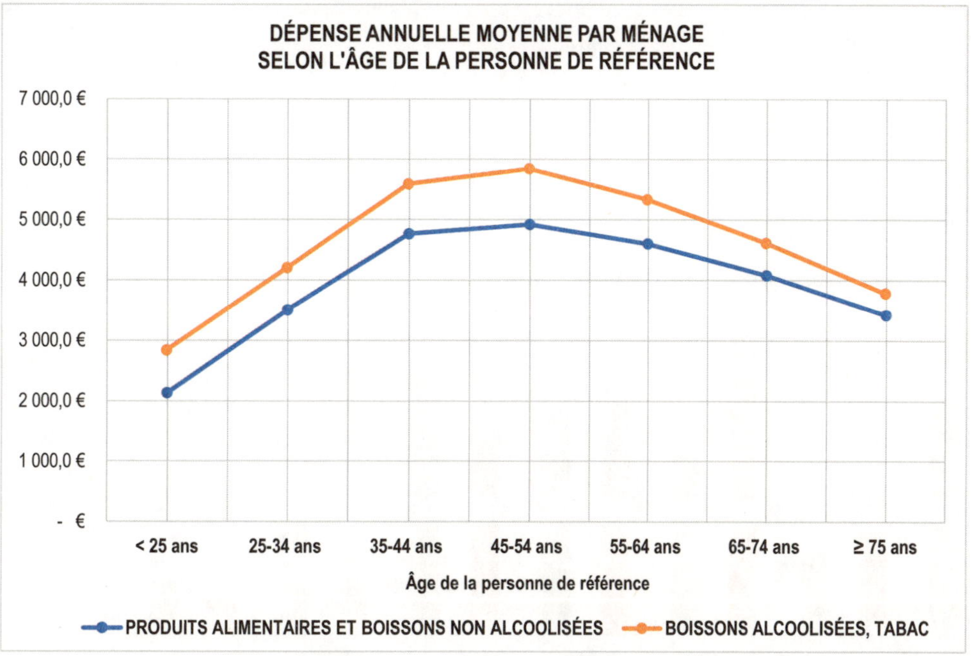

Source : Insee.fr

Applications

Document 3 — Les nouveaux modes de paiement

Le paiement mobile en France

Malgré une évolution des usages depuis le début de la pandémie qui a favorisé les moyens de paiement sans contact, les Français restent peu convaincus par le paiement mobile. [...] Seul un Français interrogé sur dix déclare utiliser un moyen de paiement mobile. Un taux d'adoption très loin derrière [...] tous les autres pays européens [...]. Ces chiffres s'expliquent par la popularité du paiement par carte sans contact en France.

Julia Luczak-Rougeaux, « Le paiement mobile peine encore à convaincre les Français », www.tom.travel, 25 février 2022.

Le paiement biométrique

Le paiement sans carte ni téléphone ou espèces est en train de se développer. Les clients pourront bientôt déclencher leur paiement par le biais d'une reconnaissance faciale, par leurs empreintes ou leur iris.

Certaines banques comme BNP Paribas proposent déjà des cartes bancaires biométriques. Un lecteur d'empreintes digitales est intégré dans la carte pour faciliter les transactions. L'option du code à quatre chiffres reste possible en cas de refus de lecture des empreintes. En Chine, certains restaurants permettent de régler la note en utilisant la reconnaissance faciale. Mastercard va bientôt proposer à ses clients le paiement par simple sourire ou signe de la main auprès d'une caméra chez les commerçants partenaires. L'utilisateur devra au préalable prendre un selfie ou scanner ses empreintes via une application mobile et lier ses données biométriques à sa carte bancaire. Ce type d'authentification est plus sécurisé qu'un code car plus difficile à pirater.

Document 4 — Les freins à l'achat en magasin chez les moins de 30 ans

Une récente enquête a révélé les freins que les moins de 30 ans ont vis-à-vis de l'achat en supermarchés.

Freins	Pourcentage
Les courses sont considérées comme une corvée	50 %
Attente en caisse	40 %
Temps passé dans le magasin	40 %
Éloignement du point de vente par rapport au domicile	30 %

Freins	Pourcentage
Grandeur du magasin	30 %
Rupture de stock	25 %
Prix pratiqués	20 %
Assortiment proposé	20 %

Document 5 — Démographie et profil des ménages de Lille

Répartition de la population par tranche d'âge

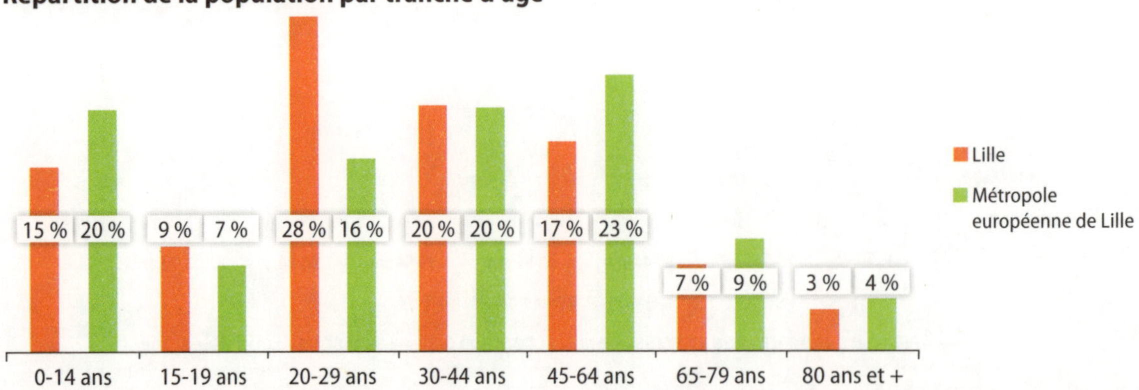

5 Le scoring de la clientèle

Vous êtes responsable d'une jardinerie. Vous avez remarqué que la fréquentation de votre magasin était en baisse et souhaitez profiter de l'arrivée des arbustes à repiquer au printemps pour booster vos ventes. Vous voulez proposer une offre spéciale « printemps » à vos meilleurs clients.

Vous avez regroupé vos clients en catégories. Déterminez la catégorie de clients susceptible de répondre favorablement à cette offre par la méthode du scoring.

Document 1 Catégories de clients

Version numérique disponible (Excel) liennathan.fr/9y66vz

Catégories de clients	Dépense moyenne par visite	Nombre moyen de visites par an	Ancienneté moyenne de la dernière visite
1	20 €	5	1 mois
2	35 €	8	2 mois
3	50 €	6	1 mois
4	75 €	3	4 mois
5	90 €	1	8 mois

Document 2 Mode de calcul des scores

Version numérique disponible (Excel) liennathan.fr/9y66vz

Dépense moyenne par visite	Points attribués	Fréquence de visite	Points attribués	Récence de visite	Points attribués
< 20 €	1	1	1	< 1 mois	1
20 à 39 €	2	2 à 4	2	1 à 3 mois	2
40 à 59 €	3	5 à 7	3	4 à 6 mois	3
60 à 79 €	4	8 à 10	4	7 à 9 mois	4
80 et plus	5	+ 10	5	9 à 12 mois	5

Vous avez décidé d'attribuer un poids différent pour chaque critère : le montant dépensé à chaque visite est pondéré à 50 %, la fréquence de visite à 40 %, et la récence à 10 %.

Synthèse

Connaître les clients et leur comportement

La segmentation

Principe : sous-ensemble d'individus aux comportements semblables

Stratégie
- concentrée
- différenciée
- indifférenciée

Segmentation
- descriptive
- comportementale

Découpage
- Méthode classique
- Typologie
- Scoring

Représentation
- Arbre de segmentation
- Mapping

Les besoins, les motivations, les freins

Pyramide des besoins de Maslow

Motivations selon Joannis
- hédonistes
- oblatives
- d'autoexpression

Les freins
- Inhibitions
- Peurs
- Risques

Les facteurs d'influence de l'achat

- individuels
- sociologiques
- contextuels
- les intervenants

Le processus de décision

- Identification du besoin
- Recherche d'informations
- Évaluation des alternatives
- Achat
- Sentiment post-achat

Le degré d'implication

- Achat routinier
- Achat impulsif
- Achat réfléchi

Mots-clés

Segmentation descriptive • Segmentation comportementale • Typologie • Scoring • Arbre de segmentation • Mapping • Pyramide de Maslow • Motivations selon Joannis • Inhibition • Peur • Risque • Style de vie • Groupe de référence • Groupe d'appartenance • Intervenant • Achat impulsif • Achat routinier • Achat réfléchi • Prescripteur

TESTEZ-VOUS
liennathan.fr/i3d4t2

CHAPITRE
8

Vendre en *B to C* dans un contexte omnicanal

Compétence
Vendre en *B to C* dans un contexte omnicanal

Savoirs associés
La vente et le conseil client dans un contexte omnicanal
Le cadre réglementaire et légal de la relation client et de la vente conseil

Vers PIX
1.2. Gérer des données
1.3. Traiter des données
3.1. Développer des documents textuels

Contexte professionnel

Nom : Boulanger (SA)
Adresse : zone commerciale Plan-de-Campagne, Cabriès (13)
Type d'UC : grande surface spécialisée (GSS)
Offre commerciale : électroménager et multimédia
Effectif : 35 salariés

Fondée en 1954, l'enseigne Boulanger est devenue en France le spécialiste de l'équipement électroménager et multimédia de la maison.
Les 10 000 collaborateurs s'engagent et innovent pour proposer plus de 25 000 références ainsi que des services associés, comme la livraison le lendemain, l'accompagnement 7 jours sur 7, la mise en service ou le dépannage, Boulanger construit des parcours clients omnicanaux.
Boulanger, c'est aussi cinq marques propres exclusives : Essentielb, Oglo#, Miogo, Skillkorp et Adeqwat, développées en interne pour proposer aux utilisateurs des équipements uniques, pratiques, performants et simples.

Votre rôle

Vous êtes assistant(e) manageur au rayon Informatique du magasin Boulanger Plan-de-Campagne, dans les Bouches-du-Rhône. L'unité commerciale a récemment recruté de nouveaux conseillers de vente, que vous devez former en leur proposant des outils d'aide à la vente, en leur fixant des objectifs et en contrôlant leurs résultats.

Vos objectifs

I Préparer la vente : connaître ses produits, ses clients, ses concurrents

Vous devez concevoir un petit livret que vous remettrez aux nouveaux conseillers de vente afin qu'ils puissent se familiariser avec les étapes de la vente, le réseau Boulanger, leur unité commerciale, les produits, les clients et les concurrents.

1. Rédigez l'introduction du livret : définissez la vente conseil, précisez en quoi la vente est une situation de communication interpersonnelle et donnez trois conseils aux conseillers de vente pour maîtriser leur communication paraverbale. Fiche ressource 1
2. Listez les différentes étapes d'une vente chez Boulanger. Classez-les selon qu'elles se déroulent avant, pendant ou après la vente. Fiche ressource 2 Annexe 1
3. Élaborez la fiche d'identité du réseau Boulanger. Annexe 2
4. Présentez l'assortiment du rayon Informatique de Boulanger. Annexe 3
5. Identifiez le profil des clients du magasin Boulanger Plan-de-Campagne et les points forts des principaux concurrents. Annexes 4 et 5

II Préparer les outils d'aide à la vente (OAV)

En complément du livret, vous allez mettre au point les OAV que vous donnerez aux nouveaux conseillers pour les aider à mener les entretiens de vente.

6. Préparez une ou deux phrases qui permettront aux conseillers de vente d'accueillir le client dans le rayon informatique.
7. Préparez dix questions qui permettront aux conseillers de découvrir les besoins, les motivations et le SONCAS du client souhaitant acquérir un ordinateur. Fiche ressource 3
8. Préparez un argumentaire CAP (Caractéristiques techniques et commerciales/Avantages/Preuves) pour l'ordinateur portable HP. Fiche ressource 4 Annexe 6
9. Envisagez cinq objections client et préparez le traitement de ces objections selon différentes techniques. Fiche ressource 5 Annexe 7
10. Citez des exemples de ventes complémentaires et additionnelles au portable HP. Précisez aux conseillers pourquoi la réalisation de ces ventes est importante.
11. Proposez à vos conseillers deux techniques de conclusion de la vente en rédigeant deux phrases qu'ils pourront utiliser face aux clients.
12. Préparez deux ou trois phrases pour prendre congé du client.
13. Décrivez aux conseillers l'organisation du suivi de la vente et la fidélisation des clients au sein du réseau Boulanger. Annexe 8

III Maîtriser les outils numériques au service du conseil et de la vente

Vous devez également former les conseillers de vente du rayon Informatique à l'utilisation d'outils numériques lors de la vente.

14. Présentez aux conseillers les outils numériques utilisés par Boulanger aux différentes étapes de la vente. Précisez comment ils vont améliorer la relation avec le client. Fiche ressource 6 Annexe 9

IV Vendre un bien

Les conseillers de vente du rayon Informatique sont maintenant formés et opérationnels. Vous devez à présent leur fixer des objectifs de vente et mesurer leurs résultats.

15 Fixez leurs objectifs quantitatifs et qualitatifs pour le mois de mars N. Annexe 10

16 Pour entraîner vos conseillers de vente, formez des binômes composés d'un conseiller et d'un acheteur et réalisez des simulations de vente sur le rayon informatique.

17 Mesurez les résultats des ventes des quatre conseillers pour le mois de mars N. Quelles sont vos conclusions ? Quels axes de progrès allez-vous proposer à votre équipe ? Annexe 11

V Vendre un service

18 Préparez quatre arguments à transmettre aux conseillers pour qu'ils présentent la formation informatique à leurs clients. Fiche ressource 4
Annexe 12

19 Rédigez le contrat que Mme Durand et Boulanger signeront pour la prestation de formation informatique. Précisez les obligations du vendeur et de l'acheteur. Fiche ressource 7
Annexe 13

Votre dossier

Annexe 1 — Interview du directeur du magasin Boulanger Plan-de-Campagne

– ***Comment se déroule une vente chez Boulanger ?***

– Avant même que le client n'entre dans le magasin, le chef de rayon va réunir les conseillers de vente lors d'un *brief* hebdomadaire pour fixer avec eux les objectifs de vente. Il s'agit pour lui de repréciser les objectifs qualitatifs qui, en général, sont les mêmes dans toutes les UC : il faut répondre à la demande des clients et les fidéliser. Le chef de rayon va aussi fixer le chiffre d'affaires à réaliser chaque jour.

– ***Et lorsque le client arrive ?***

– Lorsqu'un client arrive dans un rayon, le conseiller va vers lui, se présente, et lui demande s'il a besoin de conseil. La relation est alors engagée. Le conseiller va par la suite poser une série de questions pour découvrir les besoins du client : pour qui achète-t-il ? Pour quel usage ?… Il va aussi le questionner pour découvrir ses mobiles : le client est-il plutôt Sécurité, Orgueil, Nouveauté ?… C'est ce que l'on appelle le SONCAS. La découverte des besoins est une phase essentielle ; si on ne connaît pas les besoins du client, on ne peut pas y répondre. Ensuite, le conseiller proposera le produit correspondant le mieux aux attentes du client et argumentera sur ce produit en présentant tous ses avantages.

– ***La vente se termine-t-elle à ce moment-là ?***

– Non, pas encore. Il faut ensuite conclure la vente par différentes techniques et, pour terminer, prendre congé du client et si possible le fidéliser en lui proposant notre carte B+. Il faudra aussi vérifier que les objectifs fixés sont bien atteints et, s'ils ne le sont pas, il faudra chercher des solutions.

Annexe 2 — Le réseau Boulanger

NOTRE VOLONTE : VOUS AIDER A BIEN CHOISIR

Boulanger, c'est aujourd'hui près de **130 magasins** en France, **8000 collaborateurs, 20 000 références** disponibles sur boulanger.fr... et une expérience de plus de 50 ans dans le multimédia et l'électroménager ! Une expertise que vous retrouverez au coeur de 2 marques que nous avons créées pour vous : **Essentiel b** et **Listo**.

Boulanger, c'est aussi un **un SAV performant** composé de 1000 professionnels agréés et formés par les plus grandes marques. **Ils vous assurent l'installation, la formation et la réparation de vos appareils**, pour vous permettre de profiter pleinement de la technologie, en toute tranquillité !

DÉCOUVERTE, USAGE, PLAISIR
AVEC BOULANGER, VOUS DÉCOUVRIREZ UNE NOUVELLE MANIÈRE DE VIVRE LA TECHNOLOGIE !

Vivons la Happy-Technologie!

1954 : date de création du réseau
1978 : ouverture à l'international
2008 : nouveau positionnement : *happy technology*
2011 : ouverture du 100e magasin

www.boulanger.com

Annexe 3 — Le rayon Informatique du magasin Boulanger Plan-de-Campagne

ORDINATEUR PORTABLE
Ultrabook - Ultra portable
PC Hybride - 2 en 1
Macbook
Chromebook

ORDINATEUR
Ordinateur portable
Ordinateur de bureau
Unité centrale
iMac - Mac mini - Mac pro

GAMER
PC portable gamer
PC gamer fixe
Souris gamer
Ecran PC gamer

APPLE
MacBook
iMac - Mac mini - Mac pro
iPad
Accessoire Mac

IMPRESSION 3D
Imprimante 3D
Filaments 3D
Accessoire impression 3D
Stylo 3D

SAC - HOUSSE PC ET TABLETTE
Sacoche - Etui - Housse PC
Sac à dos ordinateur
Protection tablette
Bagagerie

DISQUE DUR - STOCKAGE
Disque dur externe
Disque SSD
Carte mémoire
Clé USB

PÉRIPHÉRIQUE PC ET TABLETTE
Clavier
Accessoire tablette tactile
Souris
Casque - Micro

Le rayon Informatique propose, pour toutes les familles de produits :

- trois niveaux de qualité : entrée de gamme, moyen de gamme, haut de gamme, correspondant à trois niveaux de prix.
- des marques nationales et la marque de distributeur Boulanger.

www.boulanger.com

Annexe 4 — Les caractéristiques des clients de la zone de chalandise

Plan-de-Campagne, entre Aix et Marseille, est la plus grande zone commerciale d'Europe : 518 entreprises dont 460 commerces, 250 000 m² de surfaces commerciales, 7 500 emplois, 2 millions de visiteurs par mois et environ 950 M€ de chiffre d'affaires annuel.

La zone commerciale attire des clients de toute la région : célibataires urbains habitant Aix et ses environs, CSP+ et familles à revenu moyen à élevé de l'ensemble des communes de la périphérie de Marseille.

Annexe 5 — La concurrence du magasin Boulanger Plan-de-Campagne

DARTY		
Spécialiste de l'électroménager, du multimédia, de la télévision et de la cuisine, votre magasin Darty Plan-de-Campagne vous propose un large choix de produits multimarques (HP, Apple, Acer…). Darty, c'est le prix, le choix et le service, Contrat de confiance oblige ! **Prix :** de 450 € à 1 800 €	Le magasin situé en plein cœur de la zone commerciale de Plan-de-Campagne (Cabriès), est un hypermarché à dominante alimentaire. Son rayon Informatique vous propose des produits standard en entrée de gamme et moyen de gamme. **Prix :** de 380 € à 1 450 €	Cybertek Marseille Plan-de-Campagne vous propose de découvrir tout l'univers de l'informatique. Un univers fait de matériels, de composants, de logiciels, de consommables. Mais aussi un univers fait de techniciens et de conseillers pour des produits haut de gamme. **Prix :** de 600 € à 2 100 €

Sources : magasin.darty.com, plan-de-campagne.cybertek.fr

Annexe 6 — Fiche technique de l'ordinateur portable HP

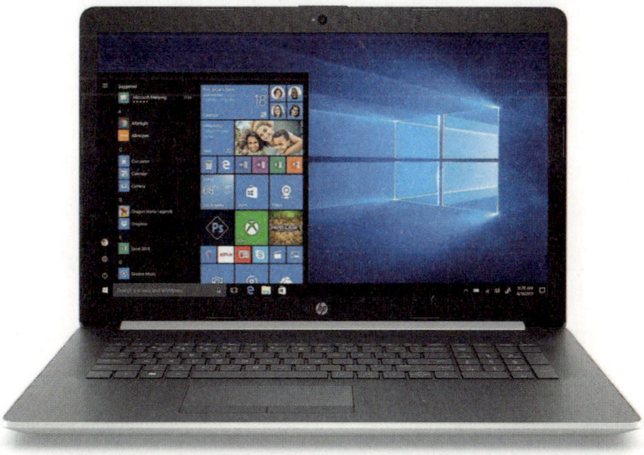

ORDINATEUR PORTABLE
Hewlett-Packard (HP)
Écran : 17,3 pouces, haute définition
Poids : 2,5 kg
Processeur : Intel® Core™ i5 de 8e génération ; fréquence de base 1,6 GHz
Disque dur : 1 To
Technologie : rétroéclairage de l'écran
Anti-reflets : oui
Webcam et microphone intégrés : oui
Carte graphique : AMD Radeon 520

Avec un disque SSD de 128 GB sur lequel est installé Windows 10, et à côté un disque plus classique de 1 TB pour les données (photos, vidéos, etc.), ce portable propose une grande capacité de stockage. Son processeur Intel Core i5 permet une grande rapidité dans l'utilisation des logiciels, et son poids de 2,5 kg est très léger pour un portable. Le rétro éclairage propose une très bonne luminosité de l'écran. La carte graphique permet une grande qualité de l'image pour les jeux vidéo.

<u>**Conditions générales de vente Boulanger**</u>
Prix : 699 €
Garantie 2 ans pièces et main-d'œuvre : gratuit
Prolongement de garantie jusqu'à 3 ans : 124 €
Possibilité de paiement : en 4 fois sans frais.
Peut-être vendu avec : house de transport, souris, écouteurs

Sources : store.hp.com, boulanger.com

Annexe 7 — Les freins à l'achat d'un ordinateur portable

De 500 à 1 500 €, le budget consacré à un ordinateur portable est conséquent ! C'est pour cette raison qu'il ne faut pas se tromper…

Dans la liste des freins susceptibles de ralentir la décision d'achat, on trouve en premier lieu la vitesse du processeur : il faut qu'elle soit suffisante pour faire tourner un certain nombre de logiciels. Puis vient l'autonomie de la batterie : il faut pouvoir rester quelques heures sans avoir à se brancher sur une prise. Et puis le poids : rien ne sert d'avoir un portable si on ne peut pas le déplacer facilement. Enfin, la taille de l'écran reste une préoccupation majeure de l'acheteur.

Annexe 8 — Le suivi de la vente et la fidélisation chez Boulanger

Afin de vous garantir des prestations de qualité, notre service après-vente vous est réservé en exclusivité, pour vous, client Boulanger.

- 1 000 PROFESSIONNELS À VOTRE SERVICE : installations, formations, réparations... Derrière l'ensemble de nos prestations, il y a de plus de 1 000 professionnels à votre service, agréés et formés par les plus grandes marques.
- UN DIAGNOSTIC IMMÉDIAT : avec la présence d'experts techniques dans chacun de nos magasins, c'est la garantie d'obtenir un diagnostic immédiat en cas de panne. Et s'il s'agit d'une panne mineure, ils réparent votre appareil immédiatement !
- PIÈCES DÉTACHÉES EN 48 HEURES : Boulanger s'engage à vous livrer sous 48 heures ouvrées les pièces détachées ou accessoires commandés en magasin que vous cherchez.
- JOIGNABLE 7 JOURS SUR 7

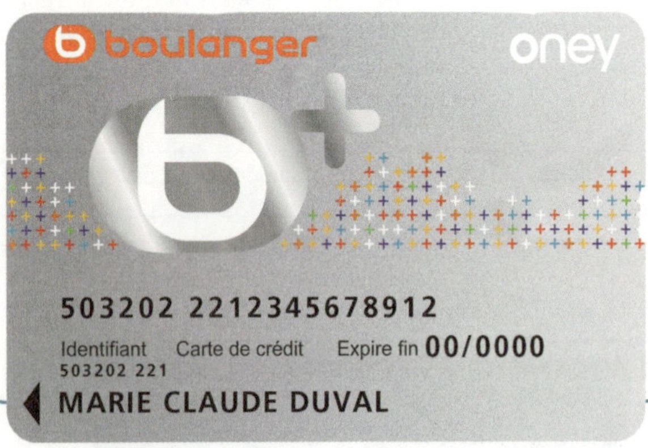

Avec votre carte B+, cumulez des points de fidélité sur tous vos achats en magasin et sur boulanger.com et recevez des chèques fidélité à dépenser comme il vous plaît.

Plusieurs fois par an, Boulanger vous réserve des avantages exclusifs : offres promotionnelles, invitations, avant-premières, cadeaux et attentions.

www.boulanger.com

Annexe 9 — Interview du manageur de Boulanger Plan de Campagne

– Le réseau Boulanger utilise-t-il des outils numériques pour vendre ?

– Les outils numériques sont présents lors de toutes les étapes de la vente. Un client vient nous demander si cette enceinte peut être connectée en Bluetooth et si elle existe en noir : le conseiller de vente consulte la fiche technique du produit sur notre intranet et l'état du stock en magasin ou en réserve et sur le site Internet Boulanger pour lui répondre. Un autre client veut une facture : elle sera éditée par notre logiciel interne.

Je vous donne d'autres exemples… On est samedi, l'attente en caisse est trop longue : les ordinateurs de chaque rayon et même les téléphones portables de nos conseillers se transforment en terminaux de paiement. Un client veut comprendre le fonctionnement d'un robot ménager : le conseiller lui propose une vidéo de démonstration du robot sur sa tablette. Il manque un prix en rayon : c'est aussi l'ordinateur du vendeur qui donnera l'information…

Et puis nous demandons régulièrement à nos conseillers de vente de poster les nouveautés de leurs rayons respectifs sur les réseaux sociaux pour rester toujours en communication avec nos clients.

J'allais oublier : notre carte de fidélité Boulanger+ se fait aussi sur l'intranet du réseau.

– Les outils numériques vous permettent-ils aussi d'assurer le suivi des ventes ?

– Oui, notre Intranet nous permet de calculer heure par heure les performances du rayon : chiffre d'affaires et panier moyen. Il permet aussi de suivre les performances de chaque conseiller : ventes réalisées, CA dégagé, cartes de fidélité créées.

Annexe 10 — Les objectifs du rayon Informatique pour le mois de mars N

	Chiffre d'affaires HT		Panier moyen HT		Chiffre d'affaires accessoires HT		Création cartes de fidélité	
	Mars N–1	Objectifs Mars N	Mars N–1	Objectifs Mars N	Mars N–1	Objectifs Mars N	Mars N–1	Objectifs Mars N
Conseiller 1	55 000 €				12 000 €		30	
Conseiller 2	55 000 €				12 000 €		40	
Conseiller 3	55 000 €				12 000 €		50	
Conseiller 4	55 000 €				12 000 €		50	

Informations sur le rayon :

- Le réseau Boulanger envisage une augmentation de 10 % du CA sur le rayon Informatique par rapport à l'année N–1 et une augmentation de 5 % sur les accessoires.
- Nombre d'acheteurs par jour : 8 (le nombre de clients reste constant)
- Nombre de jours ouvrés par mois : 27
- Le réseau Boulanger demande de maintenir les résultats d'encartés (nombre de détenteurs de la carte de fidélité).

Version numérique disponible (Excel)
liennathan.fr/5hs94n

Annexe 11 — Les résultats du rayon Informatique pour le mois de mars N

	Chiffre d'affaires	Panier moyen	Chiffre d'affaires accessoires	Création cartes de fidélité
Conseiller 1	56 250 €	215 €	11 000 €	32
Conseiller 2	48 420 €	190 €	9 500 €	12
Conseiller 3	78 040 €	280 €	15 600 €	58
Conseiller 4	63 756 €	232 €	12 400 €	60

Version numérique disponible (Excel)
liennathan.fr/x6q88a

Annexe 12 — La formation informatique à domicile

PROFITEZ À 100 % DE VOTRE ORDINATEUR !

1X1h30 159€*

2X1h30 299€*

3X1h30 439€*

Niveau 1 PC ou MAC pour apprendre à :

- Personnaliser votre bureau et les paramètres clavier/souris
- Aller sur Internet
- Accéder à vos mails
- Lire vos photos, vidéos et musiques
- Organiser et gérer vos fichiers et dossiers
- Jusqu'à 1 h 30 à domicile

Niveau 2 PC ou MAC pour apprendre à :

- Découvrir la bureautique : 1 h 30
- Sauvegarder vos fichiers, synchroniser vos documents dans le Cloud : 1 h 30

www.boulanger.com

AVEC NOS CONSEILS, DEVENEZ UN PRO !

Déduction fiscale 50%

Vous avez besoin d'aide ? Vous voulez maîtriser votre appareil ?
Faites appel à un expert B'dom ! Grâce à des exercices simples et didactiques, il vous aidera à tout comprendre de A à Z. Une fois seul, vous pourrez ainsi profiter pleinement de votre nouvel équipement.
En plus, B'dom est une société de Services à la Personne exclusivement dédiée aux particuliers qui vous permet de bénéficier d'une réduction ou d'un crédit d'impôts de 50%*** du montant des prestations.

Annexe 13 Le contrat de service

Mme Durand, demeurant à Marseille (15e) souhaite bénéficier du Pack Niveau 2. Cette formation sera réalisée chez elle en avril N (au plus tard fin mai en cas d'impossibilité du formateur). En cas d'annulation, Mme Durand devra avertir la Société Boulanger au moins 6 jours à l'avance et devra verser 50 % des sommes dues. Passé ce délai de 6 jours, la formation sera due intégralement. Le formateur se rendant au domicile du client, une clause de confidentialité sera insérée au contrat.

Exemple de contrat de service

Entre les soussignés :

La société ...., [forme juridique], dont l'adresse est .... , d'une part, ci-après désignée « le prestataire » et, d'autre part, ..., demeurant .... , ci-après désigné(e) « le client », il a été convenu ce qui suit :

Article 1er – Objet

Le présent contrat est un contrat de .... Le client versera au prestataire la somme forfaitaire de .... euros.

Article 2 – Durée

Ce contrat est passé pour une durée de .... Il prendra effet le .... et arrivera à son terme le ....

Article 3 – Exécution de la prestation

Le prestataire s'engage à mener à bien la tâche précisée à l'article 1er, conformément aux règles de l'art et de la meilleure manière. Le client tiendra à la disposition du prestataire toutes les informations pouvant contribuer à la bonne réalisation de l'objet du présent contrat.

Article 4 – Nature des obligations

Pour l'accomplissement des diligences et prestations prévues à l'article 1er ci-dessus, le prestataire s'engage à donner ses meilleurs soins, conformément aux règles de l'art. La présente obligation n'est, de convention expresse, que pure obligation de moyens.

Article 5 – Obligation de confidentialité : ....
....

Article 6 – Pénalités si annulation : ....
....

Article 7 – Compétence

Toutes contestations qui découlent du présent contrat ou qui s'y rapportent seront tranchées définitivement suivant le règlement de conciliation et d'arbitrage de la Chambre de Commerce, sans aucun recours aux tribunaux ordinaires, par un ou plusieurs arbitres nommés conformément à ce règlement et dont la sentence a un caractère obligatoire. Le tribunal arbitral sera juge de sa propre compétence et de la validité de la convention d'arbitrage.

Fait le .... à .... en trois exemplaires.

Le prestataire Le client

Version numérique disponible (Word)
liennathan.fr/5v6bs7

FICHE RESSOURCE

1

LA VENTE ET LES NOUVEAUX COMPORTEMENTS DU CONSOMMATEUR

Une vente est un **accord** par lequel un vendeur **s'oblige à livrer un bien ou un service** et un acheteur **s'oblige à le payer**.

Une vente peut être réalisée en ***B to C*** (*business to consumer*) **entre une entreprise et un client**, ou en ***B to B*** (*business to business*) **entre deux entreprises.**

Lors d'une vente, acheteur et vendeur doivent s'entendre pour **atteindre leurs objectifs respectifs** :

- **pour le vendeur** : réaliser la vente, satisfaire les besoins du client et le fidéliser ;
- **pour l'acheteur** : satisfaire ses besoins en acquérant un bien ou un service au meilleur rapport qualité/prix.

I La vente : une situation de communication

La vente est une situation de communication qui présente certaines spécificités : c'est une communication orale interpersonnelle durant laquelle le vendeur doit pratiquer l'écoute active et faire preuve d'efficacité relationnelle.

1. La communication interpersonnelle

Une vente implique deux personnes, un acheteur et un vendeur, dans une relation de face-à-face, chacun étant à tour de rôle l'émetteur et/ou le récepteur.

Dans cette relation, la communication peut être verbale ou paraverbale :

- la **communication verbale** correspond au langage utilisé. Le vendeur devra veiller à son vocabulaire et au registre de langage (plutôt soutenu et non pas familier). Il devra aussi faire preuve d'aisance relationnelle pour transmettre un message clair et précis sur le produit et être ainsi le plus convaincant possible ;
- la **communication paraverbale** désigne les gestes, les attitudes, le ton de la voix, les postures du corps ou encore le regard (tout ce qui ne passe pas par le langage). Le vendeur devra maîtriser ce langage paraverbal pour que le sien soit le plus professionnel et rassurant possible pour le client, mais aussi pour comprendre celui du client.

2. L'écoute active

Le vendeur posera des questions courtes, claires, précises et adaptées au client pour découvrir ses besoins. Cette découverte doit se faire en pratiquant l'**écoute active** qui consiste, tout en posant des questions, à laisser parler son interlocuteur, à ne pas être trop réactif, à ne pas induire les réponses, à faire preuve d'empathie et à observer le langage paraverbal de l'interlocuteur.

3. L'efficacité relationnelle

Pour réaliser leurs objectifs, les deux acteurs, vendeur et acheteur, doivent rechercher une certaine **efficacité relationnelle**, en contrôlant leurs émotions et en évitant l'agressivité et le conflit.

Le vendeur doit notamment faire preuve d'**assertivité**, c'est-à-dire être capable d'affirmer son point de vue tout en respectant celui de l'acheteur et sans susciter son hostilité.

Il doit sans cesse **savoir s'adapter** à son client, à ses besoins, à sa personnalité, à son langage paraverbal.

II L'évolution des comportements et des parcours d'achat

Le vendeur doit aussi tenir compte des **nouveaux comportements** des consommateurs, qui sont devenus ces dernières années de plus en plus exigeants, de plus en plus informés et très volatils, n'hésitant pas à changer de marque ou de produit s'ils trouvent un meilleur rapport qualité/prix.

Le **parcours client** a également évolué : il est de plus en plus digitalisé et ROPO (Rechercher *Online*, Payer *Offline*). Il s'agit d'un acte d'achat où le consommateur commence sa recherche sur Internet et effectue ensuite l'achat physiquement en magasin. Différentes raisons à cela : besoin de vérifier l'objet de l'achat, refus de la livraison ou de donner des informations personnelles sur les sites commerciaux.

FICHE RESSOURCE

2

LES ÉTAPES DE LA VENTE

I Les étapes d'une vente

Étape 1 : connaître les objectifs de vente	Les objectifs du vendeur sont de deux ordres : – **objectifs qualitatifs :** satisfaire le client en répondant à ses attentes et ainsi le fidéliser ; – **objectifs quantitatifs :** atteindre un certain niveau de performance, mesuré grâce à des indicateurs tels que : nombre de ventes, CA, panier moyen (ventes/nombre de clients × 100), taux de transformation (nombre de clients ayant acheté/nombre de clients entrés dans l'UC × 100). C'est le chef de rayon ou le manageur de l'UC qui fixe les objectifs et oriente ainsi l'action des vendeurs en leur demandant de porter leurs efforts sur tel ou tel produit ou rayon.
Étape 2 : préparer la vente	• **Connaître** l'unité commerciale (son histoire, sa culture d'entreprise), les produits, les prix, les clients de la zone de chalandise, les concurrents implantés à proximité. • **Préparer ses OAV** (outils d'aide à la vente) : découverte des besoins, argumentaires en CAP (Caractéristiques/Avantages/Preuves), traitement des objections. (–> **Fiches 3, 4, 5**) • **Maîtriser les outils numériques** au service du conseil et de la vente. (–> **Fiche 6**)
Étape 3 : prendre contact	**Se présenter et créer un climat favorable à la vente :** le vendeur devra pour cela avoir en tête les premiers éléments souvent décisifs dans une situation de vente (règle des 4 × 20) : – les 20 premiers **pas** : avancer d'un pas décidé vers le client, être sûr de soi ; – les 20 premiers **centimètres du visage** : sourire, regarder le client, porter une tenue soignée et adaptée au contexte de négociation ; – les 20 premiers **gestes** : des gestes d'ouverture, se montrer disponible ; – les 20 premiers **mots** : utiliser un vocabulaire positif, avoir un ton de voix posé.
Étape 4 : découvrir les besoins du client	À partir des questions préparées (OAV), interroger le client et l'amener à s'exprimer pour identifier ses attentes et ses mobiles d'achat. (–> **Fiche 3**)
Étape 5 : verrouiller la découverte des besoins	**Reformuler les besoins** du client pour contrôler avec lui l'ensemble de ses attentes.
Étape 6 : argumenter	**1. Proposer un produit** répondant aux besoins, mobiles et motivations du client. **2. Convaincre le client de la pertinence de l'offre** en s'appuyant sur l'argumentation en CAP (Caractéristiques/Avantages/Preuves) préparée (–> **Fiche 4**). Les arguments développés seront choisis en fonction des besoins et mobiles d'achat (SONCAS) du client. (–> **Fiche 3**) Il faut également vérifier la portée des arguments à l'aide de questions de validation : « *qu'en pensez-vous ?* », « *cette solution vous satisfait-elle ?* »…
Étape 7 : traiter les objections du client	**1. Identifier la nature de l'objection émise par le client :** – sincère (de bonne foi : « *C'est trop cher* ») ; – non sincère (pour échapper à la négociation : « *Je n'ai pas le temps pour un essayage* ») Lorsqu'elle est sincère, l'objection peut être : – fondée (le frein correspond à un problème réel : « *Ce pantalon est trop petit* ») – non fondée (le frein ne correspond à rien : « *J'ai peur de ne pas savoir m'en servir* »). **2. Accepter et valoriser l'objection** en soulignant son intérêt : « *Je comprends… vous avez raison de souligner ce point…* » **3. Chercher à comprendre** en posant des questions pour approfondir le frein de l'acheteur : « *Pourquoi pensez-vous ne pas savoir comment vous en servir ?* » **4. Confirmer la compréhension** en reformulant : « *Si je comprends bien, votre inquiétude porte sur…* » **5. Traiter l'objection** en s'appuyant sur les réactions préparées en OAV. (–> **Fiche 5**)

<table>
<tr><td>Étape 8 : conclure la vente</td><td>Obtenir un accord verbal ou écrit
La conclusion de la vente consiste à obtenir l'engagement du client. Elle se fait au moment où le vendeur détecte chez l'acheteur des signes verbaux et/ou non-verbaux favorables.
<table><tr><th>Signaux verbaux</th><th>Signaux non-verbaux</th></tr><tr><td>• Le client pose des questions sur les conditions commerciales (livraison, garantie…).
• Le client accepte la réfutation de son objection la plus importante.
• Le client demande des avantages supplémentaires (paiement en plusieurs fois, réduction du prix…).</td><td>• Le client se montre aimable, il se détend, sourit, acquiesce.
• Le client manipule le produit, l'essaye, le garde en main.</td></tr></table>La conclusion de la négociation peut se faire grâce à différentes techniques :
– l'invitation directe amène le client à s'engager en abordant la question du mode de règlement ou de livraison ;
– le récapitulatif des arguments acceptés par le client dresse un bilan positif ;
– le dernier argument technique ou commercial emporte l'adhésion du client à l'offre ;
– le « preclose » isole une dernière objection en validant l'accord sur toutes les autres objections ;
– l'appât propose un avantage exceptionnel si le client achète tout de suite ;
– l'établissement et la signature du bon de commande.</td></tr>
<tr><td>Étape 9 : prendre congé</td><td>1. Le vendeur félicite le client pour son choix et son achat.
2. Le vendeur montre qu'il reste disponible pour d'éventuelles questions ou pour le suivi de la livraison.
3. Le vendeur accompagne le client vers la caisse ou réalise lui-même l'encaissement. Il peut aussi proposer la carte de fidélité du magasin.</td></tr>
<tr><td>Étape 10 : suivre la relation client et fidéliser le client</td><td>Maintenir la relation afin de contrôler la satisfaction et fidéliser le client :
– le vendeur doit assurer le suivi de l'entretien de vente en enregistrant les informations client dans la base de données. Le service marketing de l'UC pourra ensuite transmettre au client des offres commerciales ou des invitations à des événements par mail, courrier, SMS ;
– le contrôle de la satisfaction client peut se faire grâce à des enquêtes de satisfaction.</td></tr>
<tr><td>Étape 11 : mesurer l'atteinte des objectifs</td><td>Il s'agit de contrôler si les objectifs fixés au départ ont été atteints en calculant les différents indicateurs et, s'ils ne sont pas atteints, de proposer des axes d'amélioration.
Le contrôle peut se faire lors d'une évaluation personnelle de chaque vendeur et/ou lors d'une évaluation de l'équipe de vendeurs.</td></tr>
</table>

Voir aussi : Fiche méthode 7.

II Les particularités de la vente d'un service

Les étapes de la vente d'un service sont les mêmes que celles d'un bien. La vente de service présente cependant certaines particularités :
– lors de la vente d'un service, **le client est partie intégrante de la construction de l'offre**. On parle de « coconstruction » entre le vendeur et l'acheteur, qui vont décider ensemble de la durée, du lieu, du contenu précis de la prestation de service.
La phase de découverte des besoins est donc essentielle lors de la vente de services, pour bien identifier toutes les attentes du client ;
– d'autre part, **un service est intangible**, c'est-à-dire on ne peut ni le voir, ni le toucher, ni l'essayer. Le vendeur devra donc matérialiser son offre autrement : avec une plaquette d'information, une vidéo, des témoignages clients. Il devra aussi instaurer une relation de confiance avec l'acheteur. Un client qui décide d'acheter ce qu'il ne peut ni voir, ni toucher, ni essayer, montre qu'il a une confiance totale dans le prestataire qui propose le service et en son expertise.

FICHE RESSOURCE 3

PRÉPARER LES OAV : LA DÉCOUVERTE DES BESOINS

Pour mener à bien une vente, le vendeur va s'appuyer sur des outils d'aide à la vente (OAV) qu'il doit concevoir en amont, avant d'être face au client. Ces outils consistent à anticiper la situation de négociation-vente en préparant toutes les questions et arguments qui pourraient lui être utiles. Le vendeur doit notamment concevoir 10 à 15 questions qu'il pourra poser au client pour cerner ses **besoins**, ses **motivations** et ses **mobiles d'achat**.

I Découvrir les besoins du client

Informations à recueillir	Exemples de questions
La motivation d'achat : - hédoniste (se faire plaisir) - oblative (faire plaisir aux autres) - auto-expression (exprimer sa personnalité)	*« Ce parfum, est-ce pour offrir ou est-ce pour vous ? »*
L'utilisation future du produit : fréquente ou occasionnelle	*« Vous comptez utiliser cet appareil photo pour un usage familial ou pour un usage professionnel ? »*
La fréquence d'achat : achat routinier, fréquent ou exceptionnel	*« Vous changez de téléphone portable tous les ans ?, moins régulièrement ? »*
Les marques préférées du client	*« Vous êtes plutôt iPhone ou plutôt Samsung ?*
Les caractéristiques recherchées du produit	*« Dans quelle couleur préférez-vous ce pull ? » « Voulez-vous un écran de 15 ou de 17 pouces pour votre ordinateur portable ? » « Vous envisagez un aspirateur avec ou sans sac ? »*
Le budget consacré à l'achat	*« Quel budget souhaitez-vous consacrer à l'achat de cette machine à laver ? »*

II Découvrir les mobiles d'achat du client

Mobile à identifier (méthode SONCAS)		Exemples de questions
Sécurité	Le client recherche la sécurité.	*« Pour vous, la sécurité est-elle importante ? »*
Orgueil	Le client cherche à dominer, à paraître, se distinguer des autres.	*« Pensez-vous que ce modèle soit le meilleur ? »*
Nouveauté	Le client veut être moderne.	*« Recherchez-vous le dernier modèle sorti ou un modèle plus classique ? »*
Confort	Le client cherche à simplifier, minimiser les difficultés.	*« La simplicité d'utilisation de l'appareil est-elle importante pour vous ? »*
Argent	Le client agit en fonction de son intérêt, de ses économies.	*« Quel est votre budget pour cet achat ? »*
Sympathie	Le client aime faire plaisir, il fait confiance aux autres.	*« Seriez-vous attiré par un produit original et ludique ? »*

III Les trois types de questions mobilisables

- **Les questions ouvertes** sont un bon moyen de faire parler le client en lui laissant toute la liberté de répondre et de détailler ses attentes.
  EXEMPLE : « *Que pensez-vous de la texture de cette crème de jour ?* »
- **Les questions fermées** demandent une réponse simple (positive ou négative) et facile à interpréter.
  EXEMPLE : « *Ce canapé vous semble-t-il confortable ?* »
- **Les questions alternatives** permettent de proposer deux options aussi favorables l'une que l'autre pour le vendeur.
  EXEMPLE : « *Vous préférez un fond de teint en poudre ou en crème ?* »

FICHE RESSOURCE 4

PRÉPARER LES OAV : L'ARGUMENTAIRE EN CAP

L'argumentation a pour objectif de convaincre le client d'acheter le produit. Elle implique de bien connaître le produit et est préparée à partir de la méthode CAP (Caractéristiques/Avantages/Preuves) :
– **caractéristiques :** qualités techniques ou commerciales du produit ;
– **avantages :** bénéfice que le produit peut apporter au consommateur ;
– **preuves :** démonstration de l'avantage produit.

La préparation méthodique de l'argumentaire permet de récapituler tous les atouts du produit.

	Caractéristiques	Avantages	Preuves	S	O	N	C	A	S
Caractéristiques techniques	Matières Dimensions Poids Couleur Fonctions …	Bénéfice client	Essai du produit Témoignage de clients Démonstration Dégustation Photos Vidéos Fiche produit …						
EXEMPLE	Connexion du téléphone par Bluetooth	Permet de se connecter sans fil à une enceinte	Démonstration de la connexion				x		
Caractéristiques commerciales	Service après-vente Programme de fidélité Moyens de paiement Règlement possible en plusieurs fois Prix Durée de garantie Délai de livraison Services annexes (retouche, échanges, remboursement…) …	Bénéfice client	Conditions générales de vente Carte de fidélité Étiquette …						
EXEMPLE	Règlement en quatre fois sans frais	Permet d'étaler le paiement sans surcoût	Présentation des CGV					x	

Le vendeur pourra cocher dans le tableau le mobile d'achat SONCAS correspondant à chaque argument.

Lors de l'entretien de vente, une fois la découverte du client menée à bien, le vendeur choisira trois ou quatre arguments (parmi tous ceux préparés) correspondant aux besoins et au mobile d'achat identifiés.

FICHE RESSOURCE

5

PRÉPARER LES OAV : LE TRAITEMENT DES OBJECTIONS

I Les différentes techniques pour traiter les objections

Lors de l'argumentaire du vendeur, le client pourra formuler des remarques susceptibles de retarder l'accord final. Il manifestera des réticences, des craintes, des hésitations, des freins à l'achat. Le vendeur doit anticiper ces objections possibles et préparer ses réponses.

<table>
<tr><th>Technique</th><th>Principe</th><th>Technique</th><th>Principe</th></tr>
<tr><td>Oui, mais</td><td>Affaiblir l'objection</td><td>Boomerang</td><td>Transformer l'objection en argument</td></tr>
<tr><td colspan="2">EXEMPLE
Objection : « Je n'arriverai jamais à me servir de cet ordinateur. »
Réfutation : « Oui mais, nous vous proposons une formation. »</td><td colspan="2">EXEMPLE
Objection : « Je n'aime pas le jaune. »
Réfutation : « Vous me parlez de la couleur et justement je trouve qu'elle est très originale. »</td></tr>
<tr><td>Compensation</td><td>Offrir un autre avantage produit pour compenser</td><td>Silence</td><td>Ne pas parler et attendre que le client s'exprime davantage</td></tr>
<tr><td colspan="2">EXEMPLE
Objection : « La roue de secours n'est pas une vraie roue. »
Réfutation : « C'est un détail compte tenu des qualités de ce véhicule. »</td><td colspan="2">EXEMPLE
Objection : « Je crois que je vais réfléchir. »
Réfutation : …</td></tr>
<tr><td>Diversion</td><td>Parler d'autre chose</td><td>Témoignage</td><td>Apporter le témoignage de clients ou de leaders d'opinion</td></tr>
<tr><td colspan="2">EXEMPLE
Objection : « Je n'en ai pas besoin. »
Réfutation : « La couleur vous plaît ? »</td><td colspan="2">EXEMPLE
Objection : « Je n'ai jamais entendu parler de cette marque. »
Réfutation : « Cela m'étonne, parmi nos clients nous comptons X, Y… »</td></tr>
<tr><td>Questionnement</td><td>Poser une question</td><td>Appui</td><td>Proposer une aide</td></tr>
<tr><td colspan="2">EXEMPLE
Objection : « Je n'aime pas cette marque. »
Réfutation : « Pourquoi ? »</td><td colspan="2">EXEMPLE
Objection : « Il est compliqué à utiliser ce téléphone. »
Réfutation : « Je suis justement là pour vous expliquer son fonctionnement. »</td></tr>
</table>

II Le traitement spécifique de l'objection prix

Technique	Principe	Exemple de réfutation
Addition	Additionner les avantages	« *Vous bénéficierez gratuitement d'une extension de garantie et d'une suite de logiciels. Je vous offre également cette clé USB.* »
Soustraction	Montrer qu'en n'achetant pas aujourd'hui, le client paiera plus cher demain	« *L'opération "Le mois Carrefour" prend fin dans 3 jours…* »
Division	Rapporter le prix à une durée d'utilisation.	« *Votre abonnement à Canal+ vous reviendra à 1,50 € par jour…* »
Multiplication	Grossir l'avantage en le multipliant par la durée d'utilisation	« *Avec ce modèle, vous économisez 1 litre aux 100 km, soit 1 000 litres sur 3 ans…* »

FICHE RESSOURCE

6

LES OUTILS NUMÉRIQUES AU SERVICE DU CONSEIL ET DE LA VENTE

Face aux évolutions constantes du comportement des consommateurs, sans cesse à la recherche d'informations sur les produits, qui comparent les différentes offres pour obtenir le meilleur rapport qualité/prix, qui veulent pouvoir choisir parmi de nombreux produits et qui n'hésitent pas à acheter sur tous les canaux, les UC recourent de plus en plus aux outils numériques.

Outils	Apports
Logiciel de Gestion de la Relation Client (GRC), intranet	Renseigner précisément le client sur les caractéristiques commerciales et techniques du produit en consultant la fiche technique complète du produit. **EXEMPLE** Chez Boulanger, le vendeur peut accéder à toutes les caractéristiques du produit *via* le logiciel de GRC.
	Proposer une offre personnalisée en consultant l'historique des achats du client. **EXEMPLE** Le site Amazon.fr se base sur l'historique des achats du client pour lui proposer d'autres articles proches de ses centres d'intérêt.
	Fidéliser les clients avec des cartes digitales. **EXEMPLE** Chez Kiko Make Up Milan, il suffit d'indiquer ses coordonnées pour enregistrer ses achats dans le logiciel de GRC et bénéficier des avantages fidélité.
	Fluidifier le parcours d'achat et réduire l'attente en caisse en encaissant un produit et en éditant la facture *via* un terminal ou un téléphone portable. **EXEMPLE** Lors des pics d'affluence, les vendeuses de Sephora peuvent encaisser les achats des clientes grâce à des terminaux mobiles reliés au SI (système informatique) de l'entreprise.
	Améliorer la gestion du point de vente en mesurant la performance des vendeurs avec le calcul des principaux indicateurs : chiffre d'affaires, panier moyen, taux de transformation du rayon. **EXEMPLE** Le logiciel de GRC de Pimkie permet au manageur de connaître en temps réel le panier moyen, le taux de transformation, l'indice de vente et le chiffre d'affaires.
Tablette, borne numérique, cabine virtuelle	Élargir l'offre en proposant des produits en magasin, en réserve, dans d'autres UC du réseau et sur le site Internet pour permettre aux clients de trouver le produit qu'ils recherchent. **EXEMPLE** Dans les magasins de prêt-à-porter COS, les vendeurs proposent sur tablette les produits qu'ils n'ont pas en magasin.
	Réaliser une démonstration du produit sur tablette ou sur écran fixe pour les produits dont la démonstration serait impossible en magasin. **EXEMPLE** Chez Castorama, des bornes proposent des vidéos de démonstration de techniques ou de produits (ex. : refaire un mur avec effet béton ciré).
	Proposer des solutions de réalité augmentée : essai de produit virtuel. **EXEMPLE** Les opticiens Atol proposent des essais virtuels de lunettes.
Logiciel de personnalisation des produits	Personnaliser les produits. **EXEMPLES** Les magasins Adidas proposent de « floquer » un t-shirt avec le nom de son joueur de foot préféré. Sur le site Internet de Converse, le client peut choisir le motif et la couleur de sa chaussure.

FICHE RESSOURCE

7

LE CONTRAT DE VENTE

Chaque fois que l'unité commerciale vend un bien ou un service, elle passe un contrat avec l'acheteur. Ce contrat n'est pas forcément écrit ; seuls les contrats dont la valeur excède 1 500 € doivent en principe être prouvés par un écrit.

I Définition

L'article 1582 du Code civil définit le contrat de vente de la façon suivante : « **La vente est une convention par laquelle l'un s'oblige à livrer une chose, et l'autre à la payer.** »
Le contrat de vente est **synallagmatique**, c'est-à-dire qu'il crée des obligations pour le vendeur et pour l'acheteur.

Obligations du vendeur	Obligations de l'acheteur
• **Obligation de délivrance** en mettant la chose à la disposition de l'acheteur. • **Obligation de garantie légale** qui couvre les vices cachés rendant la marchandise impropre à l'usage. (C'est à l'acheteur d'apporter la preuve du défaut.)	• **Obligation de prendre livraison de la chose.** Dans le cas contraire, le vendeur peut demander la résolution (c'est-à-dire l'annulation) de la vente. • **Obligation de payer le prix** convenu.

Le principal effet du contrat de vente est le **transfert de propriété** : la propriété de la chose vendue est transférée à l'acheteur, dès l'instant où vendeur et acheteur sont d'accord sur la chose et sur le prix.
En cas de **non-respect des obligations** par un des deux contractants, l'autre partie pourra demander la réparation du préjudice causé, souvent au travers de **dommages et intérêts**.

II Les conditions de validité du contrat de vente

Comme pour les autres contrats, trois conditions sont nécessaires pour qu'une vente soit valide :
– les parties doivent avoir exprimé leur **consentement** ;
– les parties doivent avoir la **capacité à contracter** ;
– le contenu du contrat doit être **licite et certain**.

EXEMPLE

Si l'achat d'une voiture se fait à un prix fixé pour un kilométrage donné, alors le contenu du contrat est licite et certain.

III L'obligation d'information

Avant la conclusion du contrat, le vendeur doit informer le consommateur sur les caractéristiques du bien ou du service : nature du produit, conditions d'utilisation, prix et éventuellement risques liés à l'utilisation du produit. Dans certains cas, le vendeur pourra aussi remettre à l'acheteur un devis ou un bon de commande pour formaliser ces informations.
Le Code de la consommation prévoit une sanction financière pour tout vendeur qui ne respecte pas ses obligations d'information ; cette sanction peut être encourue aussi par l'UC (article L. 111-6) « Tout manquement est passible d'une amende administrative dont le montant ne peut excéder 3 000 € pour une personne physique [le vendeur] et 15 000 € pour une personne morale [l'UC]. ».
Dans le cadre d'une vente en *B to C*, la jurisprudence confirme également l'importance de cette obligation :
– le vendeur est considéré comme un expert, et l'acheteur comme un profane (n'y connaissant rien) : le vendeur professionnel doit s'informer de l'usage auquel l'acheteur entend employer la chose ;
– plus le bien vendu est technique et plus le vendeur a un devoir de conseil sur l'achat et l'utilisation ;
– plus le bien vendu est dangereux et plus le vendeur a un devoir de mise en garde du client.

Applications

1 Préparer les OAV d'un produit et d'un service – Vendre un produit et un service

Vous venez d'être recruté(e) comme vendeur(-se) chez Bleu Telecom et vous devez vous préparer à vos futures ventes.

1. Préparez cinq questions à poser aux clients pour découvrir leurs besoins en téléphone, et cinq autres questions pour découvrir leurs besoins en forfait téléphonique.
2. Préparez l'argumentaire de vente pour le Samsung Galaxy S22 et pour le forfait Liberté.
3. Anticipez trois objections pour le téléphone et trois autres pour le forfait. Prévoyez leur traitement.
4. Formez des binômes vendeur/acheteur et simulez des ventes en suivant les différentes étapes.

Document 1 Le Galaxy S22 de Samsung

Le Galaxy S22 est le nouveau venu de chez Samsung.
Doté d'une puce Exynos 2200, couplée à une mémoire vive de 8 Go, le Smartphone est très réactif et très puissant.
Son triple objectif et son zoom optique permettent de faire des photos d'une qualité professionnelle.
Son écran Amoled Full HD+, recouvrant l'intégralité de la surface de l'écran, permet une sensation d'immersion totale.
Côté autonomie, ce Smartphone est équipé d'une batterie 3 000 mAh qui permet une grande autonomie et une charge rapide.
Il est disponible en cinq couleurs : vert, blanc, lavande, noir et rose.
Prix : 799 euros

Document 2 Forfait Bleu Liberté

16,99 € pendant 12 mois puis 24,99 €/mois
Appels et SMS illimités en France métropolitaine et vers les DOM.
Internet 50 Go : surfez sur Internet, regardez des vidéos HD et écoutez de la musique sans compter sur le grand réseau Bleu Telecom (3G/4G & 4G +).
À l'étranger depuis l'Europe et les DOM : appels et SMS illimités vers ces destinations et la France métropolitaine. 20 Go de votre enveloppe Internet utilisables tous les mois en Europe et dans les DOM.
Avantages Smartphone : prêt gratuit d'un mobile équivalent en cas de panne.
Renouvellement tous les 18 mois de votre mobile à prix préférentiel. Les derniers Smartphones à prix avantageux avec des facilités de paiement. Prix de reprise de votre ancien Smartphone garanti.

2 Maîtriser les outils numériques au service de la vente conseil

INTERSPORT

Assistant(e) manageur chez Intersport, vous proposez aux vendeurs du rayon Cycle des tablettes pour les aider à mieux vendre leurs produits.

1. Recherchez des informations et des visuels sur le vélo électrique E-Cliff 700.
2. Créez l'argumentaire du vélo électrique Nakamura E-Cliff 700.
3. Réalisez un diaporama qui sera utilisé par les vendeurs pour argumenter sur Nakamura et sur ses produits complémentaires.
4. Formez des binômes vendeur/acheteur et réalisez des simulations de vente avec la tablette.

Document 1 Le VTT électrique Nakamura E-Cliff 700

Un incontournable particulièrement adapté aux virées sur tous les terrains. Équipé d'une batterie semi-intégrée lithium 36 v, ce vélo se montre pratique, très maniable et plutôt léger grâce à son excellente répartition des poids et son cadre aluminium. **Le vélo électrique en toute simplicité.** Fort de trois niveaux différents d'assistance électrique avec indicateur, l'E-Cliff 700 vous soutient pendant que l'aide à la marche s'adapte à votre niveau de fatigue en stimulant le pédalier sans effort à fournir. Son système de freins à disques mécaniques assure au cycliste un freinage progressif, constant, et une sécurité optimale.

Ne jamais oublier de porter un casque. Il est indispensable lors de chacune de vos sorties.

Prix : 999 €

Taille : S/M/L

Retrait en magasin ou livraison à domicile.

Garantie 2 ans

www.intersport.fr

Site web : VTT Nakamura E-Cliff 700 – Intersport
liennathan.fr/42h8me

Document 2 Produits complémentaires au vélo électrique Nakamura E-Cliff 700

Articles complémentaires

Compteur 11 fonctions sans fil

NAKAMURA

19,99 €

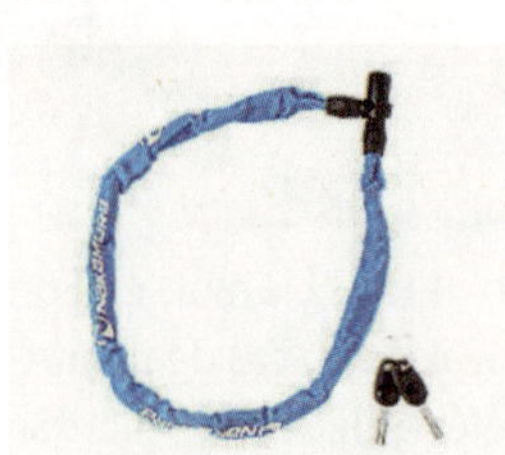

Antivol pour chaîne

NAKAMURA

6,99 €

Garde boue avant arrière Sport

NAKAMURA

2,99 €

Garde boue avant arrière Sport

NAKAMURA

2,99 €

www.intersport.fr

3 Conclure une vente et signer un contrat

Vous êtes assistant(e) manageur chez Angle Vert, leader de l'entretien du jardin dans la région de Montpellier. Vous êtes chez un client, M. Laffite, 6 impasse du Soleil, 34000 Montpellier ; après une découverte de ses besoins, vous lui avez présenté la formule Silver à 136,30 € par mois. M. Laffite semble intéressé.

1. Concluez la vente en utilisant trois techniques différentes.
2. Rédigez le contrat de prestation de service (vous pouvez vous aider de l'annexe 13).
3. Prenez congé de M. Laffite en deux ou trois phrases.
4. Proposez un dispositif de suivi des prestations et de suivi de la satisfaction client sur un an.

Document 1 La prestation Silver d'Angle Vert Services

9 demi-journées d'un jardinier expert, à répartir sur l'année

Une demi-journée comprend : 3,5 heures sur place + 1/2 heure forfaitaire de déplacements (Entreprise - > votre domicile - > entreprise + trajet jusqu'à la déchetterie verte pour l'évacuation des déchets).

À titre indicatif, voici **ce que nos jardiniers sont susceptibles de faire pendant une demi-journée** d'intervention :

- Tondre 150 à 250 m^2 de jardin et évacuer les déchets verts
- Débroussailler 250 à 350 m^2 de jardin, sans évacuer les déchets verts
- Scarifier 200 à 300 m^2 de gazon
- Ramasser les feuilles sur un terrain de 300 à 400 m^2 […]
- Procéder à l'entretien annuel du système automatique d'arrosage […]
- Tailler 15 à 20 arbustes…

La formule SILVER consiste à **se faire prélever 136,30 € TTC par mois sur le compte bancaire**, dès le premier mois de la signature du contrat annuel d'entretien de jardin, et ce pendant 12 mois. Le contrat est reconductible d'une année sur l'autre mais peut-être stoppé avec un préavis d'un mois […].

SARL Angle Vert Services - Chemin des Carrières - 34670 Baillargues

www.anglevert-services.com

Document 2 Le suivi de la relation client dans les services

Les prestataires de services se focalisent beaucoup trop souvent sur l'attrait que représentent de nouveaux contrats plutôt que sur l'entretien des relations avec des clients déjà acquis. Or, en matière de services comme de biens, le suivi de la relation client est essentiel.

Il s'agira de prendre contact assez régulièrement avec les clients pour leur poser quelques questions relatives à leur satisfaction : sont-ils contents de la prestation de service ? La qualité des prestations est-elle régulière ? Sont-ils satisfaits des compétences du prestataire ?

On peut proposer aussi aux clients une montée en gamme avec des servies Premium comportant des prestations plus importantes. Il est important aussi de prévoir une fidélisation des clients en leur proposant des avantages récompensant leur fidélité.

Enfin, il faut aussi préparer une réponse pour les clients qui désirent mettre fin à leur contrat en identifiant d'abord pourquoi ils veulent résilier et ensuite en leur proposant un avantage s'ils restent.

Synthèse

Vendre en *B to C* dans un contexte omnicanal

La vente

- Une situation de communication et de négociation entre deux personnes
- Un accord entre un vendeur (engagement à livrer un bien ou un service) et un acheteur (engagement à le payer)

Les étapes de la vente

Étape 1 : Connaître les objectifs de vente
Étape 2 : Préparer la vente : connaître son réseau, son UC, ses clients, ses produits et ses concurrents – élaborer des Outils d'Aide à la Vente (découverte des besoins du client, argumentaire en CAP/SONCAS, traitement des objections)
Étape 3 : Prendre contact avec le client
Étape 4 : Découvrir ses besoins, ses mobiles et ses motivations

Étape 5 : Confirmer les besoins en les reformulant
Étape 6 : Argumenter sur le produit pour convaincre le client
Étape 7 : Traiter les objections
Étape 8 : Conclure la vente
Étape 9 : Prendre congé
Étape 10 : Suivre la relation client et le fidéliser
Étape 11 : Mesurer l'atteinte des objectifs

La particularité de la vente d'un service

- Un service est co-construit par l'acheteur et le vendeur
- Le vendeur doit matérialiser l'offre
- Le vendeur doit établir une relation de totale confiance avec l'acheteur

Les outils numériques au service du conseil et de la vente

Logiciels de GRC, Intranet, tablettes, bornes numériques, cabines virtuelles…

- Élargissement de l'offre de l'UC physique
- Information des clients
- Personnalisation de l'offre
- Fidélisation des clients

Le contrat de vente

La vente est une convention par laquelle l'un s'oblige à livrer une chose et l'autre à la payer

Obligations du vendeur

- Obligation de délivrance
- Obligation de garantie légale

Obligations de l'acheteur

- Obligation de prendre livraison de la chose
- Obligation de payer le prix

Mots-clés

Communication interpersonnelle • Efficacité relationnelle • *B to C* • Assertivité • Outils d'aide à la vente (OAV) • Mobiles SONCAS • Motivations d'achat • Objections

TESTEZ-VOUS
liennathan.fr/pc83v6

CHAPITRE

9 Vendre en *B to B* dans un contexte omnicanal

Compétence
Vendre en *B to B* dans un contexte omnicanal

Savoir associé
La vente en *B to B* et le conseil client dans un contexte omnicanal

Vers PIX
1.2. Gérer des données
1.3. Traiter des données
2.1. Interargir
2.2. Partager et publier

Contexte professionnel

Nom : La Plateforme du Bâtiment
Adresse : Marseille 14e
Type d'UC : grossiste
Offre commerciale : matériaux pour les métiers du bâtiment
Effectif : 55 salariés

La Plateforme du Bâtiment est un réseau de 67 points de vente appartenant au groupe Saint-Gobain, qui propose une offre de matériaux (carrelage, peinture, électricité...) réservée aux professionnels du bâtiment : électriciens, maçons, plombiers, carreleurs, menuisiers... L'enseigne dispose aussi d'un e-shop, également réservé aux professionnels.
La Plateforme garantit un stock permanent d'une large gamme de produits sous 300 marques professionnelles sélectionnées pour leurs normes et leur qualité. La Plateforme du Bâtiment à Marseille a été créée en 2001. Elle offre aujourd'hui plus de 20 000 références produits sur une surface de 3 000 m².

Votre rôle

Vous assistez le responsable du rayon Carrelage de la Plateforme du Bâtiment à Marseille. Vous rencontrez chaque jour des clients professionnels auxquels vous apportez votre expertise, en les conseillant et en leur proposant une offre complète adaptée à leurs besoins et à ceux de leurs clients.

Vos objectifs

I Se préparer aux spécificités de la vente en *B to B*

Vous avez rendez-vous la semaine prochaine avec M. Martin, chef de projet de la société Inova, qui recherche une solution pour carreler les salles de bains (sols et murs) de 15 appartements de luxe en cours de construction. M. Martin sera accompagné du responsable Achats de son entreprise et du carreleur qui assurera les travaux. Avant le rendez-vous, vous vous renseignez sur votre prospect. Vous avez collecté diverses informations.

1 Complétez la fiche contact et la fiche entreprise sur votre logiciel de GRC (gestion de la relation client). Vous recueillerez les informations manquantes lors de votre négociation.
Fiche ressource 1
Annexes 1 et 2

2 Identifiez le rôle des trois interlocuteurs présents lors de cette négociation-vente. Quels sont d'après vous leurs objectifs respectifs ?
Annexe 3

3 Listez vos objectifs, pour ne pas les oublier lors de la négociation.

4 Pour quelles raisons peut-on dire que cette négociation est à fort enjeu, pour le client comme pour vous-même ?

5 Pour vous aider à présenter éventuellement à votre prospect la distribution omnicanale de La Plateforme du Bâtiment, vous construisez un schéma comprenant les différentes possibilités pour passer commande. Vous préciserez sur ce schéma les opérations qui sont digitalisées.
Annexe 4

II Préparer les outils d'aide à la vente (OAV) en *B to B*

Pour vous préparer à cette négociation, vous devez créer des outils d'aide à la vente (OAV) spécifiques à la vente en *B to B*.

6 Votre prospect vous a envoyé un mail avec un descriptif du programme immobilier « Les Terrasses du Soleil ». En prenant appui sur ce projet, préparez un double plan de découverte avec 15 questions qui vous permettront de découvrir les besoins de votre client et ceux du client de votre client.
Fiche ressource 2
Annexe 5

7 Préparez un argumentaire destiné à votre prospect pour le convaincre de devenir client de la Plateforme du Bâtiment.
Annexe 6

8 Vous proposerez ensuite plusieurs carrelages répondant aux besoins de votre client, mais vous savez déjà que les carreaux ciment mosaïque, très tendance en ce moment, feront partie de votre choix. Préparez pour ce produit un argumentaire en CAP/SONCAS destiné au client de votre client.
Annexe 7

9 Votre offre n'est pas seulement une offre de carrelage : c'est une solution complète. Préparez une note sur ce point, que vous évoquerez avec votre client lors de la négociation.

Votre dossier

Annexe 1 — La société Inova

Créée en 1981, la société Inova est structurée en trois départements : la vente immobilière, la location et la construction de programmes immobiliers.

Après plus de trente ans d'existence, le groupe doit s'adapter au contexte économique et social. En effet, sa structure doit évoluer, tant sur le plan de la gestion des programmes que sur le plan commercial et technique. Les produits vont être différents, les modes de commercialisation aussi. Inova se distingue par une approche de développeur assurant une valeur ajoutée à l'acte de bâtir et à l'aménagement d'espaces dans la cité. En dehors des opérations classiques de promotion immobilière, Inova a conçu et développé 200 000 m² dans des opérations d'aménagement urbain nécessitant une compétence et une vision sociologique, urbanistique et financière alliée à une volonté affirmée d'entreprendre.

Dénomination	PROMOTION GESTION RÉALISATION	
Adresse	PROMOTION GESTION RÉALISATION 13008 MARSEILLE	
Téléphone	Afficher le numéro de téléphone	
SIREN 318 215 314		
SIRET (siège)	31821531400177	
N° de TVA intracommunautaire	Obtenir le numéro de TVA	
Activité (code NAF ou APE)	Promotion immobilière de logements (4110A)	
Forme juridique	SA à directoire	
Date immatriculation RCS	10-12-1981	Voir les statuts constitutifs
Date de dernière mise à jour	21-02-2019	Voir les derniers statuts publiés
Tranche d'effectif	20 à 49 salariés	
Capital social	1 000 000,00 €	
Chiffre d'affaires 2022	2 407 900,00 €	

Annexe 2 — Logiciel de Gestion de la relation client (GRC)*

Onglet Contact

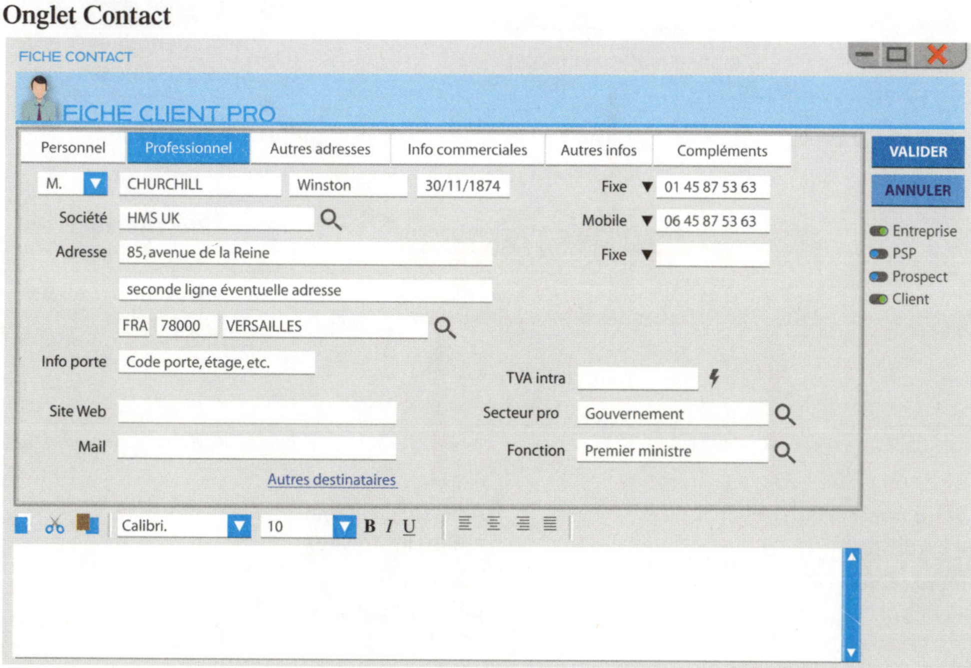

➔ Logiciel de Gestion de la relation client (GRC)

Onglet Entreprise

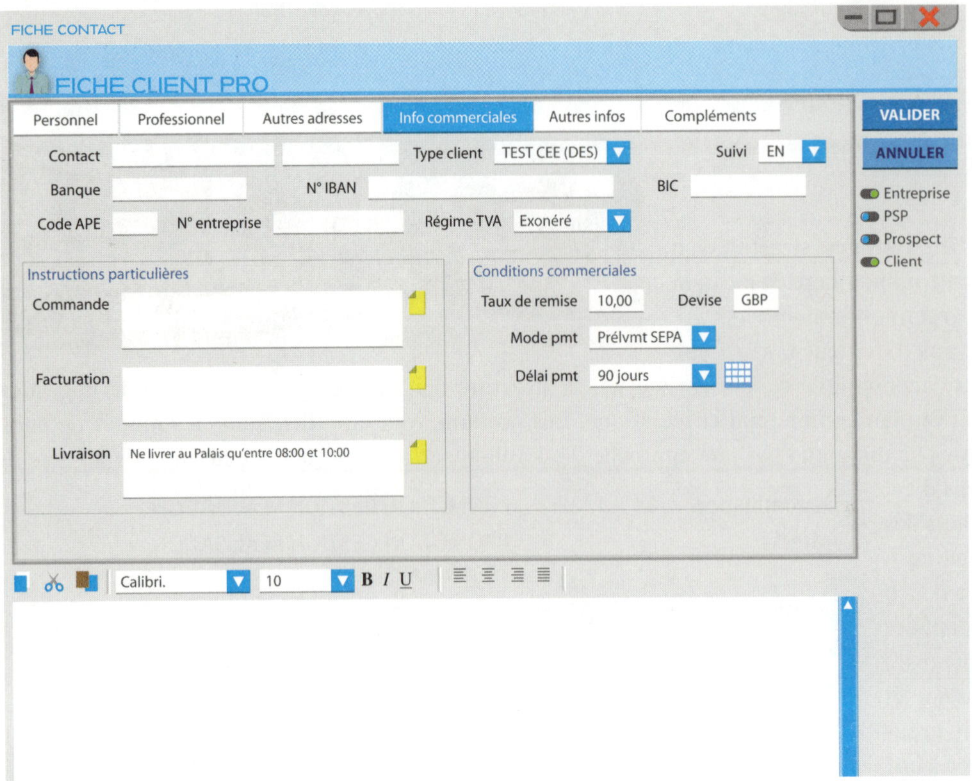

* Données fictives, imaginées pour le cas pédagogique.

Annexe 3 Extrait du « livret vendeur » de La Plateforme du Bâtiment*

Lorsqu'un vendeur est embauché dans un des 67 points de vente de La Plateforme du Bâtiment, il reçoit un « livret vendeur » qui résume toutes les préconisations du réseau pour réaliser une vente en B to B.

La Plateforme du Bâtiment : une vente multidimensionnelle stratégique (extrait)

Nos vendeurs doivent être soucieux de prendre en compte le rôle que joue chaque interlocuteur dans le processus d'achat.

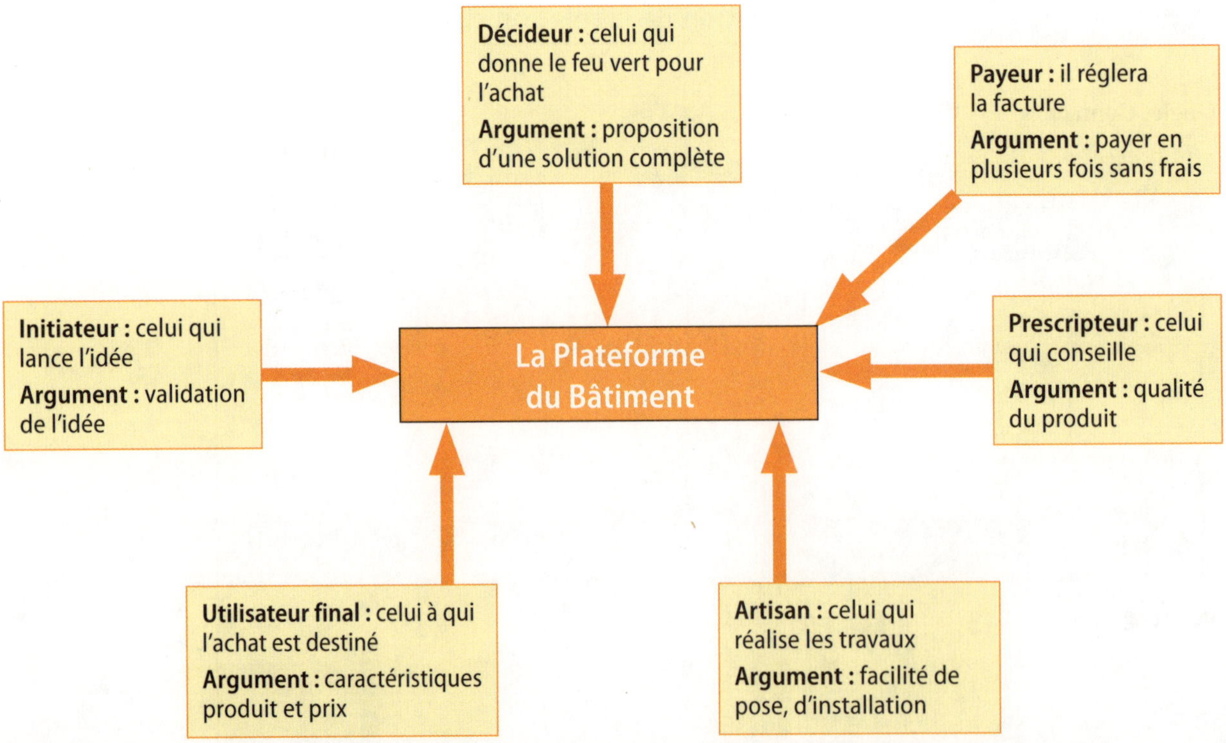

* « Livret vendeur » de la Plateforme du Bâtiment fictif, imaginé pour le cas pédagogique.

Annexe 4 — Comment passer commande à La Plateforme du Bâtiment ?

« Comment peut-on passer commande à la Plateforme du Bâtiment ? »

Il existe plusieurs possibilités. La première, faire « comme avant » : venir dans un des 67 points de vente de La Plateforme, découvrir les rayons, les produits, payer et emporter ! La seconde possibilité : se procurer le catalogue papier, remplir un bon de commande et l'envoyer. La livraison est faite dans les 24 heures. C'est simple, mais parfois vous ne pouvez pas vous déplacer ou vous n'avez pas le temps. Dans ce cas, vous allez directement sur le site Internet de La Plateforme, sur lequel tout catalogue est en ligne, avec deux entrées, soit par métier, soit par produit, pour trouver facilement le produit recherché. Vous remplissez votre bon de commande en ligne et, en un clic, votre commande est passée. Vous pouvez venir chercher vos produits 1 heure après au *drive* ou être livré directement sur votre chantier. Et si vous n'avez pas d'ordinateur à portée de main, vous pouvez même télécharger l'application et faire tout ça depuis votre smartphone. Vous pouvez payer directement en ligne, une e-facture vous sera envoyée par mail. Vous pouvez aussi payer au guichet avant de retirer votre commande au *drive*. Vous pouvez également obtenir aussi un e-devis : vous remplissez votre bon de commande et on vous envoie très rapidement par mail une proposition de devis.

« Si le client vient chercher sa marchandise au drive et qu'elle n'est pas prête ? »

Impossible : lorsque votre marchandise est prête à être récupérée ou livrée, un mail vous est envoyé. Par conséquent, vous êtes certain de ne jamais vous déplacer pour rien.

« Les clients professionnels doivent tenir compte des attentes de leurs clients : comment peuvent-ils leur montrer l'offre de La Plateforme ? »

Un catalogue digital que vous pouvez télécharger sur votre PC, tablette ou téléphone portable, et que vous pouvez partager avec vos clients est proposé. Votre client fait sa sélection de produits parmi les différents univers proposés (salles de bains, cuisines, lames de terrasse…), il vous fait part de son choix en validant sa sélection en quelques clics et vous recevez sa liste de produits par e-mail… Il ne vous reste plus qu'à passer commande !

Annexe 5 — Le projet immobilier Inova : Les Terrasses du Soleil

Message Options

Envoyer Coller Calibri (Cor… 11 Joindre un fichier Tableau Images Vérifier les noms

De : Inova

À : carrelage@laplateforme.fr

Cc :

Objet :

Bonjour,

Comme convenu lors de la prise de RDV, je vous communique notre projet de programme immobilier : Les Terrasses du Soleil.

Inova avec son programme immobilier Les Terrasses du Soleil propose 15 logements de prestige en front de mer à Marseille dans le nouveau quartier des affaires de La Joliette. La période totale des travaux s'étend d'avril N à mai N+1. Le gros œuvre terminé, les finitions (peinture et carrelage des appartements se feront dans un délai très court d'un mois ou deux).
Ce programme s'adresse à des CSP++ (cadres supérieurs et professions libérales), plutôt jeunes urbains (vu la situation dans le quartier des affaires) très sensibles aux nouvelles tendances de déco. Chaque appartement sera livré avec deux salles de bain (une grande de 15 m² et une petite de 8 m²).

Très cordialement,
L'équipe Inova

Annexe 6 — La plateforme du bâtiment

GAGNER DU TEMPS, C'EST GAGNER DE L'ARGENT

- **Ouvert dès 6h30** du lundi au samedi
- **Connecté** 24h/24, 7j/7
- **Conseillers** disponibles
- **Devis sous 24 h**
- **Découpe de bois, de portes de placards, de verre, de câble et mise à la teinte**
- Passage en **caisse rapide**
- Règlement **à votre rythme**
- **Enlèvement** efficace
- Aide au **chargement**
- **Reprise** de marchandises sans facture
- **Déchetterie, location,** etc.

- Déjà **150 000** professionnels nous font confiance !
- Une offre complète regroupant l'ensemble des **métiers du bâtiment sous le même toit**
- Des **produits de qualités** de marques reconnues par nos professionnels **en stock toute l'année**
- Des **équipes d'experts** disponibles pour vous accueillir et vous conseiller
- Des **prix affichés et garantis pendant un an**
- Un réseau national de 67 dépôts **ouvert dès 6h30** du lundi au samedi
- **Un site Internet et une application mobile** pour commander 7/7j 24h/24
- Une **multitude de services** pour vous, professionnels (devis sous 24 h, service atelier, mise à la teinte, déchetterie, location…)

100 % STOCK

- **+ de 300 marques professionnelles**

La Plateforme du Bâtiment sélectionne pour vous des produits de marques réputés pour leurs normes et leurs qualités professionnelles, **en stock permanent**

- **Le pacte Stock :**

Notre engagement pro !

Si notre engagement stock n'est pas respecté, noud vous remboursons 10 % du produit.

100 % PRIX

Sans mauvaises surprises

- **Un prix clair :** chaque client dispose du même prix. Pas de différence selon le domaine d'activité. **C'est notre respect à chacun d'entre vous.**
- **Un prix net :** le prix Mémento est le prix que vous payerez en caisse. Pratique pour réaliser vos devis. **C'est notre transparence pour vous.**
- **Un prix garanti 1 an :** valable pendant toute la durée du Mémento. Mais **dès que nous pouvons les baisser, vous en profiterez immédiatement.**

C'est aussi de bonnes surprises pour vous !

- **Un prix dégressif en fonction des quantités achetées.**
- **50 € offerts pour 1 500 € d'achat.** Plus vous achetez, plus vous gagnez !
- **Ouvrez un compte et réglez à votre rythme**

3X sans frais 6X sans frais

- **Le pacte Pro Prix : moins cher ailleurs ? Nous vous remboursons la différence + 10 %.**

www.laplateforme.com

Annexe 7 — Fiche technique Carrelage ciment mosaïque

- **Dénomination :** Carreau ciment mosaïque
- **Plusieurs motifs :** Belle Époque, Tradition, Vintage…
- **Carrelage :** mural ou sol
- **Plusieurs dimensions :** 20 × 20 cm ou 20 × 24,5 cm
- **Plusieurs épaisseurs :** 10 mm ou 7 mm
- **Plusieurs coloris :** gris/bleu/blanc ou bordeaux/blanc ou bleu/blanc
- **Surface :** lisse
- **Nettoyage :** facile
- **Prix :** 42 €/m^2
- **Qualité produit :** très résistant aux impacts
- **Norme : NF**

Produit très tendance haut de gamme

FICHE RESSOURCE 1

COMPRENDRE LES SPÉCIFICITÉS DE LA VENTE EN *B TO B*

I La vente en *B to B* : une négociation particulière

1. La notion de vente en *B to B*

La vente en *B to B* (*Business to Business*) ou « commerce interentreprises » est une vente entre deux entreprises. Elle présente des similitudes avec la vente en *B to C* (chapitre 8) ; c'est une situation de communication qui implique deux ou plusieurs personnes : le ou les acheteurs et le vendeur.
Pour les acteurs, il s'agit de négocier pour atteindre des objectifs qui leur sont propres. Pour le vendeur, l'objectif est de satisfaire et de fidéliser le client ; pour l'acheteur, l'objectif est de satisfaire ses besoins en obtenant le meilleur rapport qualité/prix, mais aussi de satisfaire les besoins de son propre client.

2. Les étapes de la vente

Les étapes d'une vente en *B to B* sont les mêmes qu'en *B to C*.

1	2	3	4	5	6	7	8	9	10	11
Fixation des objectifs	Préparation des Outils d'Aide à la Vente (OAV)	Prise de contact	Découverte des besoins	Verrouillage (reformulation des besoins)	Argumentation en CAP	Traitement des objections	Conclusion	Prise de congé	Suivre la relation client et fidéliser	Mesurer l'atteinte des objectifs

3. Les spécificités de la vente en *B to B*

La vente en *B to B* présente des spécificités par rapport à la vente en *B to C*.

La connaissance client est plus approfondie et la relation client est plus étroite	La négociation en *B to B* est une négociation à fort enjeu. Un client peut représenter un très fort pourcentage de chiffre d'affaires et il est lui-même un professionnel de l'achat. Il est donc essentiel pour le vendeur de connaître ses attentes de **façon précise**. La relation client est aussi davantage basée sur une **personnalisation de l'offre** allant même jusqu'à une collaboration et un partenariat entre le vendeur et l'acheteur.
La solution à apporter au client doit être complète	Il s'agit de vendre des produits, mais aussi des services annexes : livraison dans des lieux spécifiques, délais de paiement allongés, SAV rapides…
Les acteurs du processus décisionnel sont nombreux	L'initiateur qui lance l'idée d'un achat (ex. : le directeur commercial qui propose l'achat de tablettes pour ses vendeurs), le prescripteur (ex. : le directeur du service informatique), l'utilisateur (ex. : les vendeurs qui utiliseront les tablettes), le décideur de l'achat (ex. : le dirigeant de l'entreprise), le payeur (ex. : le comptable de l'entreprise).
Le processus d'achat est plus long	Une première phase consiste pour le service Achat à étudier les besoins. Ces besoins seront consignés dans un **cahier des charges**. Puis, dans une seconde phase, l'entreprise va rechercher des fournisseurs en lançant un **appel d'offres**. Ensuite, il s'agira de comparer l'offre de différents fournisseurs grâce à différents critères de prix, de qualité et de services annexes. Enfin, durant la dernière phase, l'entreprise va négocier avec le ou les fournisseurs retenus.
Lors des négociations, la découverte des besoins et l'argumentaire sont doubles	Il s'agit de découvrir les besoins du client, mais aussi les besoins du client du client et d'argumenter en direction du client et en direction du client du client.
La négociation prix est plus longue et plus tendue	En *B to B*, les quantités demandées et les fréquences d'achat sont généralement plus élevées qu'en *B to C*. Le client est donc davantage en position de force pour demander des remises ou des ristournes.

II Les enjeux de la veille informationnelle

Comme la vente en *B to C*, le *B to B* est devenu omnicanal. Les entreprises proposent à leurs clients professionnels une vente en unité commerciale physique (points de vente, *showroom*, salons spécialisés) et une vente en unité commerciale virtuelle avec des sites en ligne, des *e-shop* sur les réseaux sociaux (Instagram) ou encore des applications pour smartphone.
Le commerce en *B to B* est devenu très digitalisé avec de nombreux outils numériques permettant la coopération entre fournisseurs et clients (logiciels de *Supplier Relationship Management*, d'échange de données informatisées ou de *Supply Chain Management*).

FICHE RESSOURCE

2

PRÉPARER LES OUTILS D'AIDE À LA VENTE EN *B TO B*

Les deux outils d'aide à la vente (OAV) spécifiques à la vente en B to B sont le double plan de découverte des besoins et la double argumentation.

I La double découverte des besoins

Pour proposer une solution optimale aux professionnels, le vendeur en *B to B* doit d'abord découvrir les besoins de son client et les besoins du client de son client. Pour cela, il doit préparer un double plan de découverte.

La découverte des besoins du client	La découverte des besoins du client du client
Il s'agit de découvrir par une série de questions les besoins spécifiques du client professionnel : • le **domaine d'activité** de l'entreprise, sa part de marché, l'évolution de son chiffre d'affaires ; • le **profil** de ses clients : sexe, âge, CSP… ; • son **positionnement** : haut de gamme avec prix élevés, moyen de gamme ou entrée de gamme avec prix bas ; • sa politique de **marge** (forte ou faible marge) ; • les besoins en **quantités** et la **qualité** désirée ; • ses besoins en termes de **fréquence** et de lieu de livraison ; • ses besoins éventuels en délais de paiement.	Il s'agit de découvrir les besoins du client du client. La technique utilisée sera la même qu'en *B to C* : poser une série de questions pour découvrir : • les **mobiles d'achat** (SONCAS) ; • les **motivations** (hédonistes, oblatives, d'auto-expression) ; • les **besoins** (caractéristiques produit recherchées, lieu d'achat, fréquence d'achat, budget alloué…).

II La double argumentation

Pour convaincre son client d'acheter, le vendeur doit également préparer un double argumentaire : l'un en direction de son client et l'autre en direction du client de son client.

Exemples d'arguments en direction du client professionnel	
Arguments entreprise	– Notoriété de l'entreprise et de ses produits – Nombre de clients professionnels qui font confiance à l'entreprise
Arguments produits	– Largeur de la gamme de produits proposés – Disponibilité des produits en stock et suivi des produits dans le temps – Produits nouveaux – Normes de qualité ISO ou NF
Arguments prix	– Prix garantis sans variation sur une période d'un an – Marge dégagée par le professionnel après revente à son client – Remises, prix dégressif selon quantités – Délais de paiement – Paiement en plusieurs fois – Reprise des invendus – Devis et facturation en magasin et en ligne
Arguments distribution	– Ouverture du point de vente 7j/7 et forte amplitude horaire – Possibilité de commande en omnicanal : en magasin, sur le site de l'entreprise ou sur l'application smartphone – Fréquence des livraisons et choix des lieux de livraison – Aide à la logistique : transport, manutention des produits
Arguments gestion de la relation client	– Proposition de conseil par des vendeurs compétents et spécialisés dans leur domaine d'activité – Offre de solution complète personnalisée.

L'argumentaire en direction du client du client doit permettre une argumentation en CAP/SONCAS sur les caractéristiques techniques et commerciales du produit (***voir chapitre 8***).

Applications

1 Préparer un argumentaire pour vendre en *B to B*

Vous êtes adjoint(e) du directeur du Leclerc Marseille Sormiou et vous avez pour mission de développer l'activité de la station-service du supermarché. Pour cela, vous avez décidé, en accord avec la politique du réseau, de proposer la carte Carburant Pro aux entreprises présentes dans votre zone de chalandise.

Créez l'argumentaire en CAP pour la vente de la carte Carburant Pro.

Document La carte Carburant Pro Leclerc

Un outil de gestion facile : pilotez votre consommation de carburant depuis votre espace client

Cartes 100 % paramétrables

Créneaux d'approvisionnement, plafond de consommation, choix du code secret : fixez vous-même les conditions d'utilisation de vos cartes.

Suivi et alertes en temps réel

Augmentation et diminution des plafonds, blocage et déblocage des cartes… vos décisions sont prises en compte en temps réel.

Rapports et bilans mensuels

Visualisez et analysez en un coup d'œil votre consommation mois par mois.

Des services adaptés : facilitez la mobilité de vos conducteurs

Carburants et AdBlue(R) de qualité au meilleur prix

Tous nos carburants et produits disponibles en station sont conformes aux standards exigés par les législations françaises et européennes et nos tests de contrôle internes sont chaque année plus stricts.
Tout cela, nous vous en faisons bénéficier à prix très compétitifs.

Péages et stationnements facilités

Pour les véhicules légers et les utilitaires […], combinez Carte Carburant Pro avec les badges Liber-T pour franchir rapidement les péages et accéder à plus de 400 parkings Vinci en France […].
En choisissant cette option, vous retrouvez l'ensemble de vos transactions (carburant, péage et parking) sur une seule et unique facture.
C'est un gain de temps précieux pour vous, et vos conducteurs !

Entretien en centres L'auto E.Leclerc

Pour assurer la sécurité de vos conducteurs et l'efficacité de votre flotte, entretenez et contrôlez facilement vos véhicules dans nos 124 centres L'auto E.Leclerc.
En activant cette option gratuite, votre gestion est simplifiée grâce à la centralisation des achats L'auto E.Leclerc et des achats de carburant sur une seule et unique facture.

www.cartecarburant.leclerc

2 Jeu de rôle : vendre en *B to B*

Éco-Logis est une entreprise familiale comptant six salariés qui dispose de deux points de vente, l'un à Istres et l'autre à Toulouse. L'entreprise propose de démocratiser les produits écologiques du bâtiment en raccourcissant les circuits. Son offre « Particuliers » et « Pro » est principalement axée sur les peintures naturelles et les isolants bio. Vous venez d'être embauché(e) comme vendeur(-se) B to B au sein d'Éco-Logis ; avant de rencontrer vos clients (entreprises de rénovation et peintres en bâtiment), vous devez préparer des outils d'aide à la vente.

1. Préparez une double découverte des besoins de vos clients et des clients de vos clients (document 1).
2. Préparez un double argumentaire en direction de vos clients et des clients de vos clients (document 2).
3. Préparez cinq objections et leur traitement (documents 3 et 4).
4. Formez des binômes et simulez la découverte des besoins du client.

Document 1 – Les peintures Éco-Logis

Nous avons sélectionné les peintures naturelles des laboratoires NATURA® pour leur qualité de fabrication. Leur composition est à 100 % issu de matières premières 100 % naturelles : eau, huile végétale, caséine, charges minérales, adjuvants et additifs issus de produits naturels tels que **huiles végétales** modifiées (agent anti-bulle), agent naturel à base de sodium (bactéricide), agent naturel à base d'acide acétique (anti oxydant). La spécificité des peintures bio NATURA® tassili est qu'elles ne contiennent aucun dérivé de produit pétrolier, aucun solvant ou co-solvant (donc pas de COV), aucun siccatif nocif issu de métaux lourds. La plupart des grands groupes fabricants de peintures proposent depuis quelque temps de nouvelles peintures dites « écologiques », mais leur composition intègre le plus souvent des produits pétroliers de type alkydes, des sels métalliques et ne peuvent être appliquées à l'extérieur. Certaines peintures « bio » contiennent même des phtalates, avérés cancérigènes. Les acryliques, quant à eux, également dérivés du pétrole, vont certes à l'extérieur mais contiennent tous des co-solvants indispensables au séchage. En Europe, quelques industriels, jusqu'alors seuls distributeurs de peintures bio en France, n'utilisent pas de dérivés du pétrole mais n'ont pas résolu le problème des siccatifs et ne proposent pas de produits extérieurs 100 % écologiques.

Les peintures bio NATURA sont aux normes NF, Europe, Jouets et sont contrôlées 100 % écologiques par le label « PURE ».

www.eco-logis.com

Document 2 – Peinture bio intérieur Satin plus NATURA®, gamme Tassili label Pure

PRODUIT	RENDEMENT	BLANC TTC	COULEUR TTC	
Satin plus 1 l*	10 à 12 m²	~~19,49 €~~ 18,90 €	26,90 €	ACHETER
Satin plus 2,5 l*	30 à 33 m²	~~42,45 €~~ 41,90 €	55,20 €	ACHETER
Satin plus 10 l*	120 à 130 m²	~~150,82 €~~ 139 €	189 €	ACHETER

Les pots de peinture NATURA font respectivement 9 l, 2,25 l et 0,9 l en BLANC et env. 10 l, 2,5 l et 1 l en COULEUR

Lorsqu'on entreprend un chantier neuf ou dans le cas d'une rénovation complète, le budget peinture représente une part non négligeable dans le projet. Le compromis, rarement satisfaisant, passe souvent par le choix d'un produit de médiocre qualité ou à la composition incertaine, voire mystérieuse, qui ne peut donc garantir la qualité de l'air intérieur.

Peinture de finition satinée à base d'émulsion d'huiles végétales naturelles non transformées, label Pure ! Conseillée pour murs et boiseries en intérieur : idéal cuisines et salles de bain, portes intérieures, chambres d'enfant, lit de bébé, etc.

www.eco-logis.com

Document 3 — Ne mettez pas n'importe quelle peinture dans la chambre de bébé !

Quelques questions à propos des peintures

>>> Quelle est la différence entre peintures naturelles et peintures synthétiques ?

La composition d'une peinture est très variable, selon qu'il s'agisse de laque, vernis, lasure, badigeon, peinture murs et plafonds… mais elle contient toujours un liant pour regrouper les différents constituants et favoriser l'accrochage, une charge pour donner du corps, un solvant pour faciliter l'étalement, des pigments pour la coloration et des additifs tels que siccatifs, épaississants, agents de dispersion, agents de conservation…

C'est surtout par le liant que les peintures naturelles se distinguent des peintures synthétiques : le plus souvent huile de lin pour les premières, des polyuréthanes pour les secondes. Le solvant sera de l'eau, de l'essence de térébenthine ou des éthers d'agrume dans un cas, des hydrocarbures, des alcools, des cétones… pour les peintures industrielles. Les adjuvants sont limités à l'essentiel et peu ou pas toxiques dans les peintures naturelles.

Il n'existe pas de label « Peintures écologiques » mais celles-ci indiquent toujours leur composition sur l'emballage, contrairement aux peintures qui abondent dans précautions d'emploi : « tenir hors de portée des enfants », « ne pas fumer », « ne pas manger », « utiliser dans des zones ventilées »…

>>> Est-il vrai que les peintures à l'eau sont moins dangereuses que les peintures à solvant ?

Pas tout à fait, car s'il est certain que les solvants contenus dans les peintures synthétiques « à l'huile » sont très toxiques (benzène, toluène, white spirit…), les peintures à l'eau (dites « acryliques ») contiennent souvent des éthers de glycol eux-mêmes très dangereux. De plus, les peintures à l'eau contiennent autant d'éléments toxiques dans les liants, pigments, charges et autres additifs que les peintures à solvant.

>>> Les peintures naturelles sont-elles d'aussi bonne qualité que les autres ?

Certainement, et souvent même meilleures :
– leur pouvoir de pénétration (grâce à l'huile de lin notamment) dans le support est plus important ;
– elles sont perméables à la vapeur d'eau, donc « respirent » ;
– elles ne sont pas électrostatiques ;
– elles ont une durée de vie et de vieillissement excellents.

>>> Les peintures naturelles doivent être plus chères ?

Les peintures naturelles sont des peintures de haute qualité et leur prix est comparable à leurs homologues synthétiques. En outre elles ont un rendement plus élevé.

www.eco-logis.com

Document 4 — Nos services pour les « pro »

Éco-Logis propose aux « pro »

ÉCO-LOGIS
ÉCO-MATÉRIAUX - ISOLATION - PEINTURE

- Une offre omnicanale : dans nos boutiques, sur Internet, sur notre application mobile.
- Un suivi des produits dans le temps.
- Zéro rupture de stock.
- Des délais de livraison ultra-courts : dans la journée, au plus tard le lendemain.
- Une livraison sur chantier
- Des tarifs préférentiels et dégressifs selon les quantités commandées.
- Des prix stables.
- Des délais de paiement de 1 à 2 mois.
- Des devis en moins de 24 h et en ligne.
- Une facturation en ligne.

Synthèse

Vendre en *B to B* dans un contexte omnicanal

Vente en *B to B* (*Business to Business*)
Commerce inter-entreprises
Les étapes sont les mêmes qu'en vente en *B to C* :

1. Fixation des objectifs
2. Préparation des OAV
3. Prise de contact
4. Découverte des besoins
5. Verrouillage (reformulation)
6. Argumentation en CAP
7. Traitement des objections
8. Conclusion
9. Prise de congé
10. Suivre la relation client et fidéliser
11. Mesurer l'atteinte des objectifs

Les spécificités

- Connaître le client de manière approfondie
- Apporter une solution complète
- Processus d'achat plus long
- Double découverte
  Double argumentaire
  - • connaître les besoins du client professionnel
    • connaître les besoins du client du client
  - • argumenter en direction du client
    • argumenter en direction du client du client
- Négociation prix plus longue
- Logiciels SRM, EDI, SCM

Mots-clés

B to B • Stratégie omnicanale • Marketing digital • Double plan de découverte • Double argumentation

TESTEZ-VOUS
liennathan.fr/93gke3

FICHE MÉTHODE 7

ACTIVITÉ

VENDRE DANS UN CONTEXTE OMNICANAL

Les différentes étapes d'une négociation-vente peuvent être menées en B to C ou en B to B.

Compétence

- Vendre dans un contexte omnicanal

Savoirs associés

- La relation commerciale et son cadre légal
- Les facteurs d'influence de l'achat
- La vente et le conseil client

MÉTHODOLOGIE DE L'ACTIVITÉ	ANNEXES À CRÉER ET À JOINDRE AU DOSSIER
ÉTAPE 1 Connaître les différentes étapes de la vente	1. Rappel des différentes étapes de la vente
ÉTAPE 2 Connaître son UC, ses produits, ses clients, ses concurrents	2. Fiche d'identité de l'UC 3. Présentation de la gamme des produits de l'UC 4. *Persona* (profil des clients « type ») 5. Fiche d'identité des concurrents
ÉTAPE 3 Fixer des objectifs quantitatifs et qualitatifs	6. Présentation des objectifs quantitatifs et qualitatifs (fixés par votre direction ou par vous)
ÉTAPE 4 Créer des outils d'aide à la vente (OAV)	7. Préparation des bons de commande, factures… 8. Présentation de la technique de prise de contact utilisée 9. Fiches produits 10. Plan de découverte des besoins relatifs à ces produits (dix à quinze questions) 11. Argumentaire en CAP/SONCAS de ces produits (cinq à dix arguments) 12. Traitement des objections sur ces produits (cinq à dix objections et leur traitement) 13. Présentation de la technique de conclusion de la vente utilisée
ÉTAPE 5 Simuler des négociations-ventes	14. Grille d'évaluation de la négociation-vente de ces produits
ÉTAPE 6 Analyser les résultats	15. Comparaison des résultats quantitatifs et qualitatifs par rapport aux objectifs (annexe 6) 16. Mesure des écarts 17. Proposition d'axes d'amélioration

Vidéo : La méthodologie commentée
liennathan.fr/wm64v9

GRILLE D'ÉVALUATION D'UNE NÉGOCIATION-VENTE

La grille proposée ci-après est un exemple de grille d'observation d'une négociation-vente. Elle peut être adaptée selon la situation de négociation-vente.

Évaluer en donnant une note de 1 à 4 (meilleure note possible).	1	2	3	4
Prise de contact				
Qualité de l'accueil : sourire, bonjour, proposition d'aide				
Découverte et reformulation des besoins				
Qualité du questionnement (découverte des besoins et du SONCAS du client)				
Nombre suffisant de questions pour permettre de découvrir les besoins du client				
Reformulation des besoins du client				
Argumentation				
Proposition d'un produit correspondant aux besoins du client				
Qualité de l'argumentation en CAP				
Nombre suffisant d'arguments pour pouvoir convaincre le client				
Adaptation de l'argumentaire en fonction des besoins et du SONCAS du client				
Traitement des objections				
Acceptation de l'objection				
Traitement de l'objection				
Vérification du traitement de l'objection				
Conclusion de la vente, fidélisation et prise de congé				
Qualité de la conclusion de la vente				
Réalisation de vente additionnelle				
Fidélisation				
Qualité de la prise de congé				
Connaissance de l'environnement de la vente				
Degré de connaissance de l'UC				
Degré de connaissance des produits				
Degré de connaissance des clients				
Degré de connaissance des concurrents et de leur politique commerciale				
Communication				
Tenue vestimentaire adaptée à la vente				
Comportement : dynamique, empathique, courtois				
Langage adapté à la vente				
Langage paraverbal (ton de la voix, débit de parole, posture du corps, gestuelle, regard, sourire)				

Proposition d'axes d'amélioration :

Version numérique disponible (Word)
liennathan.fr/8q6uu6

CHAPITRE 10

Entretenir la relation client

Contexte professionnel

Compétence
Développer la relation client et la vente conseil

Savoirs associés
Évaluer l'expérience client
Entretenir la relation client

Vers PIX
1.2. Gérer des données
1.3. Traiter des données
2.4. S'insérer dans le monde numérique

Nom : Elza
Adresse : centre commercial Buld'air Zone commerciale du Pontet, 84000 Avignon
Type d'UC : grande surface spécialisée
Offre commerciale : décoration, loisirs créatifs, art de la table
Effectif : 38 salariés

Fondée en 2005, Elza est une enseigne spécialisée dans la décoration et des loisirs créatifs. Elle appartient au groupe Darlay, dont le concept est de « faire bouger la maison » en proposant tous les accessoires de maison pour « cuisiner, recevoir, décorer, créer, ranger, chouchouter les enfants et personnaliser son chez-soi ».
L'offre comprend plus de 30 000 références et est renouvelée régulièrement. Elza dispose de 24 magasins, en France et en Italie, d'une surface moyenne de 3 000 m². L'enseigne se distingue en proposant des espaces Déco « comme à la maison » pour inspirer les clients, mais également des ateliers cuisine et des ateliers créatifs, pour débutants, experts ou touche-à-tout. Les trois ambitions d'Elza : être un distributeur parfait, un distributeur spécialiste, un créateur d'émotions.

Votre rôle

Titulaire d'un BTS MCO, vous occupez le poste de manageur dans le magasin Elza de la zone commerciale du Pontet (Vaucluse).
Le client étant au cœur des préoccupations pour tous les collaborateurs d'Elza, le directeur vous demande de présenter à deux nouveaux collaborateurs la mise en œuvre de l'expérience client au sein de votre enseigne. Vous devez insister aussi sur le concept de mercatique après-vente, ensemble d'outils permettant d'entretenir la relation client.

Vos objectifs

I Développer l'expérience client

Vous présentez aux deux collaborateurs les ateliers cuisine et les ateliers créatifs, ce qui vous donne l'occasion d'aborder le concept d'expérience client, primordial chez Elza.

1 Montrez que la stratégie commerciale d'Elza est une stratégie d'expérience client. *Fiche ressource 1 — Annexes 1 et 2*

2 Indiquez les méthodes employées par Elza pour faire vivre une expérience unique à ses clients et se différencier de ses concurrents.

3 Repérez les moyens utilisés par Elza pour collecter les informations, garder le lien et enrichir la connaissance de sa clientèle. *Annexes 3 et 4*

4 Indiquez quels sont les différents objectifs d'Elza dans le suivi de sa relation client.

5 La stratégie d'Elza correspond-elle aux nouvelles tendances de digitalisation du marché ? Justifiez.

II Mettre en œuvre une politique de mercatique après-vente

Vous vous installez en salle de réunion pour aborder les moyens mis en œuvre par Elza pour entretenir la relation client. En guise d'introduction, vous faites écouter aux deux collaborateurs l'interview récente du directeur France sur une antenne de radio locale.

6 En quoi consiste la mercatique après-vente pour le directeur d'Elza ? *Fiche ressource 2*

7 Montrez que la mercatique après-vente permet à l'enseigne de développer la relation client et de fidéliser sa clientèle. *Annexe 5*

III Gérer les réclamations clients dans le cadre du SAV

Vous poursuivez votre visite à l'espace SAV, qui traite les réclamations clients.

8 Quelle garantie allez-vous appliquer dans le cas de M. del Castillo ? Justifiez. *Fiche ressource 3 — Annexe 6*

9 M. del Castillo refuse de faire réparer la bouilloire et demande l'application de son droit de rétractation. Pouvez-vous accepter sa demande ? Justifiez votre réponse.

10 Identifiez la nature et le niveau d'insatisfaction de Mme Cros et de Mme Jouanard. *Fiche ressource 4 — Annexe 7*

11 Dans quel profil de réclamant proposez-vous de les classer ?

12 Proposez un traitement des deux réclamations. Justifiez votre proposition au regard du cas et dans le souci de satisfaire le client. *Annexe 8*

IV Traiter les avis clients

Vous montrez aux deux collaborateurs qu'entretenir la relation client dépasse le simple cadre du service après-vente. Vous souhaitez évoquer la gestion des avis clients.

13 Quelle différence faites-vous entre une réclamation et un avis ?

14 Expliquez l'importance de répondre à tous les avis, même favorables.

V Mesurer la satisfaction client

La formation des deux nouveaux collaborateurs se termine par le suivi d'une enquête réalisée chaque mois auprès des clients afin de mesurer leur degré de satisfaction.

15 Quel est l'intérêt pour Elza de mesurer la satisfaction client ? Fiche ressource 5

16 Retrouvez les différentes questions portant sur les thèmes suivants : image du magasin, conseil, mise en valeur de l'offre, animations, Internet et réseaux sociaux. Annexe 9

17 Quelles questions permettent d'analyser le vécu des clients lors de leur visite ?

18 Analysez les résultats du baromètre de satisfaction. Précisez les indicateurs pour lesquels le magasin du Pontet est performant, et ceux qui révèlent des faiblesses. Annexe 10

19 Proposez des actions correctrices managériales et commerciales.

Votre dossier

Annexe 1 Interview du directeur marketing d'Elza (extrait n° 1)

« Quel est le concept de départ d'Elza ? »

« Le concept est le suivant : "Tous les accessoires de la maison sous le même toit, tout pour aider le client à faire une maison qui lui ressemble", autour de la cuisine, la décoration, le créatif et aussi tout l'univers fonctionnel. Un magasin Elza propose en moyenne 28 000 références sur 3 000 m^2. »

« Ce qui fait aussi votre réputation, ce sont les ateliers : comment fonctionnent-ils ? »

« Dans chaque magasin, nous avons des ateliers cuisine animés par des chefs et nous organisons également des ateliers créatifs pour lesquels les clients décident avec nous des thèmes. Et afin que le magasin soit toujours un lieu où l'on vient vivre des moments autant qu'acheter des produits, des démonstrations sont proposées régulièrement par les collaborateurs ou des autoentrepreneurs qui profitent du trafic du magasin pour se faire connaître. »

Annexe 2 Elza, l'enseigne qui casse tout !

Elza ose tout ! Les clients sont chouchoutés. On trouve par exemple chez Elza un coin salon, où les clients peuvent gratuitement boire un café ou un thé. Attention, ils se servent et lavent leur tasse… comme à la maison !

Annexe 3 — Interview du directeur marketing d'Elza (extrait n° 2)

« Pourquoi fournir un smartphone aux vendeurs ? »

« Pour garder le lien. Nous nous sommes rendus compte qu'il était très important de garder le contact avec les personnes, même lorsqu'elles sont en dehors de nos murs. Nos vendeurs animent donc des réseaux, des communautés, et nous leur permettons de créer des petits groupes de passionnés. Cela favorise les interactions fréquentes avec les clients. »

« Comment fonctionne votre blog ? Les clients y participent-ils ? »

« Au début, ce blog a été créé pour les équipes afin de leur permettre de s'exprimer sur leur passion. Très vite, les clients ont voulu y participer. Finalement, aujourd'hui, notre blog est devenu une plateforme communautaire dans laquelle 80 % des contenus sont alimentés par les clients eux-mêmes. »

« Vous avez donc créé une communauté : mais cela fait-il vendre ? »

« Oui, parce cela donne des idées. Notre credo, c'est d'accompagner le client dans son projet. Plus que des produits, Elza vend des idées à sa clientèle pour l'inciter à acheter. »

« Le client peut-il interférer dans vos choix de produits ou de fournisseurs ? »

« Oui, nous avons des clients ambassadeurs qui sont tellement passionnés qu'ils ont une expertise au moins équivalente à la nôtre. Si nous allons au contact de ces clients, ils nous font découvrir des produits ou des fournisseurs et font évoluer notre gamme. »

Annexe 4 — La communauté Elza

PARTAGEZ VOS EXPÉRIENCES SUR NOS PRODUITS !

PUBLIEZ VOS PHOTOS OU VIDÉOS SUR NOS PRODUITS *ou* **ÉCRIVEZ DES ARTICLES** *et* **GAGNEZ DES CHÈQUES FIDÉLITÉ EN CUMULANT DES POINTS !**

Annexe 5 — Interview du directeur d'Elza France sur Radio Provence (extrait)

« Une vente s'arrête-t-elle au moment de l'encaissement ? »

« Certainement pas ! Ou alors si, mais ne comptez pas revoir vos clients ni les fidéliser ! Lorsque la vente est terminée, notre histoire avec le client commence à peine. À partir de là, une véritable relation va se mettre en place : c'est la mercatique après-vente. »

« Vous voulez dire le SAV ? »

« Non pas seulement : la mercatique après-vente est plus large, elle consiste d'abord à gérer le SAV, effectivement. Il est clair que si un appareil ne fonctionne pas, il faut absolument l'échanger ou le faire réparer, c'est la moindre des choses. Et puis, il faut absolument gérer aussi les réclamations client. Une réclamation, c'est un client qui n'est pas satisfait de nos produits ou services. Il faut faire en sorte de changer cela. Tout ça se fait quotidiennement : pas une journée chez Elza sans traiter un retour ou une réclamation de la part d'un client mécontent. En revanche, on parle chez Elza de "mercatique après-vente", car la relation que l'on souhaite entretenir avec le client va au-delà de la livraison des produits ou la gestion des réclamations. »

« Dans quel but ? »

« Satisfaire nos clients, bien sûr ! Cette satisfaction passe par la confiance qu'ils nous accordent, par la relation que l'on tisse avec eux. →

Interview du directeur commercial d'Elza France sur Radio Provence (extrait)

Et un client satisfait, je peux vous le dire, c'est un client qui revient. C'est pourquoi de temps en temps, une fois tous les deux-trois mois environ, nous contrôlons la satisfaction auprès de nos clients en menant une petite enquête. Nous appelons cela "le baromètre". Vous savez, écouter ses clients, leurs remarques, leurs insatisfactions…, c'est aussi se donner une immense chance : celle de progresser, de toujours faire mieux ! »

Annexe 6 — Le SAV chez Elza

Un client, M. del Castillo, apporte au magasin une bouilloire électrique en inox et plastique blanc Yona 1,7 l de la marque Ogo. Il explique qu'elle ne chauffe plus alors qu'il l'a utilisé en conditions normales et ne l'a jamais fait tomber. Cette bouilloire a été achetée dans votre unité commerciale il y a moins de deux mois.

Annexe 7 — La gestion des réclamations clients chez Elza

Cas n° 1 : Une cliente, Mme Cros, se présente à l'accueil du magasin. Elle rapporte deux lots de parures de lit qu'elle a achetées récemment pendant les soldes : il manque les taies dans deux des parures. La cliente demande un échange. Après vérification en réserve, la vendeuse annonce qu'il n'y en a plus en stock et que les taies ne seront pas disponibles avant deux semaines. La cliente demande donc un remboursement.

Cas n° 2 : Une cliente, Mme Jouanard, rapporte un reste de pâte à sucre qu'elle a achetée la semaine dernière. Elle explique que cette pâte n'est vraiment pas bonne et pas du tout facile à manipuler. Elle parle fort, jette son ticket de caisse sur le stand de l'accueil et exige un remboursement.

Annexe 8 — Procédure de retour et d'échange affichée à l'entrée du magasin

Conditions de retour

Vous avez **30 jours** pour nous retourner vos articles, **dans leur emballage d'origine** et sur **présentation du ticket de caisse.**

La **librairie n'est ni reprise, ni échangée**

Les **oreillers** seront repris dans un délai de **10 jours** ET dans leur **emballage d'origine**

Les produits soldés ne sont pas remboursés.

Un règlement par **chèque** ne pourra être remboursé : un **bon d'achat** sera édité.

Annexe 9 — Questionnaire de satisfaction client du magasin Elza Le Pontet

Q1.	**Comment noteriez-vous votre visite à Elza Le Pontet ?** 10 car c'était en tout point génial. 0 car c'était l'horreur absolue. *Comme dans la vie tout n'est ni blanc ni noir, n'hésitez pas si besoin à nuancer votre avis avec des notes intermédiaires !*
Q2.	**Quels sont tous les éléments qui vous ont enchantés lors de cette dernière visite ?**
Q3.	**Quels sont tous les éléments qui vous ont déçus lors de cette dernière visite ?**
Q4.	**Cette visite vous a-t-elle donné envie de nous présenter à vos proches ?** **Recommanderiez-vous Elza à votre entourage (famille, amis, relations de travail) ?** **Depuis que vous nous connaissez, avez-vous déjà fait découvrir Elza à votre entourage ?**
Q5.	**À présent, nous souhaiterions savoir quelle image que vous avez de nous. Quels sont les trois mots qui vous viennent à l'esprit pour décrire votre magasin Elza ?**
Q6.	**Lors de cette visite, avez-vous eu l'occasion d'échanger avec un conseiller de vente ?**
Q7.	**Diriez-vous que nos conseillers :** – sont disponibles pour vous renseigner en apportant des conseils et des idées pertinentes ? – sont accueillants et attentionnés à votre égard ?
Q8.	**Diriez-vous que les hôtes/hôtesses de caisse :** – permettent un passage rapide en caisse ? – sont accueillant(e)s ? – sont attentionné(e)s à votre égard ?
Q9.	**Diriez-vous que le magasin :** – est agréable (espace détente, chariots, musique, lumière, propreté…) ? – permet de trouver facilement les produits ? – donne suffisamment d'informations pour choisir les produits ? – indique clairement le prix des produits ?
Q10.	**Concernant les idées que le magasin propose, êtes-vous d'accord avec les affirmations suivantes ?** – Propose de nombreuses idées recettes pour mieux cuisiner et recevoir chez soi. – Propose de nombreuses idées et inspirations pour personnaliser son chez-soi.
Q11.	**Êtes-vous d'accord pour dire que votre magasin Elza :** – propose un choix de cours de cuisine adapté à vos besoins ? – propose un choix de cours créatifs adapté à vos besoins ?
Q12.	**Êtes-vous d'accord avec les affirmations suivantes concernant votre magasin ?** – propose des démonstrations et animations produits. – permet de tester/déguster les produits avant de les acheter.
Q13.	**Mon magasin Elza :** – offre un large choix de nouveaux produits tendance. – propose les bons produits au bon moment.
Q14.	**Fréquentez-vous aussi notre site Internet ?** **Si oui, en êtes-vous satisfait ?** **Avez-vous l'intention d'y retourner ?**
Q15.	**Suivez-vous l'actualité de votre magasin Elza sur les réseaux sociaux ?** **Jugez-vous nos publications intéressantes ?**
Q16.	**Lors de votre visite, un conseiller ou une hôtesse vous a-t-il proposé de rester en contact par mail, sur Facebook ou sur WhatsApp pour échanger autour de votre passion ?**

Annexe 10 — Baromètre de la satisfaction client chez Elza

	Elza Le Pontet	Moyenne nationale Elza
Satisfaction globale	72 %	78 %
Conseil de vente	65 %	79 %
Disponibilité des produits	82 %	80 %
Organisation du magasin	64 %	78 %
Mise en valeur de l'offre	62 %	84 %
Animations	85 %	80 %
Intérêt des publications sur les réseaux sociaux	85 %	85 %

FICHE RESSOURCE

1

L'EXPÉRIENCE CLIENT

Vendre un produit ou un service dont le client est satisfait et avoir un service après-vente efficace restent deux conditions nécessaires, mais désormais insuffisantes pour se distinguer réellement d'une concurrence toujours plus présente. Si la démarche mercatique a été longtemps orientée produit (*product centric*), l'approche est aujourd'hui centrée sur le client (*customer centric*).

I De la relation client à l'expérience client

La **relation client** correspond à l'ensemble des échanges réalisés entre une unité commerciale et ses clients en utilisant tous les canaux de communication disponibles (téléphone, Internet, SMS, réseaux sociaux…). La notion de **service client** renvoie à une conception assez basique de la gestion de la relation client. Il s'agit de prendre en compte et de traiter les réclamations adressées par le client et de leur apporter une réponse satisfaisante.

L'**expérience client**, quant à elle, fait référence aux effets possibles de la relation client sur les consommateurs. Elle correspond à l'ensemble des émotions et sentiments ressentis par le client au cours de son parcours d'achat. Elle requiert obligatoirement d'aller au-delà des attentes du client et de multiplier les initiatives qui amélioreront l'image de marque (offres promotionnelles exclusives, enquêtes de satisfaction…). L'expérience client est un véritable facteur de différenciation pour l'UC car elle ne peut être copiée. En effet, l'expérience vécue par le client est unique, elle dépend de la volonté et de la culture de l'unité commerciale. Elle évolue sans cesse car le client s'habitue à un niveau de qualité de service et attend toujours plus.

EXEMPLE

Starbucks cherche à offrir à chaque client une expérience unique. En relevant son prénom lors de la commande, le personnel peut ensuite le servir de manière chaleureuse et personnalisée (gobelet nominatif, boisson offerte pour son anniversaire…). Le décor, la musique et les employés toujours souriants créent une ambiance conviviale.

II Les enjeux de l'expérience client

L'expérience client est devenue un sujet important car les consommateurs sont devenus plus exigeants et que le bouche à oreille se propage plus rapidement, *via* les réseaux sociaux notamment.

Améliorer la satisfaction client	Un client totalement satisfait contribue 2,6 fois plus au CA qu'un client plus ou moins satisfait, et 14 fois plus qu'un client non satisfait.
Transformer les nouveaux clients en clients fidèles	Coût d'acquisition d'un nouveau client : 7 fois plus cher que la fidélisation.
Augmenter la recommandation client	Une expérience client réussie permet de transformer le client en ambassadeur de la marque. 84 % des consommateurs ne font plus confiance aux publicités : ils se réfèrent aux avis clients.
Se démarquer de la concurrence	Les produits et les prix ne sont plus les seuls éléments de comparaison : le niveau de service et l'expérience client permettent aussi à l'UC de se différencier.
Inspirer la confiance et créer une relation personnelle	Montrer à chaque client qu'il est unique et le faire se sentir spécial va diffuser un message positif : vous vous souciez de lui et il est important pour votre entreprise.

III Les grandes tendances de l'expérience client

Tendances	Principes	Exemples
Optimiser le parcours d'achat du client	Rendre l'acte d'achat toujours plus simple et intuitif, en boutique comme sur Internet, pour limiter la perte de clientèle.	De nombreuses technologies permettent de rendre moins contraignante pour le client l'étape du paiement : NFC, reconnaissance biométrique ou CopSonic.
Une intelligence artificielle toujours plus présente et performante	Développer des outils performants comme les tchatbots (robots de messagerie instantanée) et autres assistants virtuels intelligents pour automatiser le traitement des réclamations simples et accorder plus de temps aux requêtes à forte valeur ajoutée.	En Chine, où l'utilisation de l'intelligence artificielle est répandue et très avancée, la reconnaissance faciale équipe déjà les terminaux de paiement d'Alibaba, des restaurants KFC et de certaines banques (programme « *Smile and pay* »).
La personnalisation toujours au cœur de l'expérience client	Lorsqu'il a le sentiment d'être compris et reconnu dans son individualité, un client va développer une relation beaucoup plus solide et affective avec la marque.	Avec les cartes de fidélité, de nombreuses enseignes alimentaires repèrent les habitudes d'achat et proposent des coupons de réduction sur les produits que le client achète.
Développer l'autonomie du client	Les outils comme les FAQ (foires aux questions) dynamiques, les espaces communautaires ou les tchatbots simplifient le quotidien du service client et répondent au désir d'indépendance des clients.	Les magasins GiFi, comme beaucoup d'autres enseignes, sont équipés de bornes interactives connectées permettant au client de commander un produit qui ne serait pas disponible en magasin ou d'avoir accès à sa fiche produit. Cela lui évite d'attendre qu'un vendeur se libère.

EXEMPLES

Optimisation du parcours d'achat et autonomie du client

L'enseigne de lingerie Undiz a un concept original de boutique pour optimiser le parcours d'achat de ses clients : les commandes se font sur des écrans tactiles ressemblants à des smartphones géants et les produits sont livrés depuis la réserve dans des tubes en plastique. La cliente n'a plus qu'à inspecter ses achats… et à passer en caisse.

Intelligence artificielle et magasins sans caisse

Après Amazon Go, lancé en 2016, c'est au tour des enseignes françaises, comme Carrefour et Auchan, de se lancer dans le concept du magasin sans caisse. Truffés de technologies, ces magasins permettent à des clients pressés de réaliser des courses d'appoint, souvent rapides et en supprimant le temps d'attente en caisse.

Comment ça marche ? Le magasin de 50 mètres carrés est équipé de 60 caméras HD qui filment chaque action des clients. Des balances connectées et près de 2 000 capteurs répartis sur les étagères permettent également de mesurer en temps réel le poids de chaque linéaire. Pour l'instant, tous ces magasins restent de petite taille avec peu de références, mais ils représentent une nouvelle tendance de commerce.

Vidéo : Carrefour Flash le nouveau supermarché du futur – France 2 Infos
liennathan.fr/by63f3

Personnalisation

Le site Auchan.fr propose des promotions personnalisées aux clients ayant consulté certaines pages du site. Ainsi, les visiteurs qui consultent les pages « Enfant », « Puériculture », « Jardin » ou « Meuble » ou qui ajoutent des articles de ces catégories dans leur panier vont recevoir pendant une semaine une offre promotionnelle correspondant à ces rayons.

Réalité augmentée et personnalisation de l'expérience client

Vidéo : Personnalisez vos sneakers Nike avec la réalité augmentée – L'ADN
liennathan.fr/w7mg78

Vidéo : WebAR d'un panier de basket Tarmak/Decathlon – Numerized
liennathan.fr/nm44i2

FICHE RESSOURCE 2

LA MERCATIQUE APRÈS-VENTE

I La notion de mercatique après-vente

La mercatique après-vente correspond à l'ensemble des outils et actions mis en place pour renforcer la fidélisation du client une fois la vente réalisée.
Ces actions comprennent :
– le service après-vente ;
– le service consommateur (traitement des réclamations) ;
– la mise en place d'une communication personnalisée et les différentes actions de fidélisation.
La notion de mercatique après-vente est donc plus large que celle de service après-vente : elle a pour objectif de développer la relation client pour le fidéliser.

II La place de la mercatique après-vente dans le processus de satisfaction client et de fidélisation

La satisfaction et la fidélisation du client reposent sur trois moments forts :
– avant le processus d'achat, la conception des produits et services doit anticiper les besoins des clients et miser sur la qualité ;
– au moment de l'acte d'achat, la qualité de l'expérience client est déterminante ;
– après l'acte d'achat, l'ensemble des actions mises en place par la mercatique après-vente doit assurer le respect des engagements pris au moment de la vente et développer la relation client afin que celui-ci reste fidèle à l'enseigne.

III Les enjeux de la mercatique après-vente

Le marketing après-vente est un élément clé de la relation client. L'enjeu est d'ajouter une dimension immatérielle aux avantages offerts par l'enseigne afin de se différencier des concurrents, d'inciter à l'achat, de fidéliser le client.

Décision d'achat	Fidélisation
La qualité du SAV a une influence importante sur la décision d'achat, notamment pour les gros achats. Pour le résumer en une phrase : les clients n'achètent pas seulement un produit, ils achètent aussi un service. Par exemple, Darty a établi sa renommée sur ce service.	Fidéliser les clients coûte moins cher que d'en acquérir de nouveaux. La qualité du SAV, et plus généralement de la relation client, est un élément central de la fidélisation. Il est essentiel de maintenir le lien avec le client et d'alimenter une relation commerciale positive.

Vidéo : 5 incontournables pour votre service après-vente – Eufonie
liennathan.fr/fn99h9

IV Les innovations au service de la livraison

La livraison est devenue un enjeu majeur de différenciation, aussi bien pour les enseignes du e-commerce que pour celles du commerce physique. Toutes ont compris que leurs clients attendent un service de livraison rapide et efficace. Les innovations, notamment technologiques, se multiplient donc dans ce domaine.

EXEMPLES

Amazon, Walmart ou Google développent la livraison par drone, qui récupère le colis dans l'entrepôt et le dépose devant la porte du client. Pour les colis légers et de petite taille, ce mode de livraison est plus rapide qu'une livraison classique.
Aux États-Unis, Walmart a également lancé un service de livraison de courses directement dans le réfrigérateur des clients, en s'appuyant sur l'installation de serrures intelligentes.

Un peu partout se développent également des services de livraison entre particuliers.

EXEMPLES

Transport des colis par un particulier (covoiturage), point relais au domicile d'un particulier.

FICHE RESSOURCE 3

LE SERVICE APRÈS-VENTE (SAV)

I Le service après-vente

Le service après-vente est une des fonctions de la mercatique après-vente. Il désigne l'ensemble des services fournis aux clients et la gestion des réclamations après la vente : livraison, installation, réparation, dépannage, assistance à domicile, entretien, révision, conseil, formation, *hot-line*… certains de ces services sont délivrés dans le cadre de garanties légales ou contractuelles.

II Les garanties après-vente

En France, un acheteur non professionnel bénéficie de trois garanties différentes. Les garanties légales s'appliquent à toute vente dans le respect des conditions qui les régissent alors que la garantie contractuelle est facultative.

	La garantie légale de conformité du bien au contrat	La garantie légale des vices cachés	La garantie commerciale (ou garantie contractuelle)
Définition	Elle couvre des défauts éventuels à venir. Elle est valable en France deux ans après l'achat, que le bien soit neuf ou d'occasion.	Elle couvre les défauts cachés qui empêchent ou diminuent fortement l'utilisation du produit. Le client dispose de deux ans à compter de la découverte du vice pour agir.	La garantie commerciale peut être contractée au moment de l'achat et vise à assurer une protection plus étendue que la garantie légale (durée, contenu, couverture géographique…).
Droit du client	Exiger une réparation gratuite au SAV	Rendre le produit et se faire rembourser ou conserver le bien et demander une réduction du prix payé.	Exiger le remboursement, le remplacement ou la réparation du produit en fonction des clauses du contrat.
Exception à la garantie	Le client avait connaissance du défaut au moment du contrat ou bien il a modifié le produit.	Assez rare, sauf dans le secteur automobile.	Les exceptions dans ce type de contrat sont nombreuses et dépendent des clauses du contrat.

Le Code de la consommation (art. L. 133-3) précise que le professionnel doit informer le consommateur de l'existence des conditions de mise en œuvre et du contenu des garanties légales, dans ses conditions générales de vente (CGV).

III Les possibilités d'échange et de retour

Les relations entre acheteur et vendeur sont régies par le Code de la consommation, qui régule notamment les différends susceptibles de faire suite à l'achat d'un produit, en magasin ou sur Internet.

1. Le droit de rétractation

Les modalités de rétractation diffèrent selon que l'achat a eu lieu en magasin ou sur Internet.

Achat en boutique	Achat en ligne
L'achat est ferme et définitif par principe, sauf en présence d'un défaut ou d'un vice caché. Certains magasins assurent aux clients une politique commerciale d'échange ou de remboursement, quel que soit le motif du retour. Cette disposition est généralement indiquée à la caisse ou sur le ticket de caisse. Ce n'est pas une obligation légale.	Sur Internet, par correspondance, par télé-achat ou par téléphone, le consommateur dispose d'un **délai de rétractation de 14 jours** à compter de la conclusion du contrat (art. L. 121-21 à L. 121-21-8 du Code de la consommation).

2. Produit indisponible ou retard de livraison

En cas d'indisponibilité du produit, le Code de la consommation (art. L. 121-20-3) prévoit de rembourser le consommateur au plus tard dans les 30 jours du paiement des sommes versées. Le vendeur doit indiquer le délai de livraison ; à défaut, il doit livrer sous 30 jours. La loi prévoit des pénalités de 10 à 50 % du montant de l'achat en cas de retard de livraison. Si la date de livraison était un élément déterminant du contrat, le client peut demander le remboursement du produit.

FICHE RESSOURCE

4

GÉRER LES RÉCLAMATIONS CLIENTS DANS LE CADRE DU SAV

Mettre en œuvre et maîtriser le processus de traitement des réclamations clients est une des attributions du service après-vente. Cela permet de créer une relation durable avec le client, de le fidéliser et d'améliorer les performances de l'entreprise.

I Identifier le type de réclamation

De nombreux clients ont tendance exagérer le problème rencontré : en colère, ils ont alors un ressenti exacerbé, ou encore ils pensent que leur réclamation sera ainsi traitée plus rapidement. C'est pourquoi il faut prendre le temps de repérer la nature de la réclamation et d'identifier le profil du réclamant.

1. Repérer la nature de la réclamation

Il s'agit d'identifier ce qui justifie l'intervention du client. Les réclamations concernent généralement :
– **le prix :** erreur ou absence de balisage, prix plus élevé que la concurrence ;
– **le produit :** défaut de fonctionnement, mauvaise qualité, rupture de stock ;
– **le personnel :** indisponible, pas à l'écoute, désagréable, incompétent ;
– **les services :** erreur ou retard de livraison, non-prise en charge de produit sous garantie ;
– **le magasin :** signalétique peu claire, manque de propreté, attente en caisse…

2. Identifier le profil du réclamant

Le niveau d'insatisfaction est plus difficile à cerner, et dépend notamment du comportement du client. Selon son niveau de ressenti et l'enjeu, on distingue quatre profils types de réclamant.

La carte des réclamants

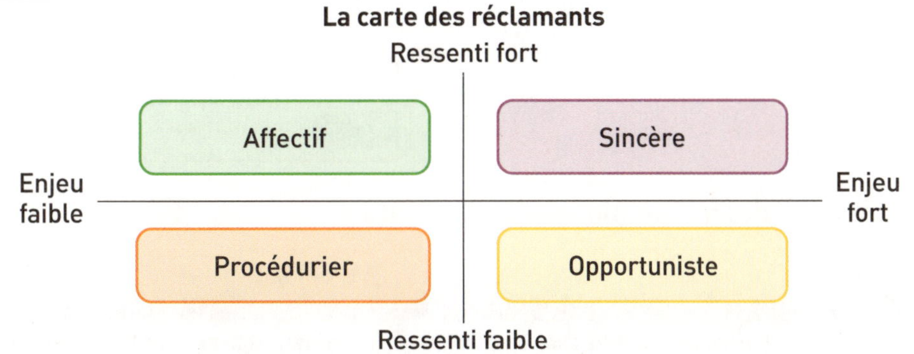

II Traiter les réclamations

1. L'attitude à adopter selon le profil du réclamant

Profil du client	Comportement	Attente du client	Attitude à adopter
Affectif	Le client hausse le ton ou emploie des mots rudes dans un mail pour une raison objectivement peu importante.	Souhaite une reconnaissance et être considéré.	L'écouter et prendre en compte sa demande.
Procédurier	Le client s'appuie sur le règlement et se manifeste pour des détails.	Attend d'être rassuré car au prochain faux pas, le point de rupture est proche.	L'écouter et prendre en compte sa demande.
Opportuniste	Le client expose un problème infondé mais n'est pas réellement insatisfait.	Cherche un geste commercial.	Rester courtois et lui expliquer que sa demande ne peut pas être prise en compte
Sincère	Le client argumente une vive insatisfaction.	Cherche à récupérer son dû.	Répondre à sa demande efficacement.

2. Les étapes d'une situation de réclamation

ÉTAPES	Comportement à adopter
1. Réagir rapidement et être impliqué	La réclamation est un geste fort : le client vous contacte ou revient en magasin pour vous faire part de son problème, il est dans une démarche active. Il ne faut donc pas rester passif ; un signe d'indifférence envers ce client mécontent peut dégrader l'image de l'entreprise.
2. Écouter le client et faire preuve d'empathie	L'empathie est impérative : votre client expose à la fois son mécontentement (voire sa colère) et la raison de son insatisfaction. Vous devez recevoir et gérer les deux simultanément. N'interrompez pas le client. Reformulez pour bien montrer votre compréhension et l'attention que vous lui portez.
3. Remercier le client pour sa démarche	Soyez positif (tout en restant conscient que vous êtes en face d'une personne mécontente) : un client râleur mais honnête peut permettre d'améliorer de façon significative la qualité de service de l'UC en mettant l'accent sur une faille réelle.
4. S'excuser au nom de l'entreprise et répondre au problème de façon pertinente	Le client est dans une démarche active, vous représentez l'unité commerciale à ses yeux, il attend que vous agissiez. Indiquez-lui que vous allez personnellement répondre à sa réclamation si vous le pouvez. Sinon, redirigez-le immédiatement vers la personne compétente – en expliquant vous-même la situation à cette dernière, ne demandez pas au client de formuler à nouveau son insatisfaction.
5. Prendre congé	Une fois la réclamation traitée, il faut à nouveau remercier le client.
6. Diffuser l'information en interne	Diffusez l'information sur le problème rencontré par ce client au reste de l'équipe afin qu'ils se préparent eux-mêmes à prendre en main une réclamation similaire. Faites remonter le dysfonctionnement auprès de votre hiérarchie et des services concernés afin qu'il soit résolu.

Vidéo : Réclamation client : « Transformer le pépin en pépite » – AMARC
liennathan.fr/4hs67c

3. Le traitement des réclamations selon leur nature

Nature de la réclamation	Exemples	Traitement à apporter
Le produit	*« Il manquait une pièce dans la boîte. »* *« Le produit est cassé. »* *« Le produit reçu ne correspond pas à la commande. »*	S'excuser, expliquer que l'on va chercher d'où provient l'anomalie. Procéder au remboursement ou à l'échange du produit.
Le prix	*« Le prix indiqué en rayon est différent de celui que j'ai payé. »*	Contrôler le prix affiché et appliquer ce prix en s'excusant de l'erreur. Signaler l'anomalie au rayon concerné.
Le personnel	*« Il n'y a jamais personne en rayon pour nous renseigner. »* *« Le vendeur m'a conseillé un produit inapproprié. »*	Remercier le client de sa remarque. S'excuser pour le vendeur et expliquer que sa remarque sera prise en compte.
Les services	*« Je n'ai pas de nouvelles d'un produit parti en réparation depuis plus d'un mois. »*	S'excuser pour le retard et se renseigner pour apporter une réponse au client.
Le magasin	*« Ce magasin est très mal organisé, je ne trouve pas mon produit. »*	Accompagner le client en rayon et lui montrer où se trouve le produit. Lui remettre un plan éventuellement.

FICHE RESSOURCE

5

MESURER LA SATISFACTION CLIENT

La mesure de la satisfaction client relève davantage de la mercatique après-vente que du SAV proprement dit. La satisfaction client représente en effet la mesure marketing de l'état de contentement des clients ou utilisateurs d'un bien ou service à un moment donné.
Satisfaire un client consiste à lui proposer des produits et services qui répondent à ses besoins et attentes, et à son niveau d'exigence. Les UC ont pris conscience de l'importance de la satisfaction client, à tel point que le suivi de la satisfaction client est devenu, pour certaines enseignes, un élément incontournable de la mercatique après-vente.
Voir aussi : **Fiche méthode 8**.

I Construire un baromètre de satisfaction client

Un baromètre de satisfaction client est un dispositif de mesure en continu et en temps réel de la satisfaction de la clientèle. Il prend le plus souvent la forme d'un tableau de bord composé de tableaux ou graphiques décrivant l'évolution de divers indicateurs. Il constitue le pilier d'une stratégie d'optimisation de la satisfaction client.
Il permet :
- de suivre l'évolution en continu de la satisfaction client ;
- d'identifier rapidement les sources d'irritation et d'insatisfaction ;
- de piloter intelligemment et en connaissance de cause la stratégie centrée client ;
- de créer de l'émulation, d'améliorer le management et l'implication des équipes qui font vivre l'entreprise.

II Choisir des indicateurs de mesure de la satisfaction client

	Principe	Formule de calcul
Le CSAT (score de satisfaction client)	Il est construit à partir des réponses obtenues à la question : « *Quel est votre niveau de satisfaction ?* » ou « *Êtes-vous satisfait de … ?* »	$\frac{\text{Nbre de réponses positives}}{\text{Nbre de réponses totales}} \times 100$
Le NPS (*Net Promoter Score*)	Il mesure la propension des clients à recommander les produits ou la marque (promoteurs). Il est construit à partir des réponses à la question : « *Sur une échelle de 0 à 10, quelle est la probabilité que vous recommandiez notre entreprise (ou notre marque, notre produit, etc.) à vos amis ou collègues ?* ».	NPS = % promoteurs – % détracteurs. *Détracteurs = notes de 1 à 6* *Promoteurs = notes de 9 à 10* *Les notes de 7 à 8 sont attribuées aux « neutres ».* *Le score ainsi obtenu, entre –100 et +100, est considéré comme correct s'il est positif, et comme excellent à partir de +50.*

D'autres indicateurs, relevant de méthodes plus passives, peuvent être utilisés :
- nombre ou taux de réclamations enregistrées : même s'il n'est pas complet car certains clients ne réclament jamais ;
- évolution quantitative et qualitative des remboursements et avoirs : le motif doit être analysé pour en limiter le nombre ;
- taux de défection ou d'attrition : le nombre de cartes de fidélité non réactivées peut indiquer une insatisfaction.

III Sélectionner les outils pour mesurer la satisfaction

	Rôle	Fonctionnement	Avantages / Inconvénients
1. L'enquête de satisfaction	L'enquête de satisfaction permet de recueillir la satisfaction client sur tous types de produits ou services.	Elle se présente aujourd'hui principalement sous forme d'un formulaire en ligne. Elle existe aussi sous forme papier.	– **Avantages** : facile à réaliser, peu onéreux si réalisé en interne – **Inconvénients** : faible taux de retour (clients lassés), nécessite de nombreux retours pour tirer des statistiques représentatives
2. Le client mystère	Le client mystère teste les produits ou services sur demande. Il agit incognito, parfois sur la base d'un scénario prédéfini.	L'UC peut faire appel à une entreprise spécialisée ou recruter ses propres clients mystère, qu'elle remerciera en leur offrant un produit ou service.	– **Avantage** : retour franc – **Inconvénients** : coûteux, parfois mal perçu par les collaborateurs
3. La borne de sondage ou borne Smiley	Permet de récolter la satisfaction du client en temps réel.	En pressant simplement sur un bouton, le client répond à la question posée. 	– **Avantages** : rapide, peu onéreux – **Inconvénients** : une seule question fermée, pas toujours fiable (inconvénient du côté ludique)
4. La boîte à suggestions ou boîte à idées	Généralement laissée à la libre utilisation du client.	Elle permet au client d'y glisser ses compliments, questions, suggestions ou problèmes.	– **Avantages** : rapide, retour à chaud – **Inconvénient** : peu utilisé par les clients
5. Les retours internes	Recueil de la satisfaction des clients durant le parcours d'achat : lors de la vente, de la livraison, du paiement, du SAV…	Les vendeurs notent toutes les remarques utiles des clients et font remonter ainsi la perception du client.	– **Avantages** : peu coûteux – **Inconvénients** : ne couvre pas tous les clients et exige une certaine rigueur en interne

IV Identifier le bon moment pour mesurer la satisfaction

La mesure de la satisfaction peut être réalisée à chaud et/ou à froid, l'un complétant l'autre.

1. La mesure de la satisfaction à chaud

C'est un outil d'écoute et d'action qui consiste à mesurer la satisfaction juste après une interaction importante pour pouvoir évaluer le ressenti du client et détecter une éventuelle insatisfaction. Cela permet de réagir au plus vite pour détecter et rattraper un maximum de clients insatisfaits. En effet, si le client n'a pas un espace d'échange avec l'enseigne, s'il est insatisfait et qu'il n'obtient pas de réponse, il risque d'exprimer son mécontentement sur les médias sociaux.

Cette mesure peut se faire aux étapes clés du parcours client (commande, achat, livraison…) ou juste après l'acte d'achat auprès de tous les clients.

2. La mesure de la satisfaction « à froid »

C'est un **outil stratégique** qui permet d'étudier la satisfaction et la fidélité de vos clients de manière approfondie. Ces études sont généralement menées à un rythme annuel et ne concerneront qu'un échantillon représentatif de la clientèle.

Applications

1 Mettre en place un suivi de relation client

+DeSport Cherbourg (50) est un magasin indépendant qui a vu le jour en 2016 suite à la fermeture de l'enseigne Sport 2000. Passionnés de sport, deux anciens salariés de Sport 2000 ont décidé de racheter les murs et de créer un nouveau concept sportif. +DeSport est un magasin spécialiste du sport au service de sportifs et plus encore.
Vous venez d'être embauché en tant qu'adjoint du magasin. Steeve Leterrier, le responsable, vous demande de travailler sur le suivi de la relation client.

1. À partir de la page Facebook de l'enseigne (document 1), décrivez comment +DeSport tente de maintenir le contact avec ses clients et de leur faire vivre une expérience.
2. Conseillez à votre responsable d'autres outils à mettre en place pour suivre la relation avec les clients.
3. En vous aidant de ce qui se fait déjà dans certaines enseignes (document 2), proposez des idées pour faire vivre une véritable expérience aux clients qui viennent à la boutique.

Document 1 Extrait du compte Facebook de +DeSport

Jeu concours chez +De Sport cherbourg😜
6 mois d'abonnement à gagner chez notre partenaire"Elancia"🏃
(votre salle de sport)
C'est simple, un achat en magasin = un bulletin de participation....
Tirage au sort le 30 juin 2022.
+DE SPORT CHERBOURG 20/22 rue Albert Mahieu.

L'analyse de votre foulée "gratuite"
Durée flexible • 20 euros "offert"
Quel que soit votre niveau de pratique nous vous proposons sur notre dernier logiciel d' analyse sur tapis une étude gratuite autour de votre technique de course, votre foulée, votre déroulé de pieds

Plus De Sport Cherbourg
4 j ·

ERIC Mabire athlète de la team +De Sport cherbourg sera présent demain sur le 30km du tue vaques à Fermanville avec sa nouvelle tenue 💪
Éric est en forme, Thibaut Lécuru également...
Les deux athlètes de la team +De Sport cherbourg sont très motivés pour demain.
À suivre 😜
Sportivement 😉
+De Sport cherbourg
20/22 rue Albert Mahieu en centre ville 50100
09.67.76.02.69

Document 2 Decathlon transforme ses magasins en salles de sport

Pour fédérer une communauté de sportifs de quartier, le marchand n'hésite pas à recruter des vendeurs *coachs*, capables de dispenser des cours le soir. Une vraie expérience à valeur ajoutée, qui fidélise la clientèle… et augmente la fréquence d'achat. La technologie est aussi mise à profit par l'enseigne pour mieux engager sa clientèle. La réalité virtuelle a fait son entrée dans une trentaine de points de vente, avec pour mission de dynamiser le rayon tentes, en immergeant le client dans un univers pour replacer les produits dans leur contexte d'utilisation. Des initiatives qui séduisent le public : pour la deuxième année consécutive, l'enseigne remporte le prix de l'expérience client.

www.cofidis-retail.fr

La boutique comme lieu de partage

L'équipementier vélo le plus chic du monde, Rapha, fait partie de ces marques qui ont su créer avec leur public une émotion sincère et durable. Si l'essentiel des ventes se fait en ligne, Rapha a déployé dans les grandes capitales (New York, Londres, Amsterdam, Tokyo, Sydney…) des lieux de vente pluriels, communautaires et conversationnels, les Rapha Cycle Clubs, où les amoureux du vélo et de la marque se retrouvent dans une atmosphère chaleureuse autour d'un café ou d'une collation légère.

www.pluris.fr

2 Gérer les réclamations écrites

Le groupe Conforama est un acteur majeur de l'équipement de la maison en Europe. Il s'est développé en conjuguant *discount* et proximité, tout en démocratisant les tendances. Il propose une offre complète de meubles, décoration, électroménager et électronique de loisir, disponible dans 334 magasins dans le monde dont 173 en France. Conforama est également présent sur Internet, notamment *via* le site conforama.fr, ce qui garantit aux clients un accès complet aux produits, aux opérations promotionnelles et aux services 24 h/24.
Vous êtes responsable de la relation client au sein du magasin Conforama de Saint-Étienne. Fabrice Tréguer, le directeur commercial, vous demande de traiter les réclamations qu'il vient de relever sur les réseaux sociaux.

1. Identifiez pour chaque situation le type de client et la nature de la réclamation ou de l'insatisfaction.
2. Traitez dans chaque cas la réclamation ou l'insatisfaction en proposant une solution.

Document Réclamations clients relevées sur les réseaux sociaux

Laurent	J'ai commandé deux produits identiques chez Conforama. Ma surprise a été de constater que l'un des produits a été ouvert et réemballé. Des poignées étaient manquantes, j'ai dû aller au magasin en réclamer et y retourner une deuxième fois pour aller les chercher. Perte de temps et d'argent. Quant au geste commercial, il est égal à zéro ! Bref, c'était ma dernière commande chez Conforama.
Nathalie	J'ai passé commande pour l'anniversaire de ma fille sur le site en sélectionnant le magasin de livraison Les Ulis. La commande était prévue pour une livraison mi-janvier 2023. N'ayant pas de nouvelles j'ai appelé plusieurs fois et c'est toujours le même discours, on revient vers vous sous 48 h et cela fait déjà trois fois que j'entends cette promesse. Ma fille s'impatiente de son cadeau ! Merci de faire le nécessaire au plus vite. Commande numéro 40821710
Marion	J'y suis allée pour de la literie. Grand choix de marques et de produits. Cependant, aucun vendeur pour nous renseigner. Dommage, nous avons donc acheté notre matelas ailleurs…
Christian	Service après-vente catastrophique. Je me suis fait livrer un lave-linge par un transporteur qui a abîmé le colis. Les réserves ont bien été émises et je me retrouve depuis un mois à attendre l'échange. C'est ma dernière commande : je déposerai cette machine sur le parking de Conforama samedi et je ne veux plus entendre parler d'eux. Aucun geste proposé.
Marine	Meuble TV acheté rayé ! Meuble acheté, au déballage on remarque trois rayures dans le meuble : je fais comment ?

3 Mesurer et analyser la satisfaction client

Pour mesurer la satisfaction de sa clientèle, le groupe Micromania recourt régulièrement à des enquêtes mystères, ce qui permet de comparer les avis des clients sur les réseaux sociaux avec un avis neutre et plus professionnel. Laura Tosler, la directrice du magasin d'Arles, vient de recevoir les résultats des enquêtes du second semestre : elle vous demande de préparer une synthèse des points forts et points faibles de la boutique en matière de satisfaction client. Vous présenterez vos résultats sous forme de diaporama.

1. Analysez les résultats en faisant ressortir les points forts de l'UC et les points à travailler.
2. Quelles informations ou indicateurs complémentaires auraient été utiles pour affiner votre analyse ?
3. Proposez des axes d'amélioration de la satisfaction client.

Document 1 — Résultats des enquêtes clients du second semestre année N

	Semestre 1 année N			Semestre 2 année N		
	🙂	😐	🙁	🙂	😐	🙁
Le magasin						
Propreté	38	62		66	34	
Ambiance	46	54		54	46	
Balisage	72	28		82	18	
État des rayons	47	53		25	40	35
L'équipe de vente						
Conseil	70	25	5	80	20	
Compétence	60	25	15	79	13	8
Amabilité	60	28	12	70	25	5
Disponibilité	63	27	10	48	22	30
Les produits						
Variété	73	19	8	77	18	5
Nouveautés	73	12	15	83	5	12
Promotions	45	32	23	15	30	55
Disponibilité	50	30	20	30	14	56
Les services						
Carte de fidélité	58	42		60	40	
Échange	56	21	23	72	28	
SAV	58	25	27	40	20	40

Document 2 — Remontées de la réunion d'équipe

Sara : « Les nouveaux jeux marchent très bien. Nous ne pouvons pas honorer toutes les commandes à cause des ruptures fournisseurs. »

Thomas : « Depuis que nous avons changé l'organisation de travail et les plannings, j'ai davantage de temps pour renseigner les clients ; ils apprécient. »

Souad : « J'ai l'impression que nous avons perdu des clients fidèles : je passe moins de cartes de fidélité en caisse. »

Louisa : « Le nouveau mobilier pour ranger les jeux vidéo d'occasion est plus joli et plus fonctionnel. Les clients nous ont complimentés. »

Éric : « Il n'y a plus beaucoup de promotions en ce moment, des clients nous l'ont fait remarquer… »

4 Jeu de rôle : gérer une réclamation client en face à face

Par groupe de 3 ou 4 étudiants, vous créez un scénario de gestion d'une réclamation client.

1. Choisissez un profil de client décrit dans le document 1. Il servira de base de départ au scénario de votre groupe.
2. Attribuez un rôle à chaque membre de votre groupe.
3. Expliquez en quelques lignes votre situation de départ. Votre contexte pourra s'inspirer d'une situation réelle vécue en tant que client ou en tant que vendeur pendant vos périodes de stage.
4. Rédigez le script en écrivant toutes les phrases que vous prononcerez.
5. Mettez en scène votre script devant la classe.
Les autres groupes observateurs vous noteront en complétant la grille d'observation, et l'enseignant vous filmera afin que vous puissiez vous autoévaluer.

Document 1 Tableau des solutions pour gérer 11 types de clients difficiles

Typologie de client difficile	Comment le reconnaître ?	Comment le gérer ?
Le client en colère	**Comportement :** il parle fort, crie, manifeste son mécontentement de manière exacerbée. Sa réaction est provoquée. par un sentiment de vexation.	**Méthode et attitude à adopter :** Isoler le client. Adopter une attitude calme, installer un dialogue, faire preuve d'écoute. Identifier les raisons de la colère. Résoudre le problème rapidement. Faire un geste commercial si vous êtes en tort.
Le client agressif ou violent	**Comportement :** il parle fort, n'écoute pas, énonce des critiques voire des menaces. Sa réaction ne se justifie pas. Un client a le droit de manifester son mécontentement, mais pas de vous manquer de respect.	**Méthode et attitude à adopter :** Rester calme, ne pas manifester de peur. Reformuler son problème pour lui montrer que vous avez compris. Faire une proposition pour lui apporter satisfaction et lui faire valider votre solution. Éventuellement, appeler la sécurité ou raccrocher après l'avoir averti.
Le client indécis	**Comportement :** il hésite, se montre lent dans la conversation, peut changer d'avis. Sa réaction est provoquée par un sentiment de méconnaissance de votre produit ou service. Il ne connaît pas vraiment ses besoins ni ses attentes, voire ne connaît pas votre offre.	**Méthode et attitudes à adopter :** Guider le client. L'aider à identifier son besoin et son attente. Poser des questions fermées. Proposer des questions avec alternatives. Lui indiquer des ressources en ligne à lire pour nourrir sa réflexion d'achat. Lui donner le temps.
Le client autoritaire ou expert	**Comportement :** monsieur *je sais tout*, il a un avis tranché sur chaque sujet, a tendance à vous couper la parole, il insiste ; il aime l'ironie et ne se gêne pas pour se montrer sarcastique.	**Méthode et attitudes à adopter :** Rester courtois. Rester factuel, ne pas entrer dans son jeu. Proposer des solutions alternatives. Utiliser des questions fermées.
Le client malpoli ou sans-gêne	**Comportement :** il est vulgaire et ignore (sciemment peut-être) les règles de bienséance. Il pratique allègrement l'argot, mange en vous parlant, peut manquer d'hygiène.	**Méthode et attitudes à adopter :** Ne pas délaisser votre client pour lui, le faire attendre. Le recadrer poliment pour rééquilibrer la situation. Ne pas entrer dans son jeu. Adopter un sourire et un ton courtois en lui proposant vos solutions, le guider par des questions fermées.

Tableau des solutions pour gérer 11 types de clients difficiles

Le client bavard chronophage	**Comportement :** il parle de la pluie et du beau temps, de sa vie, il aime les digressions. Il peut monopoliser votre temps.	**Méthode et attitudes à adopter :** Rester courtois. Un peu d'humanité renforce la satisfaction client mais s'il est trop bavard, recadrez-le en lui demandant s'il a besoin d'autre chose, usez de questions fermées. Éventuellement, feindre d'être appelé par un autre client pour mettre un terme à la discussion.
Le client râleur	**Comportement :** selon son degré de mécontentement, il peut bougonner, voire vous prendre pour sa « tête de turc ». **Danger :** perdre un bon client.	Méthode et attitudes à adopter : Diplomatie, empathie : adopter un comportement similaire pourra parfois calmer, surtout si l'erreur vient de lui…
Le client inquiet	**Comportement :** inquiétude exacerbée, questions sans fin, voix hésitante, doute de tout.	**Méthode et attitudes à adopter :** Faire preuve d'écoute pour détecter les points de préoccupation, rassurer le client. Utiliser un vocabulaire positif, rappelez vos engagements. Orientez-le vers l'information et le conseil en ligne disponible ou les forums pour échanger avec d'autres clients.
Le client qui ne comprend pas	**Comportement :** fait répéter la question, manifeste son incompréhension. **Pourquoi il ne comprend pas :** Il est peut-être de mauvaise foi et attend un geste commercial non justifié ; son niveau intellectuel est faible, sa culture est différente, il parle mal le français ; il est peut-être timide et n'ose pas questionner.	**Méthode et attitudes à adopter :** Vulgariser au maximum. Reformuler différemment. Se montrer patient. Faire valider les points de compréhension. Demander à votre interlocuteur de s'exprimer avec ses mots. Éviter les termes techniques.
Le client pointilleux	**Comportement :** passe tout en revue, questionne sur chaque détail, a besoin de tout vérifier. Sa réaction est due à un sentiment exacerbé de peur (se tromper, être mal servi…).	**Méthode et attitudes à adopter :** Le guider, le rassurer sur chaque point étape par étape. Le féliciter pour son choix. Lui montrer que vous maîtrisez la situation. Le remercier de sa confiance.
Le client arrogant	**Comportement :** il vous prend de haut, fait preuve de condescendance, il exploite sa position dominante pour émettre des exigences.	**Méthode et attitudes à adopter :** Écouter, montrer que vous comprenez. Repasser l'historique client pour lui montrer ce que l'entreprise a fait pour le satisfaire. Expliquer ce que l'on peut faire ou non, tout en argumentant.

www.appvizer.fr

Document 2 Exemple de grille d'observation

Version numérique disponible (Word)
liennathan.fr/9m63ku

Analyse de la communication orale : vendeur(se)	Oui	Non	Remarques
– Est-il/elle à l'aise ?	☐	☐	
– Son niveau de langage est-il adapté au client ? – Son langage est-il adapté à la situation ? – Son langage est-il adapté au contenu du message ?	☐ ☐ ☐	☐ ☐ ☐	
– Son débit de paroles est-il facile à écouter ? – Son discours est-il soutenu par des signes ?	☐ ☐	☐ ☐	
– S'est-il/elle adapté(e) aux réactions du client ? – A-t-il/elle pratiqué l'écoute active ? – A-t-il/elle pratiqué le questionnement ? – A-t-il/elle pratiqué la reformulation ?	☐ ☐ ☐ ☐	☐ ☐ ☐ ☐	
– La solution proposée est-elle adaptée à la situation ? – A-t-il/elle remercié le client pour sa démarche ?	☐ ☐	☐ ☐	

Synthèse

Suivre la relation client et la qualité des services

Orientation de la relation commerciale

Expérience client
Émotions et sentiments ressentis par un client avant, pendant et après l'achat d'un produit ou service

Les enjeux du suivi de la relation client et de la qualité des services

- **Se différencier des concurrents**
- **Développer et fidéliser la clientèle**
- **Améliorer la satisfaction client**
- **Mieux connaître ses clients**

Outils pour recueillir les informations sur la satisfaction client

- Enquêtes de satisfaction
- Commentaires clients sur les blogs et réseaux sociaux
- Remontées d'informations de l'équipe
- Clients mystères

Indicateurs pour mesurer la satisfaction

- CSAT (score de satisfaction client)
- NPS (*Net Promoter Score*)
- Nombre ou taux de réclamations enregistrées
- Évolution du nombre de retours
- Taux de défection ou d'attrition

Les étapes de la gestion de l'insatisfaction client

1. **Repérer le profil du client**
   Opportuniste, affectif, procédurier, sincère
2. **Identifier la nature de la réclamation**
   Produit, prix, personnel, service, magasin
3. **Adopter l'attitude adéquate**
   Être à l'écoute, reformuler, rester positif
4. **Apporter une solution**
   Échange, avoir, remboursement, SAV fournisseur
5. **Diffuser l'information aux services compétents**
   Transmettre la réponse au client (orale, écrite, par mail)
   Transmettre au SAV ou au service relation client

Mots-clés

Expérience client • Baromètre de satisfaction client • Garantie légale • Garantie commerciale • Client mystère • Service après-vente (SAV) • Mercatique après-vente • Réclamation

TESTEZ-VOUS
liennathan.fr/47sk7d

CHAPITRE

11 Fidéliser et accroître la valeur client

Contexte professionnel

Compétence
Entretenir la relation client : fidéliser la clientèle et accroître la valeur client

Savoirs associés
Le marketing après-vente et la fidélisation
Le capital client

Vers PIX
1.2. Gérer des données
1.3. Traiter des données
2.2. Partager et publier
3.1. Développer des documents textuels

Nom : Special Pulls (SA)
Enseigne : Eram
Adresse : 2 rue d'Allier, Moulins (03)
Type d'UC : point de vente traditionnel
Offre commerciale : chaussures et sacs
Effectif : 6 salariés

Créé à la fin des années 1920, le groupe Eram détient notamment, outre la marque Eram, les marques Bocage, Faguo et Gémo. Spécialisée dans la fabrication et la distribution de chaussures, Eram dispose d'un réseau de 300 boutiques, en France et à l'étranger. Après la création de magasins intégrés, l'enseigne se développe, sous forme de franchises ou de « commissions affiliation ». Les magasins sont implantés en centre-ville ou dans les centres commerciaux. Le site marchand Eram est créé en 2009 ; en 2015, de nouveaux services digitaux y sont ajoutés, tels que le *click and collect* ou l'e-réservation. Le groupe développe donc une stratégie omnicanale.
Le magasin de Moulins a emménagé dans ses nouveaux locaux le 13 juin 2018. Avec une surface agrandie de 160 m², il devient le plus grand point de vente Eram de la région ; avec cette ouverture, la gamme s'élargit aux chaussures pour enfants. Situé en plein centre-ville, le magasin occupe un emplacement stratégique sur une place centrale de la ville. L'ancien magasin était déjà bien connu des habitants de la région.

Votre rôle

Titulaire d'un BTS MCO, vous êtes embauché(e) par Mme Presteau, responsable du magasin. Celle-ci souhaite profiter de l'agrandissement du point de vente pour mettre en place une véritable stratégie de fidélisation s'appuyant sur les outils proposés par le réseau Eram.

Vos objectifs

I Présenter le programme de fidélité de la marque Eram

Une nouvelle équipe commerciale a été recrutée à l'occasion de l'agrandissement de l'unité commerciale. Vous expliquez aux nouveaux vendeurs les enjeux de la fidélisation et leur présentez le programme de fidélité du réseau Eram.

1 Préparez un diaporama pour le brief avec les vendeurs : présentez les notions de fidélité et de fidélisation ainsi que leurs enjeux pour votre magasin.
Fiche ressource 1
Annexes 1 et 2

2 Présentez également le fonctionnement du programme de fidélisation du réseau Eram, en précisant l'intérêt de ce programme pour les clients et pour l'unité commerciale.
Annexes 3 et 4

II Mettre en place des outils de fidélisation

Avec votre nouvelle équipe, vous élaborez un programme de fidélisation des clients de l'UC qui s'inscrira dans la stratégie du réseau Eram.

3 Afin d'élaborer un programme de fidélisation pertinent, vous réalisez tout d'abord un scoring RFM (Récence, Fréquence, Montant).
Fiche ressource 2
Annexe 5

4 Analysez votre scoring en identifiant les différentes catégories de clients.
Annexe 6

5 Proposez des techniques de fidélisation transactionnelles et relationnelles adaptées à ces différentes catégories de clients
Fiche ressource 3

6 Votre outil principal de fidélisation étant aussi la carte de fidélité, vous concevez un *flyer* à disposer en caisse pour convaincre les clients d'adhérer à la carte.

III Mesurer la performance du plan de fidélité

Après une année de lancement du plan de fidélisation, vous évaluez son efficacité.

7 Calculez les taux d'encartage, de fidélisation, d'attrition, de réachat, de vente incitative et la durée de vie moyenne d'un client.
Fiche ressource 4
Annexes 7 et 8

8 Comparez vos résultats avec les moyennes du groupe Eram et dressez un bilan de votre programme de fidélisation à l'attention de votre responsable.

IV Mesurer le capital client

De nouveaux clients ont été acquis grâce aux actions de communication et aux offres promotionnelles. Votre manageur vous demande si cette acquisition est rentable.

9 À partir des données fournies, calculez les valeurs à vie des deux segments de clients. Quelle préconisation pourriez-vous faire à votre responsable pour orienter votre programme de fidélisation en conséquence ?
Fiche ressource 5
Annexe 9

10 Sur quelle composante du capital image, préconiseriez-vous à votre responsable d'agir ?
Fiche ressource 6

Votre dossier

Annexe 1 Les enjeux du digital vu par Eram

Eram ne s'en cache pas, les outils 2.0 (e-shop, *click and collect*, application mobile…) permettent aujourd'hui de récupérer des données sur le comportement client et d'analyser son parcours d'achat, mais, toujours selon Renaud Montin, la finalité est de « *mieux connaître le client afin de mieux le servir, être à sa disposition et lui apporter une plus-value* ». C'est dans ce cadre qu'Eram a imaginé son nouveau programme de relation client, baptisé « Eram & moi ». Il donne aux clients des avantages exclusifs (ciblés en fonction de leur historique d'achat) tels que des bons de réduction, des invitations aux événements et ventes privées, des informations en avant-première sur les nouveautés, des retours et échanges facilités (même sans ticket de caisse)… Fini le système d'adhésion à un programme de fidélité ; pour en bénéficier, le client n'a qu'à laisser une adresse mail ou un numéro de téléphone en boutique au moment de régler son achat, et sur l'e-shop, c'est automatique.

commerce.life

Annexe 2 Les magasins au cœur de la fidélisation chez Eram

Dans les magasins Eram, les clients membres du programme « Eram & moi » sont systématiquement identifiés en caisse. Grâce à la centralisation des données clients entre le magasin et le site Internet, *via* le logiciel de CRM, les vendeurs peuvent visualiser l'historique des achats *online* et *offline*. Ils peuvent ainsi informer des promotions auxquelles les clients ont droit, proposer des services complémentaires, effectuer un retour sans ticket de caisse…

Le CRM permet de classer les clients selon leur degré de fidélité. Lors du premier achat, le client se voit proposer automatiquement une incitation pour réaliser d'autres achats. Des informations sur les évènements, des promotions, sont ensuite régulièrement transmises pour développer la fidélisation et valoriser la marque. La stratégie de contact s'affine au fur et à mesure selon la typologie de client. Les clients les plus fidèles, réalisant des ventes régulières et d'un montant plus élevé, bénéficient d'offres particulières, de surprises, avec pour objectif de convertir ces clients en ambassadeurs. Ces promotions s'adaptent pour pousser des clients moins fidèles à augmenter la fréquence ou leur panier d'achat, par exemple en proposant une offre exclusive sans minimum d'achat.

Annexe 3 — Exemples d'outils de fidélisation Eram

Avec une carte de fidélité dématérialisée, utilisable aussi bien sur leur site Internet que dans leurs boutiques, Eram n'hésite pas à développer des techniques de fidélisation transactionnelle (ventes privées ou bons plans) et relationnelle (conseils de shopping, utilisation des réseaux sociaux ou encore emailing).

Annexe 4 — Le programme « Eram & moi »

Site web : Votre programme d'avantages exclusifs ! – Eram
liennathan.fr/3i7vb3

Vidéo : Présentation du programme Eram & Moi – Eram
liennathan.fr/7rh9f2

Annexe 5 — Base de données clients du magasin Eram de Moulins (extrait)*

Version numérique disponible (Excel)
liennathan.fr/4q6yx5

Coordonnées

Civilité	Prénom	Nom	Code postal	Ville	E-mail	Nombre d'achats/an	Date du dernier achat	Montant moyen
Madame	Aude	Arsenault	03000	Moulins	a.arsenault@gmail.com	6	15/12/N-1	369,00 €
Monsieur	Armand	Baril	03000	Moulins	armandbaril@laposte.net	2	05/09/N-1	123,50 €
Monsieur	Olivier	Bergeron	03230	Chevagnes	oliver03@gmail.com	1	15/02/N-1	59,00 €
Madame	Elizabeth	Bernard	03000	Moulins	e.bernard03@orange.fr	1	15/09/N-1	119,00 €
Monsieur	Patrice	Castrain	03000	Moulins	patrice0351@hotmail.fr	1	15/01/N-1	29,95 €
Madame	Rosemarie	Chalut	03000	Moulins	rchalut@sfr.fr	3	05/10/N-1	115,00 €
Madame	Miriam	Devos	03000	Moulins	miriamd@gmail.com	1	07/04/N-1	59,95 €
Madame	Océane	Dodier	03000	Moulins	oceane82@hotmail.fr	4	10/12/N-1	235,95 €
Madame	Patience	Doiron	03230	Chézy	pdoiron@orange.fr	1	25/04/N-1	98,00 €
Madame	Edda	Fallaci	03000	Moulins	edda.fallaci@gmail.com	1	18/03/N-1	65,00 €
Madame	Daisy	Lamontagne	03000	Moulins	dlamontagne@free.fr	3	09/10/N-1	209,00 €
Madame	Dominique	Lanoie	03000	Moulins	domlanoie@orange.fr	2	25/11/N-1	128,00 €
Madame	Yolande	Mazuret	03210	Marigny	yolande67@laposte.net	2	10/07/N-1	89,95 €
Monsieur	Kassim	Najjar	03000	Moulins	kassim0381@gmail.com	1	21/07/N-1	89,00 €
Madame	Rabeea	Nusaiba	03000	Moulins	rnusaiba03@orange.fr	3	22/10/N-1	178,00 €
Madame	Bertilda	Olivera	03210	Besson	bertildao@hotmail.fr	4	06/09/N-1	255,95 €

* Ces données sont fictives, inventées pour raisons pédagogiques.

Annexe 6 — Le ciblage des clients du magasin Eram de Moulins*

« Bonjour [votre nom],
Comme convenu, je vous transmets en pièce jointe l'extrait de la base de données clients à analyser. Il serait intéressant de trier les clients selon qu'ils sont :
– très bons clients à récompenser,
– bons clients dont on doit obtenir une amélioration de la relation commerciale,
– et clients tièdes, dont il faut obtenir au moins 1 réachat.
Je vous laisse calculer leur score : par exemple 10 points lorsque le client réalise plus de 4 achats par an, depuis moins de 3 mois ou pour plus de 150 € d'achats, 5 points pour plus de 2 achats par an, depuis moins de 9 mois ou pour plus de 50 € d'achats, aucun point sinon.
Bon courage.
Mme Presteau – Responsable magasin »

* Texte fictif, inventé pour le cas pédagogique.

Annexe 7 — Données statistiques clients (année N)*

Version numérique disponible (Excel)
liennathan.fr/k9z5v2

Données - année N				
Nombre de clients au 01/01/N : 165		Nombre de clients au 31/12/N : 162		
Nombre de nouveaux clients en N : 31		Nombre de cartes fidélité au 31/12/N : 16		
Comparaison au 31/12/N				
Indicateurs	**Magasin**			**Groupe Eram**
	31/12/N-2	31/12/N-1	31/12/N	
Durée de vie	NC	3,5		4
Taux d'encartage	NC	NC		NC
Taux de réachat	28 %	56 %		52 %
Taux d'attrition	23 %	24 %		19 %
Taux de fidélisation	77 %	76 %		81%
Taux de vente incitative	NC	NC		37 %
Panier moyen clients encartés				135 €

	Nom	Nombre d'achats	Achats autre rayon
Aude	Arsenault	7	2
Armand	Baril	1	0
Olivier	Bergeron	0	0
Elizabeth	Bernard	4	2
Patrice	Castrain	0	0
Rosemarie	Chalut	2	0
Miriam	Devos	2	1
Océane	Dodier	1	0
Patience	Doiron	1	0
Edda	Fallaci	2	1
Daisy	Lamontagne	0	0
Dominique	Lanoie	2	0
Yolande	Mazuret	3	0
Kassim	Najjar	2	0
Rabeea	Nusaiba	3	2
Bertilda	Olivera	2	0

* Données fictives.

Annexe 8 — Le bilan financier de la fidélisation*

Version numérique disponible (Excel)
liennathan.fr/k9z5v2

Montant des achats réalisés par les clients de la carte fidélité – année N

Prénom	Nom	Montant des achats N
Aude	Arsenault	515,95 €
Armand	Baril	69,00 €
Olivier	Bergeron	0 €
Elizabeth	Bernard	425,00 €
Patrice	Castrain	0 €
Rosemarie	Chalut	95,00 €
Miriam	Devos	112,99 €
Océane	Dodier	57,00 €
Patience	Doiron	69,00 €
Edda	Fallaci	137,50 €
Daisy	Lamontagne	0 €
Dominique	Lanoie	119,00 €
Yolande	Mazuret	122,99 €
Kassim	Najjar	139,00 €
Rabeea	Nusaiba	358,00 €
Bertilda	Olivera	109,95 €

* Données fictives, imaginées pour le cas pédagogique.

Annexe 9 — La valeur à vie des clients*

Version numérique disponible (Excel)
liennathan.fr/97nh3a

	Clients individuels	Clients familles
Durée de vie	2,5 ans	5 ans
Panier moyen client	57 €	96 €
Fréquence d'achat	2 par an	3 par an
Coût d'acquisition moyen (prospection, publicité)	4 €	6 €
Coût de fidélisation moyen	2 €	2,50 €

* Données fictives, imaginées pour le cas pédagogique.

FICHE RESSOURCE

1

LES ENJEUX ET LA STRATÉGIE DE LA FIDÉLISATION

Dans un contexte concurrentiel, avec des consommateurs informés et volatils, la fidélisation client est un enjeu majeur pour le développement des ventes des entreprises.

I Notions de fidélité et de fidélisation

1. La notion de fidélité

La **fidélité client** correspond à la répétition des achats de produits ou services par un consommateur auprès d'une marque ou d'une enseigne. On distingue plusieurs types de fidélité :

Type de fidélité	La fidélité attitudinale traduit une **préférence à l'égard de la marque.**	La fidélité comportementale propose d'observer ***ce que fait le client*** : abandon ou réachat du produit.
EXEMPLE	74 % des Français sont fidèles à leur marque de voiture.	Fréquenter un supermarché car il est situé sur le trajet du travail.

2. La notion de fidélisation

La **fidélisation** comprend les **outils et techniques** mis en œuvre pour construire la fidélité et en mesurer les résultats.

Type de fidélité	La fidélité recherchée par des actions marketing.	La fidélité induite subie par le consommateur.
EXEMPLE	Envoi de *newsletters* mensuelles	Forfait mobile avec engagement 12 ou 24 mois.

II Les enjeux de la fidélisation client

La fidélisation offre plusieurs avantages à la marque ou à l'enseigne.

La maîtrise des coûts d'acquisition client	L'augmentation du chiffre d'affaires	L'augmentation de marge	La prescription	L'information client
Les dépenses engagées pour acquérir un nouveau client coûtent cher. Faire revenir (fidéliser) un client coûte 5 à 10 fois moins cher et permet d'amortir le coût d'acquisition.	Le consommateur fidèle augmente généralement le montant moyen de ses achats en réalisant des achats complémentaires (*cross-selling*).	Les clients fidélisés sont moins sensibles à la comparaison des prix avec la concurrence. Ils achètent des produits à forte marge.	Le consommateur fidèle communique sur la marque et permet l'acquisition de nouveaux clients par le bouche à oreille.	Les programmes de fidélisation enrichissent la connaissance client.

III La stratégie de fidélisation

La stratégie de fidélisation suppose la mise en place des **méthodes du marketing relationnel** afin de développer des échanges continus avec le consommateur.

Le marketing relationnel repose sur :
– l'attachement à la marque (aspect affectif) ;
– la spécificité et les caractéristiques de la marque (aspect cognitif : accumuler des connaissances) ;
– l'incitation à la décision d'achat (aspect conatif : pousser les consommateurs à agir).

Les étapes de la stratégie de fidélisation

1. **Connaître et analyser le client :** grâce à son outil de gestion de la relation client (GRC), l'entreprise analyse les données client et détermine les opportunités de fidélisation.
2. **Déterminer les clients à cibler :** la segmentation des clients permet d'axer la fidélisation vers les clients les plus rentables.
3. **Élaborer un programme de fidélisation :** le programme de fidélisation prévoit les outils et les supports utilisés, en fonction de la cible et du budget qui y est consacré.
4. **Déterminer des objectifs et mesurer la performance :** en fonction des cibles clients, l'entreprise détermine ses objectifs, comme l'augmentation de la fréquence d'achat ou du panier moyen, et mesure l'efficacité du programme mis en place.

FICHE RESSOURCE

2

DÉTERMINER LES CLIENTS À CIBLER

La fidélisation client suppose d'avoir une connaissance précise du portefeuille clients pour élaborer une stratégie de fidélisation adaptée et personnalisée.

I La collecte des données

La collecte des données clients s'effectue sur tous les canaux et à toutes les étapes de la relation commerciale : recherches, navigation, achats en ligne, avis clients…

1. Le CRM (*Customer Relationship Management*)

Les données collectées sont stockées au sein d'un CRM (ou GRC : Gestion de la relation client), afin de mettre en place un marketing ciblé. Un consommateur qui adhère au programme de fidélisation permet à la marque de connaître toutes ses interactions et offrira une vision complète du client.

2. Les outils de collecte

Le consommateur fournit ses propres données lors de ses achats et de ses interactions avec la marque. D'autres outils sont également utilisés tels que le *tracking* de parcours sur Internet, grâce notamment aux cookies. Le ***tracking*** est l'ensemble des moyens mis en œuvre pour suivre les consommateurs.

EXEMPLE

Amazon combine un moteur de recommandations personnalisées et le *retargeting* : le consommateur est suivi grâce à un cookie unique qui l'identifie sur les sites partenaires pour une publicité ciblée.

II Segmentation et scoring de la base de données clients

Les clients pourront être choisis sur des critères socio-économiques (profession, revenu...), démographiques (âge, sexe…), géographiques ou comportementaux (situation d'achat, fidélité…).
Le ***scoring*** permet d'identifier les profils clients et de leur attribuer une note évaluant leur intérêt potentiel, de façon à mener une action de fidélisation. Différentes méthodes peuvent être utilisées.

1. La méthode de scoring RFM

La méthode de scoring RFM détermine la valeur d'un client à partir de trois critères d'appréciation :
- **Récence** : date du dernier achat ;
- **Fréquence** : nombre d'achats au cours d'une période considérée (par exemple l'année) ;
- **Montant** : montant des achats réalisés sur la période, ou panier moyen sur la période…

Un barème de points permet d'attribuer une note au client.

EXEMPLE

Nombre mois / dernier achat		Nombre d'achat / an		Panier moyen	
< 3 mois	6 points	> 10	6 points	> 100 €	6 points
> 3 et < 6 mois	3 points	≥ 5 et ≤ 10	3 points	≥ 40 € et ≤ 100 €	3 points
> 6 mois	0 point	< 5	0 point	< 40 €	0 point

2. Le scoring comportemental

Utilisé en marketing digital, le scoring comportemental permet d'attribuer une note au consommateur selon son comportement numérique. La marque choisit des critères de notation en fonction du degré de curiosité du consommateur (densité), de l'importance des informations numériques (valeur) et du classement des pages Web (pages chaudes, tièdes ou éliminatoires. Ex. : page de recrutement).

EXEMPLE

Densité		Valeur		Catégories	
Temps > 20 min	5 points	Visite page tarifs	10 points	Visite page chaude (formulaire contact)	20 points
Nbre clics > 20	5 points	Ouverture *newsletter*	5 points	Visite page tiède (fonctionnalités produit)	15 points

FICHE RESSOURCE

3

ÉLABORER UN PROGRAMME DE FIDÉLISATION

Inhérente à la relation commerciale, la fidélisation client s'appuie sur de nombreux outils, révolutionnés aujourd'hui par les nouvelles technologies et le changement de comportement des consommateurs. Voir aussi : **Fiche méthode 8**.

I Les techniques traditionnelles de fidélisation

La fidélisation repose sur deux axes complémentaires : la **récompense** (fidélisation transactionnelle) et le **dialogue** (fidélisation relationnelle). Les deux axes sont généralement menés simultanément.

Fidélisation transactionnelle	Fidélisation relationnelle
Les techniques mises en œuvre visent à **inciter le client au réachat** grâce à la récompense promise. **Moyens techniques** • Promotions et code promo dédié • Bons d'achat, bons de réduction • Cartes de fidélité • Ventes privées et privilèges • Cadeaux • Parrainage • Programme de récompenses selon le statut (en fonction des achats par exemple)	Les techniques mises en œuvre visent à **créer une relation privilégiée** avec le consommateur pour développer une attitude favorable vis-à-vis de la marque ou de l'enseigne. Elles s'appuient à la fois sur une **personnalisation** de la relation commerciale et sur une **communautarisation** (en créant un sentiment d'appartenance à une communauté). La communication entre la marque et le consommateur peut être descendante (de la marque vers le client), ascendante (du client vers la marque), ou interactive. **Moyens techniques** • Agencement de l'UC : vitrine, facteurs d'ambiance, présentation de l'offre • Offre produits • Accueil : qualité de l'accueil et du conseil dans l'UC • Mercatique directe : *flyers* distribués en boîte aux lettres, magazine consommateur, *newsletter* • Qualité du SAV et de la gestion des réclamations • Clubs de consommateurs et événements

II Les techniques de fidélisation propres aux UC virtuelles

Les unités commerciales virtuelles peuvent s'appuyer sur leurs caractéristiques propres pour fidéliser la clientèle : un espace de vente extensible par l'ajout de pages, un support visuel varié et modifiable, des achats rapides en autonomie, un cheminement personnel du consommateur. Les moyens mis en œuvre :

Ergonomie et identité du site	– Menu clair et construit avec affichage rapide – Parcours de l'internaute : le plan du site est optimisé pour faciliter la navigation. Les acheteurs sont guidés tout au long du tunnel d'achat. L'accès au panier d'achat est facile et rapide. Le *cross-selling* (ventes complémentaires) est intégré au tunnel d'achat. – Esthétique : le site est cohérent dans ses éléments graphiques (images, photos, animations visuelles et sonores). Les techniques telles que le zoom ou la vue panoramique permettent d'améliorer l'information produit. – Identité rémanente : le site bénéficie d'une forte identité grâce à un design clairement identifié, un nom caractéristique et mémorisable, créant un réflexe de consultation par l'internaute.
Sécurité du site	– Paiement sécurisé – Informations sur la livraison et le suivi – Réponse aux problématiques des clients (FAQ, tchat…) – Engagements qualité (satisfait ou remboursé, avis des consommateurs…)
Historique de l'acheteur	– Consultation des commandes effectuées – Renouvellement des commandes facilité par simple clic sur la dernière commande – Création de listes d'envie ou mise en favori des produits
Connaissance de l'acheteur	– Inscription sur le site et mise à jour du profil client – Club client – Techniques de suivi : *cookies*, enregistrement du parcours client…

III Les différentes cartes de fidélité

La carte de fidélité est un **outil marketing permettant d'identifier les clients les plus fidèles et de leur octroyer des avantages.** Gratuites ou payantes, plusieurs types de cartes de fidélité existent.

La carte simple	Support physique (carton ou plastique) permettant de comptabiliser le nombre d'achats réalisés ; carte nominative ou non.	EXEMPLE La carte cartonnée d'une pizzeria à emporter permettant d'obtenir une remise au bout de 10 achats.
La carte à puce ou connectée	Support physique identifié lors du passage en caisse.	EXEMPLE « Ma Carte » est scannée en caisse à l'aide d'un lecteur à disposition du client.
La carte de paiement	Carte mutualisant carte de fidélité et carte avec crédit renouvelable.	EXEMPLE La « Carte B+ » de Boulanger offre des avantages exclusifs couplés à des solutions de paiement à crédit.
La carte multi-enseignes	Carte utilisable auprès de plusieurs enseignes.	EXEMPLE La carte « Maximiles » permet de cumuler des points à échanger contre des cadeaux auprès de différentes enseignes telles que Asos, Yves Rocher, Florajet, Booking.com ou Boulanger.

Les avantages et inconvénients de la carte de fidélité

Avantages	Inconvénients
– Augmentation du nombre de passages dans le point de vente et renouvellement des achats. – Identification du client à chaque visite et recueil de données clients. – Simplicité et efficacité de l'outil.	– Prolifération des cartes (en moyenne 3 par foyer). – Risque d'utilisation de la carte pour l'accès à la promotion sans attachement spécifique à la marque.

IV Les nouvelles techniques de fidélisation omnicanales

Cartes de fidélité dématérialisées	Avec des consommateurs devenus hyper-connectés, les enseignes proposent des cartes de fidélité dématérialisées : les cartes se déclinent sur smartphone ou *via* les comptes des consommateurs sur les sites marchands. Elles mutualisent les informations du compte client lors de ses achats en ligne, sur mobile ou en unité commerciale physique.
Cartes de fidélité personnalisées	Les marques et enseignes développent des programmes personnalisés en fonction du comportement d'achat sur les différents canaux. La personnalisation des programmes de fidélité est rendue possible *via* la collecte des données clients.
Communication digitale	Les enseignes multiplient les dialogues avec les consommateurs *via* les réseaux sociaux (forums, Facebook, Twitter, Instagram…). Les enseignes peuvent communiquer sur l'ensemble des canaux de manière simultanée (réseaux, e-mailing, sites, *push* mobile ou sms).

EXEMPLE

Après l'unification des cartes de fidélité physiques et virtuelles, l'enseigne Kiabi teste une carte de fidélité connectée et interactive. Le client est reconnu à l'entrée du magasin. Il reçoit un SMS de bienvenue et des conseils d'achat. Le suivi des achats effectués en magasin grâce à la carte fidélité ou sur le site en se connectant au compte client permet de proposer des offres personnalisées au client. La marque anime une communauté *via* son blog ou les réseaux sociaux, reliée à son application mobile pour partager des expériences shopping entre les consommateurs.

FICHE RESSOURCE

4

MESURER LA PERFORMANCE DE LA FIDÉLISATION CLIENT

La performance d'une stratégie de fidélisation dépend de la qualité de la collecte des données clients et de leur analyse. Il est indispensable de mesurer la réussite du programme.

I Définir les indicateurs de performance

En amont de la mise en place du programme, l'enseigne choisit les indicateurs de performance les plus pertinents. Ces indicateurs doivent permettre de mesurer à la fois le succès du programme de fidélisation, mais également sa rentabilité. Les systèmes d'information (SI) fournissent les informations nécessaires à ce calcul de la performance (nombre d'abonnés à la *newsletter*, nombre d'ouvertures des e-mails…).

II Les indicateurs de mesure de la fidélité client

La mesure de la fidélité client est réalisée grâce à des indicateurs choisis par l'enseigne.

Outil	Exemple
Taux d'encartage (Nombre de clients titulaires de la carte fidélité / Total des clients) × 100	Nombre de clients : 250 Nombre de cartes fidélité attribuées : 60 >> 60 / 250 × 100 = 24 %
Taux d'activation (Nombre d'avantages utilisés / Nombre d'avantages accordés) × 100	Nombre de coupons de réduction proposés : 120 Nombre de coupons utilisés : 60 >> 60 / 120 × 100 = 50 %
Taux d'attrition (Clients perdus sur la période / Total de clients en début de la période) × 100	Clients perdus : 35 Total clients en début de période : 350 >> 35 / 350 × 100 = 10 %
Taux de fidélisation ou taux de rétention (Nombre de clients en fin de période – Nombre de clients acquis pendant la période) / Nombre de clients en début de période × 100 Taux de fidélité = 100 – Taux d'attrition	Clients en début de période : 350 Acquis : 40 Perdus : 35 En fin de période : 355 (= 350 + 40 –35) >> [(355 – 40) / 350] × 100 = 90 % ou : 100 – 0,10 = 90 %
Taux de réachat (Clients ayant racheté au moins une fois période / Total clients période) × 100	Total clients de la période : 355 Nombre de clients ayant racheté : 195 >> (195 / 355) × 100 = 54,93 %
Taux de vente incitative (réachat de produits différents) (Clients ayant acheté plusieurs produits différents / Clients ayant acheté un seul type de produit) × 100	Clients ayant acheté plusieurs produits : 55 Clients pour un seul type de produits : 140 >> (55 / 140) × 100 = 39,29 %
Durée de vie d'un client = Durée moyenne de vie d'un client pour une marque = 1 / taux d'attrition	Taux d'attrition : 10 % 1 / 0,10 = 10 >> Un client reste en moyenne 10 ans

III Le retour sur investissement du programme de fidélité

La mesure faite uniquement sur le nombre d'adhérents ou sur le nombre d'achats ne permet pas de calculer le retour sur investissement du programme. Le programme de fidélité génère des coûts importants : coûts associés à la mise en œuvre du programme, coût des récompenses accordées aux clients, coût des animations commerciales... Le suivi permet de comparer le chiffre d'affaires généré par le programme avec l'ensemble des coûts supportés pour sa mise en place.

EXEMPLE

La rentabilité du programme de fidélité dans une entreprise de restauration mesure le chiffre d'affaires supplémentaire généré, moins le coût de la carte (ex. : 0,50 € la carte) et de la récompense (ex. : moins 10 % au bout de 10 visites).

FICHE RESSOURCE

5

COMPRENDRE L'INTÉRÊT DE MESURER LA VALEUR CLIENT

La fidélisation a un impact significatif sur la typologie du portefeuille client. Or, le portefeuille client est une richesse que la marque doit faire fructifier. Plus les clients sont fidèles, plus ce portefeuille prend de la valeur. Considéré comme un « **capital client** », il fait l'objet d'analyses quantitatives et qualitatives.

I La valeur client

1. L'intérêt de mesurer la valeur client

La valeur client représente ce que le client peut rapporter à l'entreprise à court, moyen et long termes. Elle comprend la valeur effective du client et sa valeur potentielle à venir.

Il y a une notion de rentabilité sous-jacente : un client est rentable lorsque, pendant toute sa relation avec l'entreprise, il génère un chiffre d'affaires dépassant les coûts nécessaires à son acquisition (attirer le client pour la première fois), sa fidélisation et sa satisfaction.

Optimiser la valeur client suppose donc d'augmenter le nombre de clients, le panier moyen du client et sa fréquence d'achat.

2. La mesure de la valeur client

L'évaluation de la valeur client repose sur sa valeur actuelle et sur sa valeur potentielle future.

- La **valeur actuelle** du client est mesurée grâce aux outils classiques : le chiffre d'affaires, la rentabilité du client (marge commerciale), le taux de fidélisation, le nombre et la fréquence des achats… Les variables de mesure sont choisies selon leur pertinence, au regard de l'activité et de l'objectif à atteindre.
- La **valeur potentielle future** est mesurée par la différence entre les gains attendus et les coûts prévisionnels futurs du client. Ce calcul est appelé « **valeur à vie du client** » (*Life Time Value*) : l'entreprise compare la richesse créée par le client avec les coûts engagés pour le conquérir ou le fidéliser.

Il s'agit alors de déterminer le montant maximal des coûts d'acquisition et de fidélisation pour conserver ou améliorer cette rentabilité client dans sur la durée. On adapte ainsi la relation commerciale à la valeur du client.

II La démarche de calcul de la valeur à vie du client

Le calcul de la valeur à vie du client se fait progressivement, en calculant des valeurs intermédiaires. Chaque valeur est nette, c'est-à-dire calculée par différence entre ce que donne le client (soit du CA, soit de la marge) et les coûts dépensés par l'entreprise.

	Valeur d'acquisition	Correspond au premier gain net apporté par le client lors de son premier achat.
+	**Valeur de fidélisation**	Correspond aux gains nets apportés lors des achats suivants, sur une période estimée (ex. : 10 ans).
+	**Valeur de développement du potentiel client**	Correspond au gain net espéré sur des ventes additionnelles.
=	**Valeur globale**	Correspond au total des gains nets sur la période.
	Valeur globale des clients fidèles	Correspond au total des gains nets sur la période, uniquement des clients fidèles. *En connaissant le taux d'attrition (perte des clients), on connaît le taux de clients fidèles (1 – taux d'attrition).*
	Valeur globale actualisée	Correspond au total des gains nets sur la période, uniquement des clients fidèles, corrigé des effets de l'inflation. *Le calcul tient compte d'un taux d'actualisation.*

FICHE RESSOURCE 6

LE CAPITAL MARQUE

Le développement du capital client s'appuie sur la relation du client avec la marque.
Le capital marque est la **valeur supplémentaire apportée par un nom de marque identifiable à une offre de produits ou de services**. Lorsque le capital marque est positif, les clients font preuve de fidélité à l'égard de la marque et de son offre. Ils sont prêts à payer plus cher pour un produit similaire et accueillent positivement les nouveaux produits de la marque.

I Les composantes du capital marque

1. La perception

La perception désigne **l'image que se font les clients d'une marque**, au-delà des stratégies marketing mises en place par les entreprises. Les consommateurs réagissent ainsi à des *stimuli* marketing et développent des préférences, lors de leur expérience client et en fonction de leur perception de la marque. Selon David Aaker, cinq facteurs contribuent à la constitution du capital de marque : la fidélité à la marque, la notoriété de la marque, la qualité perçue, l'image de marque et les autres atouts propres à la marque (autres actifs de la marque tels que les brevets, les marques déposées… lui octroyant des avantages concurrentiels).
Le consommateur perçoit donc la marque via un ressenti qui s'articule autour de la **notoriété** de marque, de la **conscience** de marque et de l'**image** de marque.

2. La notoriété de marque

La notoriété est la **capacité d'un client potentiel à reconnaître ou à se souvenir de l'existence d'une marque et de ses produits.** Une bonne notoriété améliore les ventes et fidélise les consommateurs, qui se souviennent ainsi du produit et/ou de la marque.
La notoriété est mesurée lors d'enquêtes de satisfaction. On distingue :
- la **notoriété assistée** : connaissance de la marque parmi les autres marques concurrentes ;
- la **notoriété spontanée** : marque spontanément citée en référence à un produit ;
- la **notoriété *Top of mind*** : elle correspond généralement au nombre de fois où une marque est citée en première position lors d'une étude ou mesure de la notoriété spontanée.

EXEMPLE

Dans le graphique ci-contre, la marque Google est la plus citée lors de l'enquête de notoriété spontanée, elle a donc la meilleure notoriété « *Top of mind* ».

Notorété spontanée totale des assistants vocaux et enceintes connectées

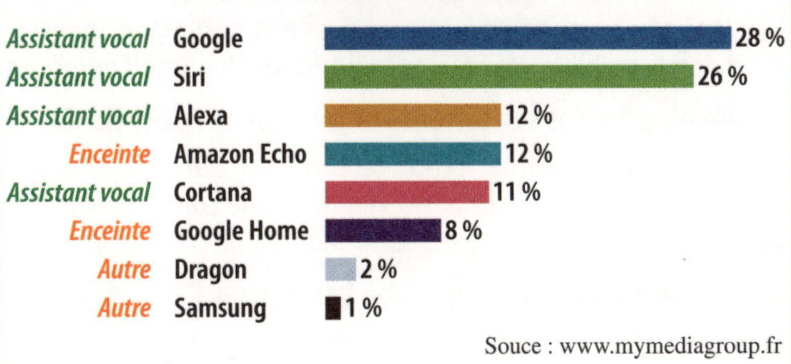

Souce : www.mymediagroup.fr

3. La conscience de marque

La conscience de marque, c'est la **capacité du consommateur à identifier et reconnaître la marque** (logo, emballage, slogan…). Le consommateur se remémore la marque au milieu de différents produits, voire anticipe la décision de l'achat par connaissance préalable de la marque (notoriété, publicité).

EXEMPLE

En 1984, le logo Apple est tellement célèbre que l'entreprise décide de supprimer le nom de la marque, inscrit jusqu'à présent sur le symbole.

4. L'image de marque

L'image de marque est la **représentation perçue par les consommateurs d'un produit, de la marque ou de l'enseigne**, selon des critères objectifs (prix, produit, qualité) et des critères subjectifs. Elle est constituée de trois composantes : l'**image vraie** (vision au sein de l'entreprise), l'**image voulue** (positionnement de l'entreprise choisi) et l'**image perçue** (perception de la marque par le consommateur).

EXEMPLE

Total est la 4e compagnie pétrolière et gazière mondiale (image vraie). Elle se positionne comme une marque qui produit « toujours mieux » et non « toujours plus » (image voulue). Elle reste considérée par les consommateurs comme une entreprise qui pollue l'environnement (image perçue).

II Mesurer son capital marque

Le capital marque peut être mesuré grâce à trois catégories d'indicateurs.

– Les indicateurs financiers permettent de mesurer la performance financière de la marque (chiffre d'affaires, rentabilité, coûts d'acquisition et de fidélisation client…).

– Les indicateurs liés à la marque mesurent la notoriété, la satisfaction client, l'expérience de marque grâce à des enquêtes quantitatives, qualitatives et au *tracking* des internautes.

– Les indicateurs de consommation permettent d'étudier le comportement du consommateur et leur attachement émotionnel à la marque, grâce à des enquêtes d'image de marque. Les consommateurs sont interrogés notamment avec la technique de l'association libre d'idées à un produit (association de mots, d'actions, de sentiments, de valeurs ou de concepts).

EXEMPLE

Quelques questions qui peuvent permettre d'évaluer l'attachement émotionnel des consommateurs à une marque : quel sentiment ressentez-vous en pensant à la marque X ? Citez trois mots pour décrire la marque X. Laquelle des valeurs suivantes associez-vous à la marque X ? Décrivez la dernière expérience vécue avec la marque X.

III Développer son capital marque

Développer le capital marque nécessite de mettre en place une stratégie marketing pour augmenter la conscience de la marque, engendrer une image de marque forte et positive, afin de créer une relation long terme avec les consommateurs et les clients.

1. Améliorer la notoriété

La notoriété de la marque commence par sa reconnaissance. Les marques construisent une identité de marque (logo, charte graphique, ton et registre, égéries…) autour d'une histoire de la marque (*storytelling*). L'identité de la marque dépend également de ses valeurs et des missions qu'elle revendique, les consommateurs étant de plus en plus sensibles aux engagements sociétaux des marques. La notoriété sera également développée par une stratégie de communication marketing. Publicité, réseaux sociaux, site Internet, salons, packaging, sponsoring sont incontournables pour améliorer la visibilité de la marque auprès du plus grand nombre de cibles client.

2. Développer les sentiments et jugements positifs des clients

L'expérience client permet à l'acheteur d'émettre un jugement positif à l'égard du produit (fonctionnalités, qualité, service après-vente…). Elle conduit également à générer de l'émotion lors de l'acte d'achat ou de l'étape post-achat (plaisir, confiance, orgueil…).

3. Construire un attachement à la marque

L'attachement à la marque est l'un des aspects les plus importants du capital marque. Ce lien psychologique et émotionnel est, en effet, indépendant de la valeur technique et d'usage du produit. Il permet une fidélisation long terme du client, avec des achats répétés, voire un rôle d'ambassadeur de la marque.

EXEMPLE

Nike a construit un univers inspirant dans lequel les consommateurs se reconnaissent. Grâce à une *baseline* puissante « Just Do It », un logo emblématique et un *storytelling* savamment mené, Nike crée un attachement à sa marque. L'une des astuces de la marque : montrer dans ses publicités des tranches de vie et événements sportifs autour des valeurs du sport, du dépassement de soi, de l'esprit d'équipe, en ne montrant le produit qu'à la fin du spot publicitaire. Le consommateur est ainsi capté par l'histoire grâce à une musique intense, un concept, un témoignage. Nike s'appuie également sur des engagements sociétaux forts : protection de l'environnement, égalité hommes/femmes, lutte contre le racisme, contre l'exclusion…

Applications

1 Mettre en place un programme de fidélité

Team Beauty est un institut de beauté créé en 2017. Installé au cœur du centre-ville de Toulouse, il accueille ses clientes dans une ambiance zen. L'équipe est constituée de deux esthéticiennes. Dans un environnement très concurrentiel, Mme Vial, gérante de l'institut, constate une volatilité de sa clientèle. Les esthéticiennes étant peu disponibles, elle décide de recruter un stagiaire qui l'aidera à développer un programme de fidélité. En BTS MCO, vous êtes recruté(e) par Mme Vial pour cette mission. Pour ce faire, vous accompagnez votre tutrice à une session de formation sur la fidélisation organisée par son prestataire informatique.

1. Quels sont les avantages d'un programme de fidélité pour Team Beauty (document 1) ?
2. En vous appuyant sur le document 2, rédigez une note à l'attention de votre tutrice lui expliquant les techniques de fidélisation qu'elle pourra utiliser, en distinguant techniques transactionnelles et techniques relationnelles.
3. Concevez la carte de fidélité du salon, ainsi que le programme des avantages possibles pour les clientes.

Document 1 — Entretien avec Mme Vial

« J'observe que 10 % des clientes ne sont pas venues depuis plus de 12 mois. Lors de la création de l'institut, j'ai bien créé une base de données clients, mais je n'ai pas eu le temps de réfléchir à la fidélisation, donc il n'existe pas de carte de fidélité. J'ai acheté le logiciel Flexybeauty et j'y note beaucoup d'informations dans la base de données : coordonnées, e-mail, date du premier soin, type de soins, âge… Peut-être pourrions-nous exploiter ces informations ? »

Document 2 — Bilan de la formation sur la fidélisation

1. Soyez à l'écoute de vos clients

La bonne connaissance de votre clientèle est une donnée des plus précieuses pour la pérennité de votre salon. Ce savoir doit se construire autour de deux axes : la connaissance personnelle (typologie de cheveu, de peau, date de naissance, etc.) et la connaissance comportementale (dernier achat au salon, fréquence de visite, etc.). […] Que peut-on y mentionner ? Tout ce qui vous semble important d'indiquer pour mieux répondre au besoin de votre client : son type de cheveu, le soin le mieux adapté à sa peau, sa marque préférée, son historique capillaire, son praticien préféré et parfois même des informations pour éviter les impairs (Mme X porte un appareil auditif : attention à ne pas lui mouiller les oreilles ; Mme Y a été opérée : éviter la zone lombaire…).

En vous référant à ces éléments, vous pourrez d'autant mieux **personnaliser les prestations et vos offres**.

2. N'oubliez pas de la surprendre

[…] Friands de promotions, de cadeaux, de nouveautés, vos clients seront attentifs à vos communications si vous savez les adapter. Tout en respectant la nouvelle réglementation du RGPD, tenez-les informés des différentes nouveautés à venir en leur envoyant des sms marketing ciblés. […] N'oubliez pas également de réactiver vos clients dormants ! […]

3. Adaptez vos programmes de fidélité

[…] Un bon programme de fidélité repose avant tout sur une bonne relation client. L'avantage financier vient en deuxième plan, ne l'oubliez pas ! Soyez imaginatifs et proposez des programmes de fidélité adaptés à vos clients. Variez le décompte des programmes, mais aussi les avantages ou les cadeaux ! Vous pouvez proposer une carte qui compte le nombre de visites pour faire revenir plus souvent vos clients, une carte à points basée sur le montant dépensé pour récompenser vos meilleurs clients ou encore mettre en place une carte d'abonnement qui permet d'accéder à un avantage systématique au salon. […]

4. Communiquez régulièrement

Animez votre communauté de clients fidèles. Prodiguez régulièrement vos conseils sur les pages de vos réseaux sociaux par exemple. Vous rappellerez de cette manière à vos clients la différence entre un soin réalisé dans votre salon et un soin chez votre voisin (ou chez eux !). N'oubliez pas que vos clients les plus fidèles sont vos meilleurs ambassadeurs. Un client satisfait vaut de l'or !

pro.kiute.com/fr/blog/5-conseils-fideliser-vos-clients

2 Mesurer la performance de la fidélisation client

Fondée en 1968, Sup Caro est une entreprise de vente spécialisée en carrelages, marbres, parquets et robinetterie. L'enseigne est implantée sur trois sites : Albi, Béziers et Montpellier. Sup Caro met à disposition de ses clients (professionnels et particuliers) un programme de fidélité mobile dématérialisé. Ce programme a été mis en place il y a trois ans ; la dématérialisation n'est intervenue que depuis un an.

1. Prenez connaissance du programme de fidélité mis en place par l'enseigne (document 1).
2. À l'aide des statistiques fournies par votre responsable (document 2), mesurez la performance du programme de fidélité en utilisant les indicateurs pertinents.
3. Élaborez un rapport à destination de votre responsable identifiant les points positifs du programme, ainsi que ses axes d'amélioration en fonction des segments clients.
4. Proposez quatre idées supplémentaires à votre responsable pour compléter la fidélisation apportée par la carte de fidélité.

Document 1 Le programme de fidélité Sup Caro

Le programme fidélité se décline en deux volets distincts selon le public concerné :
– une cagnotte pour les particuliers : ils collectent l'équivalent de 3 % du montant de leurs achats dans une cagnotte, qu'ils peuvent décider d'utiliser à tout moment ou d'offrir à une connaissance ;
– un programme à points, associé à une boutique cadeaux pour les professionnels : un tout autre principe est arrêté pour ce public : une boutique cadeaux est mise en place, composée d'objets et produits utiles à leur activité (genouillères, mollettes, carrelettes, palette de sacs de colle, peigne, sceau…). Le professionnel accumule les points au fil de ses achats : un point pour tout euro HT dépensé, auquel s'ajoutent 100 points offerts le jour de son anniversaire. Les récompenses requièrent entre 500 et 50 000 points.
Enfin, outre la récompense principale, le programme propose également aux membres d'être informés par SMS des promotions et ventes privées exclusives organisées par chaque magasin.
Ces campagnes sont l'occasion d'échanger régulièrement avec les clients et de se rappeler discrètement au souvenir des clients dormants. Quatre campagnes, principalement à l'attention des professionnels, ont été déployées depuis mi-janvier dernier par Sup Caro Montpellier.

zerosix.com, 23 juillet 2018

Vidéo : Carte de fidélité Sup Caro – LAgence
liennathan.fr/r459am

Document 2 Les statistiques du programme fidélité

Version numérique disponible (Excel)
liennathan.fr/2gda22

	Professionnels			Particuliers		
	N-3	N-2	N-1	N-3	N-2	N-1
Nombre de clients au 01/01	115	124	132	269	266	257
Nombre de clients au 31/12	124	132	157	266	255	245
Nombre de clients acquis	30	27	40	24	13	22
Nombre de cartes attribuées	15	20	37	27	32	45
Panier moyen	5 807	6 911	7 894	134	145	187
Fréquence d'achat	15	22	26	3	3,5	6
Nombre d'achats uniques	70	71	66	178	181	166
Nbre de chèques ou cadeaux accordés	10	15	25	1	3	6
Nombre de chèques ou cadeaux utilisés	10	15	25	0	2	6
Ancienneté moyenne	6	6	7	3	2,5	3,5
Taux de marge	15 %	15 %	17 %	28 %	29 %	31 %
Coûts						
Carte	30	40	76	54	64	92
Chèques ou cadeaux	150	225	375	0	30	90
Communication	20	30	45	0	0	15

3 Développer la notoriété

L'épicerie bordelaise La Recharge est spécialisée dans les produits en vrac (le client apporte son propre contenant). Lancée en 2014, elle continue à se développer mais se voit aussi concurrencée par les enseignes bio et les supérettes du centre-ville. La fidélité client ne fait pas l'objet d'un programme spécifique et dépend des habitudes des habitants proches. Les dirigeants de La Recharge cherchent donc à développer leur notoriété dans les quartiers limitrophes. Vous êtes chargé(e) de cette mission.

1. Calculez les taux de notoriété spontanée et assistée grâce au dépouillement de l'enquête de notoriété effectuée par les responsables (document 1).
2. Présentez un rapport des résultats obtenus lors de l'enquête.
3. À partir des avis émis (document 2), faites le bilan de l'e-réputation de La Recharge.
4. Proposez à vos responsables une stratégie pour développer le capital image du magasin.

Document 1 – Extraits des résultats de l'enquête

Q1. Connaissez-vous le nom d'une épicerie 100 % vrac à Bordeaux ? Si oui, voir question 3 ; si non, voir question 2.			
• Oui, « La Recharge »	20	• Non	40
Q2. Parmi ces différents commerces de quartier, lesquels connaissez-vous ? Si La Recharge, voir question 3 ; sinon, fin du questionnaire.			
• Carrefour Market • Petit Casino	15 10	• La Recharge • Biocoop	5 10
Q3. Comment avez-vous connu La Recharge ? (25 réponses)			
• J'habite à côté • Bouche-à-oreille	15 5	• Réseaux sociaux • Publicité/presse	0 5
Q4. Avez-vous déjà été client de l'épicerie La Recharge ? Si oui, voir question 5 ; si non, fin du questionnaire.			
• Oui	15	• Non	10
Q5. Lors de votre première visite dans notre magasin, l'offre correspondait-elle à votre attente ? (15 réponses)			
• Oui	15	• Non	0
Q6. Pendant votre achat, avez-vous été satisfait par :			
• Les produits • Les prix	8 5	• L'accueil • L'ambiance	0 5
Q7. Depuis, revenez-vous régulièrement à La Recharge ?			
• Au moins 1 fois/semaine • Au moins 1 fois/mois	6 4	• De temps en temps • Jamais	2 3
Q8. Seriez-vous prêt à recommander La Recharge autour de vous ?			
• Oui	8	• Non	7

Version numérique disponible (Excel)
liennathan.fr/g432ur

Document 2 – Les avis clients

Site web : avis Google
liennathan.fr/ci75b6

Site web : avis Facebook
liennathan.fr/4yk66j

Site web : avis Yelp
liennathan.fr/c349uu

Site web : avis Consommons sainement
liennathan.fr/4v5h3r

Site web : avis Annuaire des épiceries
liennathan.fr/e4j22f

Synthèse

Fidéliser et accroître la valeur client

La fidélité
Répétition des achats de produits ou services auprès d'une marque ou d'une enseigne

- **La fidélité recherchée** par des actions marketing
- **La fidélité induite** subie par le consommateur
- **La fidélité attitudinale** qui traduit une préférence à l'égard de la marque

Les enjeux de la fidélisation
- Rentabilité du client
- Prescription par le client
- Connaissance du client
- Différenciation de la concurrence

- Connaître et analyser le client : collecte de données
- Cibler les clients : segmenter et scorer
- Élaborer un programme de fidélisation
  - **Techniques transactionnelles**
    Inciter au réachat
    Cartes de fidélité, ventes privées…
  - **Techniques relationnelles**
    Créer une relation privilégiée
    Accueil, communication, services…
- Déterminer les objectifs et mesurer la performance
  - **Mesure de la fidélisation**
    Des indicateurs : taux d'encartage, taux de fidélisation, taux d'attrition, durée de vie client, taux de réachat, taux de vente incitative

Fidéliser, c'est améliorer le capital client

- **La valeur client**
  Valeur effective et potentielle du client à court, moyen et long termes (importance du client, valeur à vie du client)
- **Le capital image**
  Notoriété
  Conscience de marque
  Image de marque

Mots-clés

Fidélité • Fidélisation • Capital client • Valeur client • Notoriété • Réputation • E-réputation • Image de marque

TESTEZ-VOUS
liennathan.fr/6d59rr

FICHE MÉTHODE

8

ACTIVITÉ

GÉRER LA RELATION CLIENT

La gestion de la relation client est primordiale pour développer le chiffre d'affaires de demain et assurer la pérennité de l'entreprise dans un contexte de plus en plus concurrentiel avec des clients de plus en plus volatils et exigeants.

Compétence

- **Entretenir la relation client**

Savoirs associés

- Le marketing après-vente et la fidélisation
- Le capital client

MÉTHODOLOGIE DE L'ACTIVITÉ	ANNEXES À CRÉER ET À JOINDRE AU DOSSIER
ÉTAPE 1 **Suivre les évolutions des attentes des clients** – Identifier les outils utilisés dans votre UC pour mesurer la satisfaction client (Google Avis, boîte à idées, mails après achat…). – Réaliser une analyse quantitative de la satisfaction client : à partir des indicateurs utilisés pour mesurer la satisfaction, faire ressortir les points forts et les points faibles de l'UC. – Réaliser une analyse qualitative de la satisfaction client : faire le point sur le traitement des réclamations et des insatisfactions. – Réaliser une rapide étude « sortie sans achat » auprès de 100 clients pour identifier les sources d'insatisfaction. Poser simplement la question « Pourquoi n'avez-vous rien acheté ? » et proposer plusieurs réponses (produits manquants, prix trop élevé, pas de choix…).	1. Présentation (sous forme de diaporama) des outils mesurant la satisfaction client. Pour chaque outil, possibilité de définir, illustrer (avec des documents d'entreprise ou des photos) et expliquer son fonctionnement. 2. Tableau de bord présentant les indicateurs utilisés pour mesurer la satisfaction et repérer les forces et les faiblesses de l'UC. 3. Tableau de gestion d'insatisfaction client : prendre des exemples de réclamations ou d'insatisfactions client vécues ou observées. Analyser la façon dont elles ont été gérées : repérer le profil du client, identifier la nature de la réclamation, présenter la solution adoptée pour gérer la situation, donner un avis. 4. Présentation de la méthode et des résultats de l'étude « sortie sans achat » auprès de 100 clients.
ÉTAPE 2 **Améliorer la satisfaction client** – Identifier les principales sources d'insatisfaction. – Proposer un plan d'action pour améliorer la satisfaction client.	5. Présentation sous forme de tableau et/ou de graphique des principales sources d'insatisfaction. 6. Plan d'action pour améliorer la satisfaction client (possibilité d'utiliser tous les outils travaillés en bloc 1 et en bloc 2).

…

ÉTAPE 3

Fidéliser la clientèle

- Identifier le système de fidélisation de l'UC. Si l'UC n'a pas mis en place de système de fidélisation, possibilité d'en proposer un.
- Réaliser une analyse quantitative de la fidélisation client.
- Réaliser une analyse qualitative du système de fidélité : comparer avec les concurrents et faire ressortir les forces et faiblesses du système de fidélisation de l'UC.
- Proposer un plan d'action pour améliorer la fidélisation de la clientèle.

7. Présentation du système de fidélisation de l'UC. Illustrer avec un maximum de documents professionnels.
8. Tableau de bord présentant les résultats du système de fidélisation client de l'UC.
9. Tableau comparatif présentant les systèmes de fidélisation des principaux concurrents. Faire un bilan des forces et faiblesses du système de fidélisation de votre UC.
10. Plan d'action pour fidéliser la clientèle. Présenter au moins trois idées pour améliorer le système de fidélisation de l'UC.

ÉTAPE 4

Améliorer l'expérience client

- Faire une recherche sur les nouvelles tendances de l'expérience client.
- Proposer des actions à mettre en place pour améliorer l'expérience client de votre UC.

11. Présentation, sous forme de diaporama, des nouvelles tendances de l'expérience client chez les concurrents et dans le commerce en général.
12. Plan d'action pour améliorer l'expérience client de votre UC (possibilité d'utiliser tous les outils travaillés en bloc 1 et en bloc 2).

ÉTAPE 5

Accroître la valeur client

- Calculer la valeur globale des clients fidèles.
- Proposer des actions à mettre en place pour augmenter la valeur client.

13. Tableau présentant le calcul de la valeur globale des clients fidèles.
14. Plan d'action pour augmenter la valeur client.

Vidéo : La méthodologie commentée
liennathan.fr/3wg4i2

PRÉSENTATION DE L'ÉPREUVE E41

I Les objectifs de l'épreuve

Cette épreuve, de **coefficient 3**, a pour objectif d'évaluer votre capacité à exercer les activités relevant du bloc de compétences n° 1 du référentiel, intitulé « Développer la relation client et assurer la vente conseil » et à évaluer les compétences qui s'y rapportent :

Domaines d'activité	Compétences
– Développement de la relation client et vente conseil – Collecte, analyse et exploitation de l'information commerciale – Vente conseil – Suivi de la relation client – Suivi de la qualité de services – Fidélisation de la clientèle – Développement de clientèle	– Assurer la veille informationnelle – Réaliser des études commerciales – Vendre – Entretenir la relation client

II Les modalités de l'examen

Elles diffèrent selon le type de formation que vous suivez :

Type de formation	Voie scolaire dans un établissement public ou privé sous contrat, CFA ou section d'apprentissage habilité	Formation professionnelle continue dans les établissements publics habilités	Voie scolaire dans un établissement privé, CFA ou section d'apprentissage non habilité, enseignement à distance
Forme	CCF	CCF	Épreuve ponctuelle orale : 30 min – Présentation (l'UC, son réseau, les activités réalisées) : 10 min – Entretien avec le jury : 20 min

III Organisation et déroulement de l'épreuve E41

Quelle que soit la modalité d'examen (CCF ou épreuve orale), la sous-épreuve s'appuie sur un dossier numérique personnel rédigé qui fait référence aux situations professionnelles vécues ou observées par le(la) candidat(e) au cours de sa formation, y compris en milieu professionnel. Chaque situation professionnelle fait l'objet d'une fiche descriptive de l'activité.
La commission, composée du professeur de DRCVC de l'étudiant et d'un professionnel, est chargée d'apprécier le degré de maîtrise des compétences relevant du bloc n° 1.
Pour vous aider à constituer ces fiches, vous disposez dans cet ouvrage de Fiches méthode commentées récapitulant la méthodologie à suivre pour chaque activité.

Exemple de fiche d'activité :

Fiche d'activité n°…	
Stagiaire : NOM, Prénom	**Période :** Janvier N
Contexte professionnel de l'activité : Boulanger, zone commerciale Plan-de-Campagne	
Domaine d'activité : 1 - Développer la relation client et assurer la vente conseil	
Compétence : Bloc 1 - Mener une vente conseil	
Description de l'activité menée	
Contexte professionnel	
La vente conseil dans l'UC Boulanger Plan-de-Campagne s'est déroulée pendant les 15 jours de stage en janvier N. La vente conseil est une activité très régulière dans l'unité commerciale ; sa durée est d'environ 20 minutes. Les acteurs impliqués sont le manageur, le client et moi-même. Lors des deux premières périodes de stage, le manageur m'avait formé(e) aux techniques de vente, à la connaissance des produits et à l'encaissement ; pour cette troisième période de stage, j'ai réalisé les ventes en toute autonomie.	

Décrivez le contexte :
- lieu, date et durée de l'activité
- activité régulière ou exceptionnelle
- acteurs impliqués dans cette activité
- degré d'autonomie du stagiaire.

…

Objectifs poursuivis
Les objectifs de la vente conseil sont à la fois quantitatifs et qualitatifs. **Objectifs quantitatifs :** chaque vente vise principalement à augmenter le chiffre d'affaires de l'UC. Les objectifs secondaires sont de transformer le visiteur en client potentiel et augmenter ainsi le taux de transformation, et de proposer des produits complémentaires afin d'augmenter le panier moyen. Lors d'un brief hebdomadaire, le manageur a demandé à chaque vendeur de réaliser un CA moyen de 2 000 €/semaine, avec un panier moyen de 150 € et un taux de transformation de 17 % ; **Objectifs qualitatifs :** il s'agit d'améliorer la satisfaction client en étant à l'écoute de ses besoins, en le conseillant et en répondant précisément à ses attentes, ce qui permet de le fidéliser.
Méthodologie utilisée
Avant l'activité : avant de réalise une vente, il faut connaître : – les différentes étapes de la vente ; – le réseau et son UC ; – les concurrents directs et indirects ; – les attentes, mobiles d'achat, motivations et freins des clients ; – les caractéristiques techniques et commerciales des produits ; – les conditions générales de vente : garanties, modes et délais de paiement, modes de livraison, SAV… Il faut aussi préparer : – la découverte des besoins (questionnement sur les besoins et motivations du client) ; – un argumentaire CAP (Caractéristiques, Avantages, Preuves) / SONCAS) pour chaque produit ; – le traitement des objections. **Pendant l'activité :** il faut respecter toutes les étapes d'une vente conseil : – accueillir le client en le saluant et en lui proposant de l'aide ; – découvrir ses attentes, motivations et mobiles d'achat par une série de questions ; – verrouiller la découverte des besoins du client en les reformulant ; – choisir un produit correspondant aux attentes, motivations et mobiles du client ; – argumenter sur les caractéristiques techniques et commerciales du produit pour convaincre le client ; – traiter les objections du client ; – conclure la vente ; – proposer des produits complémentaires ; – fidéliser le client en lui proposant la carte de fidélité ; – prendre congé du client en le remerciant.
Moyens et techniques mis en œuvre
Moyens matériels : fiches produits. **Moyens humains :** tous les collaborateurs de l'UC. **Moyens informatiques :** logiciel de CRM Boulanger pour l'encaissement et la création de la carte de fidélité. Les **techniques utilisées** lors d'une vente sont celles relatives à toutes les étapes de la vente : techniques d'accueil, de découverte des besoins, d'argumentation en CAP/SONCAS, de conclusion de la vente et de la prise de congé.

Résultats obtenus	
Résultats quantitatifs Au cours de ce mois, un chiffre d'affaires moyen de 1 900 € a été réalisé chaque semaine, pour un panier moyen de 140 €.	**Résultats qualitatifs** – Découverte des besoins des clients afin d'y répondre précisément et d'améliorer la satisfaction client. – Participation à la fidélisation des clients en proposant systématiquement la carte de fidélité (une vingtaine de cartes créées).
	Comparaison des résultats par rapport aux objectifs fixés par le manageur – Les objectifs qualitatifs ont été atteints – Les résultats quantitatifs sont quasi atteints
Conclusion Davantage de ventes complémentaires (housse d'ordinateur portable, souris, webcam…) permettraient d'augmenter le panier moyen et le chiffre d'affaires.	

Expliquez les objectifs quantitatifs et qualitatifs de l'activité.

Décrivez toutes les étapes de l'activité avant et pendant.

Listez les moyens mobilisés (matériels, humains, informatiques) et les techniques utilisées.

Présentez les résultats quantitatifs et qualitatifs de l'activité, ainsi que les axes d'amélioration et formulez une conclusion.

IV Conseils pour l'épreuve orale

1. Pour toute la durée de l'épreuve orale, vous devez :

- Prévoir l'autonomie de votre ordinateur car vous n'aurez pas la possibilité de le brancher durant l'épreuve. D'autre part, aucune connexion à Internet ne sera autorisée.
- Avoir une tenue professionnelle.
- Utiliser un langage professionnel.
- Vous adresser aux deux membres du jury à tour de rôle.
- Être souriant(e) et dynamique.

2. Lors des 10 minutes de présentation, vous devez :

- Structurer votre oral en trois parties : présentation du réseau de l'UC, présentation de l'UC et présentation des activités réalisées.
- Préciser pour chaque activité : les objectifs, les tâches réalisées, les moyens utilisés et les compétences validées.
- Respecter scrupuleusement les 10 minutes de présentation (vous pouvez vous aider d'une montre ou d'un chronomètre).

+ DE CONSEILS

Pour arriver à présenter en 10 minutes votre UC et les activités réalisées, vous devrez vous entraîner plusieurs fois avant l'examen. Il faut présenter l'UC et son réseau durant environ 8 minutes et consacrer environ 2 minutes aux activités (elles seront reprises ensuite une par une en détail par le jury).

- Proposer un support d'oral avec un diaporama.

+ DE CONSEILS

Un **diaporama** permet de dynamiser, de structurer votre oral et de capter l'attention du jury.
Quelques conseils pour construire votre diaporama :
– respecter la charte graphique de l'unité commerciale ;
– insérer un en-tête avec le logo de votre UC ;
– proposer un sommaire ;
– mettre un titre sur chaque diapositive ;
– uniformiser la taille et la police de caractères sur toutes les diapositives ;
– présenter sur les diapositives des listes de mots-clés, des schémas ou des tableaux (ne jamais rédiger de phrases complètes) ;
– insérer des photos et/ou des vidéos ;
– corriger les fautes d'orthographe.

- Ne pas lire le diaporama ni tout autre support visuel. Vous pouvez, par contre, vous aider d'un plan pour votre présentation orale avec les grandes idées à exposer au jury.

3. Lors des 20 minutes d'entretien avec le jury, vous devez :

- Écouter attentivement les questions posées par le jury et y répondre le plus clairement possible en illustrant vos propos d'exemples issus de votre expérience en UC. Les questions du jury portent sur le contenu des activités réalisées afin de vérifier votre degré d'acquisition des compétences et des savoirs associés du BTS MCO.
- Demander au jury de reformuler sa question si vous l'avez mal comprise.
- Présenter au jury pour chaque activité réalisée toutes les annexes créées (voir les Fiches méthode des différentes activités proposées dans cet ouvrage).

PRÉSENTATION DES ÉPREUVES OPTIONNELLES ET DE L'ENGAGEMENT ÉTUDIANT

I Les options du BTS MCO

Le candidat au BTS MCO peut présenter deux des trois options suivantes :
– Communication en langue vivante étrangère (LV2) ;
– Parcours de professionnalisation à l'étranger ;
– Entrepreneuriat.

Chaque épreuve donne lieu à une note sur 20. **Seuls les points au-dessus de 10 sont pris en compte** pour l'obtention du diplôme.

	Épreuve facultative 1 Communication en langue vivante étrangère (LV2)	Épreuve facultative 2 Parcours de professionnalisation à l'étranger	Épreuve facultative 3 Entrepreneuriat
Objectifs	Évaluer l'aptitude du candidat à comprendre des documents dans une langue étrangère et vérifier sa capacité à prendre part à un dialogue à contenu professionnel dans la langue choisie (niveau B1 du CECRL).	Évaluer les acquis des candidats ayant effectué un ou plusieurs stages à l'étranger. Le stage à l'étranger **doit durer 2 mois** (possibilité de bourse Erasmus Plus d'environ 100 € par semaine si le stage est de deux mois consécutifs).	Évaluer les compétences des candidats dans le domaine de la création ou de la reprise d'une unité commerciale physique ou virtuelle.
Éléments à fournir par le candidat		***L'épreuve prend appui sur une note de 10 pages rédigée par le candidat.***	***L'épreuve prend appui sur un dossier de 10 pages rédigé par le candidat.***
Déroulement de l'épreuve	L'épreuve consiste en un entretien en langue étrangère à partir d'un ou de plusieurs documents (texte, document audio ou vidéo) proposés par le jury et en lien avec le domaine commercial. ***La langue étrangère choisie au titre de l'épreuve facultative doit être différente de la langue étrangère obligatoire.***	L'épreuve se déroule en 2 parties. **Partie 1 (10 min)** : le candidat présente son séjour à l'étranger (cadre de travail et contexte culturel, comparaison des pratiques professionnelles étrangères avec les pratiques françaises, efforts d'adaptation lors du séjour à l'étranger, propositions de pratiques professionnelles susceptibles d'enrichir les approches françaises). **Partie 2 (10 min)** : dialogue avec la commission d'interrogation.	L'épreuve se déroule en 2 parties. **Partie 1 (10 min) :** le candidat présente sa démarche de création d'entreprise (diagnostic, choix du positionnement, potentiel commercial, relations de partenariat envisagées, gestion prévisionnelle des ressources humaines, faisabilité financière du projet). **Partie 2 (10 min) :** dialogue avec la commission d'interrogation.
Épreuve ponctuelle	Préparation : 20 min Épreuve : 20 min	20 min	20 min

II La reconnaissance de l'engagement des étudiants de BTS MCO

Dans le cadre du Bloc 1 – Développer la relation et assurer la vente conseil, l'étudiant en BTS MCO peut présenter une situation professionnelle supplémentaire témoignant de son engagement dans la vie associative, sociale ou professionnelle. Cet engagement peut prendre différentes formes.

EXEMPLES

Bénévolat dans une association caritative, membre actif d'un club sportif, service civique, actions diverses pour la préservation de l'environnement…

L'étudiant doit rédiger une fiche de compte rendu d'activité dédiée puis présenter, lors de l'épreuve E41, les compétences et connaissances acquises au cours de ces actions.

Achat routinier : achat régulier qui se fait sans réflexion au préalable.

Achat impulsif : achat réalisé sans intention d'achat préalable.

Achat réfléchi : achat faisant l'objet d'une réflexion approfondie et nécessitant un certain temps.

Arbre de segmentation : représentation schématique d'une segmentation descendante.

Assertivité : capacité à affirmer son point de vue tout en respectant celui de l'autre et sans susciter son hostilité.

Attraction : achats réalisés dans la zone de chalandise par des habitants n'en faisant pas partie.

Automatisation de la collecte d'informations : consiste à identifier, sélectionner et collecter l'information sur Internet à l'aide de logiciels.

Baromètre de satisfaction client : dispositif de mesure en continu et en temps réel de la satisfaction de la clientèle.

***Big Data* :** désigne le volume très important d'informations et de données stockées et traitées par les entreprises.

***B to B (Business to Business)* :** la vente en *B to B* ou commerce interentreprises est une vente conclue entre deux entreprises.

***B to C (Business to Consumer)* :** activité commerciale entre une entreprise et un particulier.

Capital client : ensemble du portefeuille clients d'une entreprise en tant que richesse, que l'entreprise doit gérer et s'efforcer de faire fructifier.

Chiffre d'affaires potentiel : chiffre d'affaires prévisionnel qu'une entreprise est susceptible de réaliser dans une zone de chalandise.

Client mystère : personne qui teste les produits ou services en agissant incognito, parfois sur la base d'un scénario prédéfini.

***Cloud* :** technologie permettant de transférer des données de stockage sur des serveurs distants accessibles *via* Internet.

Communication interpersonnelle : communication impliquant deux personnes, l'acheteur et le vendeur, dans une relation de face à face, chacun étant à tour de rôle l'émetteur et/ou le récepteur. La vente est une communication interpersonnelle.

Concurrent direct : concurrent proposant exactement la même offre que l'unité commerciale concernée.

Concurrent indirect : concurrent proposant une offre produit différente mais répondant aux mêmes besoins.

Concurrence interne : concurrence au sein d'un même réseau de distribution.

Courbe isochrone : mesure le temps de parcours en minutes ou en heures pour accéder à pied ou en voiture à l'UC.

Courbe isométrique : mesure la distance en mètres ou en kilomètres pour accéder à pied ou en voiture à l'UC.

***Datamining* :** processus d'extraction d'informations commerciales pertinentes d'une base de données pour aider à la réalisation d'actions marketing.

***Datawarehouse* :** entrepôt de données de taille très importante qui stocke de gros volumes de données, permet de les mettre en relation et de les analyser.

Double argumentation : argumentaire utilisé dans une vente en *B to B* en direction à la fois du client et du client du client.

Double plan de découverte : questionnement consistant à découvrir les besoins du client et ceux du client du client.

Entretiens : ils sont utilisés lors des études qualitatives ; ils peuvent être directifs (on pose des questions précises à un échantillon de clients), semi-directifs (on pose des questions et on laisser parler les clients) ou libres (on laisse parler le client).

E-réputation : perception positive ou négative de la marque ou de l'enseigne par les internautes.

Étude qualitative : étude basée sur des entretiens et destinée à récolter des données non directement chiffrables de manière à comprendre le comportement et les motivations d'achat des personnes interrogées.

Étude quantitative : étude généralement basée sur l'administration de questionnaires et destinée à collecter des données chiffrables.

Évasion : dépenses effectuées par des habitants de la zone de chalandise hors de la zone de chalandise.

Expérience client : ensemble des émotions et sentiments ressentis par le client au cours de son parcours d'achat.

Fidélisation : ensemble des outils et techniques mis en œuvre pour construire la fidélité client et en mesurer les résultats.

Fidélité : répétition des achats de produits ou services par un consommateur auprès d'une marque ou d'une enseigne.

Garantie légale : elle couvre des défauts éventuels à venir. Elle est obligatoire et s'applique à chaque vente. Elle est valable en France 2 ans après l'achat.

Garantie commerciale : garantie qui peut être contractée au moment de l'achat du produit et qui vise à assurer une plus grande protection que la garantie légale (durée, contenu, couverture géographique…).

Géomarketing : technique de marketing qui consiste à croiser les informations démographiques, sociologiques, topographiques et économiques, afin de prendre des décisions ou de mener des actions commerciales.

Gestion de la relation client (GRC) – *Customer Relationship Management* (*CRM*) : ensemble des outils et techniques utilisés pour collecter, traiter et analyser les informations clients afin d'élaborer des plans d'actions de conquête ou de fidélisation client.

Google Alertes : service permettant de surveiller des sujets à partir de mots-clés et d'être averti par mail dès qu'une nouvelle publication paraît.

Grille multicritères : grille d'observation de la concurrence reprenant tous les critères jugés utiles.

Groupe d'appartenance : groupe dont l'individu fait partie.

Groupe de référence : groupe dont l'individu aimerait faire partie.

IDC (Indice de disparité de consommation) : permet de corriger une moyenne de consommation nationale d'un produit pour tenir compte d'une disparité régionale ou locale. Si indice > 1 pour une zone et pour un produit donné, la zone est plus consommatrice du produit que la moyenne.

Image de marque : perception d'un produit, marque ou enseigne par les consommateurs, selon des critères objectifs (prix, produit, qualité) et subjectifs (idée que les consommateurs se font de la marque). Elle comprend trois composantes : l'image vraie (vision au sein de l'entreprise), l'image voulue (positionnement choisi par l'entreprise) et l'image perçue (perception de la marque par le consommateur).

Inhibition : frein à l'achat en raison d'un sentiment de culpabilité.

Intervenant : toute personne jouant un rôle dans le processus d'achat : initiateur, influenceur, prescripteur, décideur, acheteur.

IRV (Indice de richesse vive) : permet de corriger une moyenne de richesse nationale fournie par l'INSEE pour tenir compte d'une disparité régionale. Si indice > 1, la région bénéficie d'une richesse vive et donc d'un potentiel de consommation par habitant supérieur à la moyenne nationale.

Motivations selon Joannis : typologie des motivations d'achat en trois types : hédoniste, oblative, d'auto-expression.

Mapping ou carte perceptuelle : représentation graphique permettant de visualiser le positionnement de différentes entreprises en fonction de deux critères positionnés sur deux axes.

Marketing relationnel : stratégie marketing centrée sur l'établissement d'une relation personnalisée et continue avec le client. (Opposé au marketing transactionnel, centré sur le produit et la transaction.)

Marketing digital : ensemble des techniques utilisés en marketing sur des supports et des canaux numériques (bornes interactives, tablettes, sites Internet…).

Mercatique après-vente : ensemble des outils et actions mis en place pour renforcer la fidélisation du client une fois la vente réalisée : service après-vente, service consommateurs (traitement des réclamations), mise en place d'une communication personnalisée et d'actions de fidélisation.

Méthode probabiliste : méthode de sondage utilisée lorsqu'on dispose de la liste exhaustive de la population mère. L'échantillon à interroger pourra être choisi par tirage au sort des unités de sondage dans cette liste.

Méthode non probabiliste : méthode de sondage utilisée lorsqu'on ne dispose pas d'une liste exhaustive ; les individus à interroger font l'objet d'un choix réfléchi de la part de l'enquêteur.

Mobiles SONCAS : mobiles d'achat du client ; la méthode SONCAS distingue six mobiles possibles : Sécurité, Orgueil, Nouveauté, Confort, Argent, Sympathie.

Motivations d'achat : sentiment qui pousse le client à l'achat ; la motivation peut être : hédoniste (se faire plaisir), oblative (faire plaisir aux autres) ou d'auto-expression (exprimer son niveau de vie, son âge…).

Notoriété : fait pour une entreprise d'être connue par un grand nombre de consommateurs.

Objections : peur ou frein du client lors de l'achat. Le vendeur doit accepter l'objection et la traiter par différentes techniques : boomerang, appui…

Observation *in situ* : consiste à observer le comportement du consommateur en situation réelle dans le point vente afin de repérer le trajet type ou l'attitude type.

Outils d'aide à la vente : documents préparés en amont de la vente et permettant d'aider le vendeur : plan de découverte des besoins, argumentaire en CAP/SONCAS et traitement des objections.

Peur : frein à l'achat en raison de la prise de conscience d'une difficulté réelle ou supposée.

PGI (Progiciel de gestion intégré ; ou ERP : *Enterprise Resource Planning*) : logiciel permettant de gérer l'ensemble des fonctions d'une entreprise en intégrant plusieurs modules de gestion : comptabilité, ressources humaines, relation client, approvisionnement…

Prescripteur : interlocuteur qui recommande le produit directement auprès de la cible visée (expert extérieur à l'entreprise ou bureau d'étude interne).

Population mère : population sur laquelle porte l'enquête et à partir de laquelle on va prélever un échantillon de personnes à interroger, selon une méthode probabiliste ou non probabiliste.

Pyramide de Maslow : classement des besoins répartis en cinq niveaux : besoins physiologiques, besoin de sécurité, besoin d'appartenance, besoin d'estime, besoin d'accomplissement de soi.

Relation commerciale : désigne l'ensemble des échanges et contacts entre une unité commerciale et un client, soit à l'initiative du client qui s'adresse lui-même à l'UC, soit à l'initiative de l'UC qui prend contact avec le client (publipostage, invitation, promotion…).

Réclamation : insatisfaction exprimée par un client auprès de l'UC sur le produit ou sur le prix.

Relevé de prix : méthode consistant à connaître les prix pratiqués par les concurrents afin de savoir si ceux pratiqués par l'unité commerciale sont compétitifs.

Réputation : manière dont la marque ou l'enseigne est connue et considérée dans un public, qui en ressent une opinion favorable ou défavorable.

Réseaux sociaux : sites Internet ou applications mobiles qui permettent aux usagers d'échanger des informations, des photos ou des vidéos et de créer des communautés.

RGPD (Règlement général sur la protection des données) : loi 2018 sur la protection des données.

***Scoring* :** consiste à classer les clients en fonction de leur probabilité à répondre favorablement à une offre.

Segmentation comportementale : découpage de la clientèle en fonction du comportement passé et des prévisions de comportement.

Segmentation descriptive : découpage de la clientèle en fonction de critères démographiques, géographiques, socio-économiques et socioculturels.

Service après-vente (SAV) : ensemble des services fournis aux clients après la vente : livraison, installation, réparation, dépannage, assistance à domicile, entretien, révision, conseil, formation, *hot line*.

SIC (Système d'information commercial) : ensemble du dispositif (moyens, procédures, acteurs) permettant de collecter, stocker, sécuriser, analyser, traiter et diffuser l'information commerciale.

SIM (Système d'information mercatique) : regroupe toutes les informations marketing, tant opérationnel que stratégique (études de marché, prévisions des ventes…).

Stratégie omnicanale : consiste pour une unité commerciale à utiliser tous les canaux possibles pour rentrer en contact avec les clients et pour vendre (UC physiques, site Internet, application Smartphone, réseaux sociaux…).

Style de vie : comportement du consommateur analysé à travers ses activités, intérêts ou opinions.

Taux d'emprise : part de chiffre d'affaires que l'unité commerciale pourra capter sur le marché ciblé.

Tris à plat et croisés : le tri à plat donne la répartition des réponses à une question lors d'une enquête ; le tri croisé permet de croiser les résultats obtenus sur deux questions.

Valeur client : correspond à ce que le client peut rapporter à l'entreprise à court, moyen et long termes. Elle comprend la valeur effective du client et sa valeur potentielle à venir. Le calcul de la « valeur à vie du client » (*life time value*) permet de déterminer le montant maximal du coût d'acquisition et de fidélisation à atteindre pour conserver la rentabilité client durant le temps de sa relation avec l'UC.

Veille concurrentielle : surveillance des concurrents pour connaître l'évolution de leur offre, leur stratégie de prix, de communication…, afin de pouvoir estimer les forces et faiblesses de l'unité commerciale.

Veille commerciale : consiste à surveiller les tendances du marché et à détecter les attentes des clients.

Veille informationnelle : stratégie mise en place par l'unité commerciale pour collecter des informations sur son environnement de manière permanente.

Vente illicite : méthodes de vente interdites par la loi afin de protéger le consommateur (vente subordonnée, vente avec prime, vente par envoi forcé…).

Vision client à 360° : objectif de la marque visant à acquérir une connaissance complète et unifiée de chaque client en collectant et en agrégeant les données issues de tous les points d'interaction avec lui (passage en caisse, assistance, contact, service après-vente…).

Unité de sondage : entité qui sera interrogée lors de l'enquête ; il peut s'agir d'un individu, d'un foyer, d'une administration…

Zone de chalandise : aire géographique d'où provient l'essentiel de la clientèle potentielle d'une unité commerciale. Cette aire géographique représente la zone d'influence du magasin.

Zone de chalandise virtuelle : correspond à l'aire géographique d'où provient l'essentiel des clients d'un site marchand. Dans l'absolu, la zone d'influence d'un site marchand est illimitée.

Zone primaire : zone la plus proche de l'UC. C'est de cette zone que proviennent les clients habituels.

Zone secondaire : zone de compétition dans laquelle l'UC entre en concurrence avec d'autres magasins. Le client a donc le choix.

Zone tertiaire : zone la plus éloignée de l'UC. La probabilité de capter des clients devient plus faible.

Crédits images

Sauf précision différente, les images proviennent de la base Stock.adobe.com.

p. 7 : mimpki ; **p. 9 :** RossHelen/Shutterstock ; **p. 10h :** herreneck ; **p. 10b :** Akhenaton Images/Shutterstock ; **p. 11h :** Auchan Retail ; **p. 11b :** Stanislau Palaukou/Shutterstock ; **p. 14 :** RTimages ; **p. 17 :** BillionPhotos.com, nicoletaionescu, treenabeena, yurolaitsalbert, Arcady, dbrnjhrj ; **p. 18h :** sepy ; **p. 18m :** Rawpixel.com/Shutterstock ; **p. 18b :** Stokkete/Shutterstock ; **p. 19 :** mitifoto, paleka ; **p. 20h :** Cineberg/Shutterstock ; **p. 20b :** Rawpixel.com/Shutterstock ; **p. 21 :** 22Imagesstudio ; **p. 23 :** Photographee.eu/Shutterstock ; **p. 30 :** Julien Eichinger ; **p. 33 :** guillaume_photo, Antonioguillem ; **p. 35 :** TY Lim/Shutterstock ; **p. 36 :** ryanking999 ; **p. 37h :** Roman Tiraspolsky/Shutterstock ; **p. 37b :** Dean Drobot/Shutterstock ; **p. 41 :** Image'in ; **p. 43 :** Stocked House Studio ; **p. 44 :** Rawpixel.com ; **p. 45 :** GERARD BOTTINO/Shutterstock ; **p. 46 :** Mymemo ; **p. 55 :** lorabarra ; **p. 56 :** Stokkete/Shutterstock ; **p. 57 :** adiruch na chiangmai/Shutterstock ; **p. 58 :** Rawf8 ; **p. 59 :** VGstockstudio/Shutterstock ; **p. 61 :** Decathlon ; **p. 65 :** nicoletaionescu ; **p. 68 :** MarySan ; **p. 75 :** JackF ; **p. 76h :** Syda Productions/Shutterstock ; **p. 76b :** Creative Lab/Shutterstock ; **p. 77 :** Pixel Shot ; **p. 79 :** mimpki/Shutterstock ; **p. 81 :** ASDF ; **p. 83hg :** aureliefrance/Shutterstock ; **p. 83hd :** defotoberg/Shutterstock ; **p. 83mg :** Altitude Drone/Shutterstock ; **p. 83md :** iFocus/Shutterstock ; **p. 83bg :** ricochet64/Shutterstock ; **p. 83bd :** aureliefrance/Shutterstock ; **p. 85m :** ASDF ; **p. 85b :** Photographee.eu ; **p. 86 :** Photographee.eu ; **p. 87 :** Francois BOIZOT/Shutterstock ; **p. 90 :** Creative Stall/Shutterstock ; **p. 93 :** brodtcast ; **p. 94 :** illustrez-vous ; **p. 95 :** puhimec ; **p. 101 :** goodluz ; **p. 105 :** phoderstock ; **p. 106 :** MikeDotta/Shutterstock ; **p. 111 :** Gordana Sermek/Shutterstock ; **p. 113 :** Production Perig ; **p. 115 :** Pascale Stoupy ; **p. 117 :** Harley Davidson ; **p. 117b :** Pascale Stoupy ; **p. 118h :** Kaca Skokanova/Shutterstock ; **p. 118b :** Erik Tanghe/Shutterstock ; **p. 119m :** Serhii Shcherbyna/Shutterstock ; **p. 119b :** NG8/Shutterstock ; **p. 120h :** ermess/Shutterstock ; **p. 120bg :** Vectoryzen/Shutterstock ; **p. 125g :** Firstsignal ; **p. 125m :** smspsy ; **p. 125d :** Casimiro PT/Shutterstock ; **p. 129h :** artjafara ; **p. 129m :** Milles Studio/Shutterstock ; **p. 130h :** FabrikaSimf/Shutterstock ; **p. 130b :** WilmaVdZ/Shutterstock ; **p. 132 :** america_stock ; **p. 133 :** Philippe Halle ; **p. 135 :** Boulanger ; **p. 137 :** Boulanger ; **p. 139m :** ricochet64/Shutterstock ; **p. 139md :** Racle Fotodesign ; **p. 140 :** Boulanger ; **p. 142 :** anthony ; **p. 151 :** Kwangmoozaa/Shutterstock ; **p. 153 :** W PRODUCTION ; **p. 155 :** Michael Flippo ; **p. 157 :** slavun ; **p. 159 :** Halfpoint ; **p. 160h :** Manuela Durson/Shutterstock ; **p. 160b :** monbibi/Shutterstock ; **p. 162 :** Tran-Photography ; **p. 164 :** Scanrail ; **p. 169 :** kasto ; **p. 171m :** goodluz ; **p. 171b :** Photographee.eu ; **p. 172 :** Africa Studio, ZhouEka, AMATHIEU ; ldesignl/Shutterstock ; **p. 173h :** 22091967 ; **p. 173b :** Khaligo ; **p. 180 :** Stock-Asso/Shutterstock ; **p. 181 :** Jan Engel, Richard Villalon ; **p. 182 :** Iakov Filimonov/Shutterstock ; **p. 184 :** freeograph ; **p. 185 :** auremar ; **p. 186 :** Comeback Images ; **p. 189 :** MNStudio ; **p. 191 :** ngad ; **p. 192 :** ecco ; **p. 193 :** conrado/Shutterstock ; **p. 199 :** barameefotolia ; **p. 203 :** 5second ; **p. 205 :** Newman Studio/Shutterstock.

Ce livre est imprimé sur du papier issu de forêts gérées durablement.

N° de projet : 10303167 - Dépôt légal : Avril 2023
Achevé d'imprimer en juillet 2024 à l'Imprimerie de Champagne - Langres (52) - France